高等学校劳动与社会保障专业主干课程教材

社会保障法

Social Security Law

杨燕绥　秦晨　主编

中国劳动社会保障出版社

图书在版编目（CIP）数据

社会保障法 / 杨燕绥，秦晨主编. -- 北京：中国劳动社会保障出版社，2024. --（高等学校劳动与社会保障专业主干课程教材）. -- ISBN 978-7-5167-6335-3

I. D922.5

中国国家版本馆 CIP 数据核字第 20242CQ632 号

中国劳动社会保障出版社出版发行

（北京市惠新东街1号　邮政编码：100029）

*

北京瑞禾彩色印刷有限公司印刷装订　　新华书店经销

787 毫米 ×1092 毫米　16 开本　19 印张　319 千字
2024 年 12 月第 1 版　2024 年 12 月第 1 次印刷
定价：52.00 元

营销中心电话：400-606-6496
出版社网址：https://www.class.com.cn

版权专有　　侵权必究

如有印装差错，请与本社联系调换：（010）81211666
我社将与版权执法机关配合，大力打击盗印、销售和使用盗版图书活动，敬请广大读者协助举报，经查实将给予举报者奖励。
举报电话：（010）64954652

总前言

第四版的《社会保险》《社会保障理论》《社会保障国际比较》《社会保险基金管理》《劳动经济学》和《人力资源开发与管理》是在"面向21世纪课程教材"、"高等学校劳动与社会保障专业主干课程教材"、教育部普通高等教育"十一五"国家级规划教材的基础上（《人力资源开发与管理》除外），再次修订出版的一套供劳动与社会保障专业选用的主干课程教材。

"面向21世纪课程教材""高等学校劳动与社会保障专业主干课程教材"是教育部立项项目"劳动与社会保障专业课程结构、主干课程及其主要教学内容研究"的开创性成果，它的出版不仅填补了当时我国高等学校劳动与社会保障专业主干课程体系建设的空白，而且对这一专业的健康发展、学科建设以及专业人才培养起到了重要作用。2012年，《社会保险（第三版）》还被列为教育部普通高等教育"十二五"国家级规划教材。经过对原教材结构体系的调整和内容的修订与充实，再版后供各高校选用至今。

"面向21世纪课程教材""高等学校劳动与社会保障专业主干课程教材"第三版自2013年陆续出版至今，中国的劳动与社会保障事业取得了重大的发展和一系列成就，是就业和社会保障制度改革力度大、发展迅速的时期。以习近平同志为核心的党中央坚持以人民为中心的发展思想，高度重视民生建设，做出一系列重大决策部署，采取一系列政策措施，推动我国就业和社会保障工作取得重大进展，发生了一系列历史性变化。坚持实施就业优先战略和更加积极的就业政策，就业规模持续扩大；就业结构更加优化，就业形式更加多元；创业带动就业效应进一步发挥；高校毕业生等重点群体就业保持平稳，公共就业服务不断加强。以增强公平性、适应流动性、保证可持续性为重点，社会保障制度建设取得突破，世界上规模最大的多层次社会保障体系逐步健全，越来越多的群众享有基本保障；社会保障水平稳步提高，促进经济社会发展成果共享；基金规模不断扩大，安全水平进一步提高；经办管理服务体系基本形成，服务更加方便、快捷、高效。我国就业和社会保障事业的社会化发展，不仅有效地保障和改善民生，使人民群众从国家的发展进步中享受到更多的物质文明成果，同时也对改革发展稳定大局发挥了积极作用。

与此同时，国内外劳动与社会保障理论与实践涌现出许多新成果、新问题，为了吸纳这些最新理论和实践成果，有必要根据新的发展形势及时对本套主干课程系列教材进行调整、补充和完善。根据劳动与社会保障学科建设和专业教学需要，经公共管理类专业教学指导委员会劳动与社会保障专业教学指导委员会分会研究决定，在原6本教材的基础上增加两本，分别是《社会保险精算》和《社会保障法》。

这一版教材的修订编写，继续贯彻"面向21世纪课程教材""高等学校劳动与社会保障专业主干课程教材"第一版、第二版、第三版的指导精神，把质量放在第一的位置，坚持先进性、科学性和适用性的基本原则。首先，要求教材广泛吸纳最新的优秀学术成果，注重学术规范，正确处理好继承与发展的关系，突出教材内容的创新价值。其次，要求教材中涉及的重要观点和分析得出的结论要有科学依据，教材内容和章节安排应符合教学规律和有利于教书育人。最后，要求教材既蕴涵丰富的基础理论与基本知识，又嵌入必要的基本技能与人文因素内容，将理论、知识、能力和素质融为一体。

与"面向21世纪课程教材""高等学校劳动与社会保障专业主干课程教材"第三版相比，这一版教材在保留原有的结构和框架的基础上，吸收了一线教师的意见，对原有的内容进行了精简和压缩，力求言简意赅，简单即是美；同时又吸收了该领域最新的理论动态、实践动态和研究成果，并将党的二十大报告中的精神引入到教材中，使教材内容与时俱进，更加新颖、合理和完善；此外，按照编写体例要求，使教材形式更加生动活泼，增强可读性、启发性和引导性，为学习者做了必要的启迪。

总之，"面向21世纪课程教材""高等学校劳动与社会保障专业主干课程教材"的出版，得到教育部高教司有关领导、劳动与社会保障领域专家学者、广大一线教师以及中国劳动社会保障出版社的大力支持和厚爱，在此，我们表示衷心感谢！同时，因修订时间仓促，加之我们编写水平有限，本套教材中的疏漏和不足之处在所难免，欢迎广大读者批评指正！

教育部21世纪劳动与社会保障专业主干课程教材编写组
2022年12月

前言

社会保障是国家和公民共同抵御社会风险的制度安排和服务体系，属于二次分配范畴。社会保障法是调整社会保障领域社会关系的法律规范的总称，包括规范政府责任、雇主责任以及公民的社会保障权利和义务。

社会保障体系建设，是指针对七大社会风险（生育、失业、疾病、伤残、年老、死亡和灾难），坚持两级保障目标（克服贫困、改善生活），通过三大制度环节（资金筹集、基金管理、待遇支付与服务），运用八大政策工具（社会福利、社会保险、社会救助、社会补偿、社会互助、职业福利、自储公助、慈善事业），构建国家社会保障法律体系（社会共识）、政策体系（执行方案）、服务体系（执行组织和信息系统）的过程。

社会保障法主体多元、内容多类，以社会法为主，也涉及公法和私法的内容。中国需要借鉴德国编纂《社会法典》的经验，制定一部《社会保障立法纲要》，统领各项具体社会保障立法，提高立法质量和降低执法成本。

20世纪70年代以来，面对经济全球化和人口老龄化，各国一方面调整社会保障结构待遇，另一方面整合社会保障公共服务体系（抓住公共服务的"龙头"），完善社会保障号码管理（牵住社会建设的"龙鼻子"），加强对居民档案和居民征信的管理，由此推动了行政体制机制改革，打造了服务型政府。《中华人民共和国国民经济和社会发展第十二个五年规划纲要》将保障和改善民生作为转变经济发展方式的出发点和落脚点，"十四五"时期养老保险、医疗保险、养老服务等法律法规和制度安排均取得突破性进展，"十五五"时期将进入多层次社会保障体系建设阶段。

本书从法学视角，描述概念、梳理问题、分析案例、释义法条，系统阐述社会保障法，分为理论篇、制度篇和执行篇三个部分，适合法学专业、公共管理专业，特别是社会保障（含医疗保障）专业学生阅读，也适合社会保障决策部门、执行部门、法律工作者和新闻媒体工作人员阅读。

清华大学就业与社会保障研究中心秦晨博士、清华大学医院管理研究院于淼助理教授、公共管理学院研究助理袁慎雨等参加了本教材的文献综述和部分书稿的撰写工作。

杨燕绥
2022年6月15日

主编简介

杨燕绥,清华大学医院管理研究院教授、美国霍普金斯公共卫生学院特聘教授、比利时根特大学法学院社会法博士,清华大学公共管理学院原教授、博士生导师。社会兼职有中国老年学和老年医学学会老龄金融分会副主任委员,中国社会保险学会、中国社会保障学会、中国医疗保险研究会常务理事,中国保险资产管理业协会医疗健康和养老产业投资专业委员会高级专家顾问。主持医疗服务治理机制、积极人口老龄化公共政策与运行机制两项国家社科基金重大项目以及教育部人文社科基金、国家医保局和各省市医保局委托课题等共30余项。撰写了《社会保障》等30多部学术专著和教材,主编《银色经济与健康财富发展指数》。是银色经济、社会保障、医疗管理、社会治理领域的知名学者。

秦晨,管理学博士,毕业于清华大学公共管理学院。现任清华大学深圳国际研究生院助理研究员、博士后。主要研究领域包括医疗卫生体系改革、医疗保障治理以及养老金与医养政策。已发表相关论文16篇,核心期刊论文5篇,并参与编写相关教材、书籍4本。参与国家社科基金重大项目、社会保障领域和医疗卫生部门及各省市地方委托的多项课题研究。

内 容 提 要

社会保障是国家和公民共同抵御生育、失业、疾病、伤残、老年等社会风险的制度安排和服务体系。本书从规范国家、政府和公民的社会保障法律关系、构建社会保障法治的视角，阐述社会保障法治的理论和实践。

本书分理论篇、制度篇和执行篇。理论篇阐述了社会风险以及抵御社会风险的全球共识、法律制度、法律关系、社会保障法治建设的文献。制度篇从健康促进与医疗保障法、职业安全保障法、住房保障法、养老保障法、基本生活保障法5个部分阐述了中国社会保障法治建设的主要内容和发展过程，以及中国和其他国家的典型案例。执行篇的主要内容包括社会保障公共服务法、社会保障基金管理法、社会保障权益保护法。综上所述，社会保障法主要属于社会法范畴，具有非公非私特征，需要在利益相关人之间建立长期合作与实现共赢的法治环境，保证社会保障可持续发展；但是，社会保障法实施具有亦公亦私特征，需要规范各级政府与经办机构、用人单位和职工的责权利，对于违约、违规和违法行为给予处罚。

本书的主要宗旨是在高等教育中普及社会保障法律知识和提高社会保障法律意识，夯实中国社会保障制度建设和体系建设的社会基础。

目　　录

第一篇　理　论　篇

第一章　社会保障法理基础

第一节　社会风险定义及特征　/003
一、社会风险的定义和内涵　/003

二、社会风险特征及其保障需求　/004

第二节　社会保障定义和制度　/006
一、社会保障的定义和特征　/006

二、社会保障的主要功能　/007

三、社会保障制度安排　/007

四、社会保障体系和结构　/011

第三节　社会保障原则与立法　/011
一、国家的社会保障责任　/012

二、规范公民权利和义务　/013

三、公平、效率和可持续性相结合　/014

四、坚持硬法与软法有效结合　/015

深度阅读　/017

本章小结　/018

重要概念　/018

思考题　/018

第二章　社会保障的法律规范

第一节　社会保障法概述　/019
一、社会保障法的定义和特征　/019

二、社会保障法的功能和地位　/021

三、社会保障法的内容和体系 /022

四、社会保障法的渊源和效力 /024

五、社会保障法学和研究方法 /025

第二节 社会保障法律关系 /026

一、社会保障法律关系的构成 /026

二、社会保障法律关系的分类 /029

三、社会保障法律关系的产生、变更和消灭 /030

深度阅读 /031

本章小结 /032

重要概念 /032

思考题 /032

第三章 社会保障法律文献综述

第一节 国外社会保障立法文献 /033

一、克服贫困：早期社会保障是社会动荡的减震器 /033

二、改善民生：中期社会保障是社会发展的稳定器 /036

三、民本治国：现代社会保障是社会进步的加速器 /038

第二节 我国社会保障立法文献 /044

一、劳动保险阶段 /044

二、社会保险阶段 /045

三、社会保障体系建设阶段 /047

深度阅读 /052

本章小结 /053

重要概念 /053

思考题 /053

第二篇 制 度 篇

第四章 健康促进与医疗保障法

第一节 健康风险和健康促进 /057

一、健康定义 /057

二、健康风险和医疗风险 /058

三、健康促进 /058

第二节 公共卫生法律制度 /061

一、国家基本公共卫生服务项目 /061

二、国家基本公共卫生服务机构和人员 /063

第三节 医疗服务法律制度 /065

一、医疗服务体系建设的法律制度 /065

二、协调医患关系的法律制度 /071

第四节 药品供给法律制度 /073

一、管制药品滥用的国际公约 /073

二、基本药物管理的法律制度 /074

三、国家药品集中采购统一管理办法 /076

四、药品供应保障 /077

第五节 医疗保障法律制度 /077

一、多层次医疗保障体系及其结构 /077

二、《中华人民共和国社会保险法》的相关内容 /078

三、医疗救助的法律制度 /081

四、医疗互助的法律规定 /082

五、长期护理保险的法律制度 /083

六、发挥商业健康保险补充作用的法律制度 /084

深度阅读 /086

本章小结 /086

重要概念 /087

思考题 /087

第五章 职业安全保障法

第一节 职业风险和保障目标 /088

一、职业风险 /089

二、职业安全保障 /089

第二节　就业促进法律制度　/090

一、《中华人民共和国就业促进法》的主要内容　/091

二、《中华人民共和国职业教育法》的主要内容　/093

三、国外就业促进法律制度　/094

第三节　劳动报酬法律制度　/095

一、薪酬的基本原理　/096

二、最低工资法律制度　/097

三、社会平均工资法律制度　/100

第四节　劳动契约法律制度　/101

一、劳动合同法律制度　/101

二、集体协议法律制度　/103

三、社会公约　/105

第五节　劳动安全法律制度　/105

一、劳动风险和安全保障　/106

二、劳动安全法律法规　/106

第六节　工伤保险法律制度　/109

一、我国工伤保险法律制度的主要内容　/109

二、国外工伤保险法律制度的主要内容　/112

第七节　失业保险法律制度　/113

一、我国失业保险法律制度的主要内容　/113

二、国外失业保险法律制度的主要内容　/116

深度阅读　/118

本章小结　/118

重要概念　/119

思考题　/119

第六章　住房保障法

第一节　住房风险与住房保障制度　/120

一、住房风险　/120

二、住房保障立法的目标　/122

　　三、住房保障的政府责任　/124

　　四、住房保障法的基本原则　/125

　　五、住房保障法律体系　/126

　　六、我国住房保障制度的历史沿革　/126

第二节　保障性住房法律制度　/129

　　一、限价房的制度安排　/130

　　二、共有产权住房的制度安排　/131

　　三、廉租住房的制度安排　/133

第三节　住房融资法律制度　/134

　　一、住房公积金　/134

　　二、购房贷款优惠　/137

　　三、住房补贴　/138

　　四、旧房换保障　/140

　　五、土地换保障　/140

　深度阅读　/141

　本章小结　/141

　重要概念　/141

　思考题　/142

第七章　养老保障法

第一节　老年风险与养老保障　/143

　　一、老年风险　/143

　　二、养老模式　/144

　　三、养老保障要素和目标　/145

　　四、老年人权益保障法　/146

第二节　养老金法律制度　/151

　　一、养老金法律概述　/151

　　二、国家养老金体系　/152

三、我国养老金体系建设和法律制度 /153

第三节 养老服务法律制度 /161

一、开拓"养儿防老"孝道文化新内容 /161

二、坚持"家"的味道打造现代社区 /161

三、满足"刚需"打造照护机构产业链 /162

四、长期照护保险立法展望 /163

深度阅读 /164

本章小结 /164

重要概念 /165

思考题 /165

第八章 基本生活保障法

第一节 基本生活风险与基本生活保障 /166

一、基本生活风险 /166

二、基本生活保障 /168

第二节 最低生活保障法律制度 /168

一、我国《城市居民最低生活保障条例》的主要内容 /169

二、我国农村居民最低生活保障法律制度的主要内容 /173

三、最低生活保障立法的国际比较 /176

第三节 社会救助法律制度 /177

一、社会救助法律制度的主要内容 /177

二、部分国家的社会救助法律制度 /179

三、赈灾救济法律制度 /182

深度阅读 /185

本章小结 /186

重要概念 /186

思考题 /186

第三篇 执 行 篇

第九章 社会保障公共服务法

第一节 社会保障公共服务概述 /189
一、公共服务的内涵 /189
二、社会保障管理 /190
三、社会保障服务 /191
四、服务型政府建设 /192
五、社会保险经办机构 /194

第二节 社会保障管理体制的法律规范 /195
一、规范社会保障行政部门的职责 /196
二、规范社会保险经办机构职责 /198
三、建立社会保障综合治理机制 /201
四、社会保障管理体制的国际经验与借鉴 /202

第三节 社会保障运行机制的法律规范 /203
一、五大服务功能 /203
二、四层信息平台 /203
三、三级社会保险经办机构 /204
四、两类操作流程 /206
五、一个服务窗口 /207
六、规范服务外包 /209

第四节 社会保障组织机构的法律规范 /210
一、客户至上的组织理念 /211
二、网格化社会保障组织体系 /211
三、扁平的内部组织结构 /211
四、功能化的组织格局 /212
五、多元的用人制度 /212
六、专业化的组织队伍 /212

七、管理服务能力建设　/213

　　八、绩效考评和指标体系　/214

　深度阅读　/214

　本章小结　/215

　重要概念　/215

　思考题　/215

第十章　社会保障基金管理法

第一节　社会保障基金管理概述　/217

　　一、社会保障基金的内涵　/217

　　二、社会保障基金分类　/218

　　三、社会保障基金管理立法　/221

　　四、社会保障基金管理法的主要内容　/222

第二节　社会保障储备基金法律制度　/223

　　一、资金来源和基金用途　/223

　　二、管理模式和投资原则　/225

　　三、信息披露和监督机构　/227

　　四、社会保障储备基金的国际经验　/228

第三节　社会保险基金管理法律制度　/229

　　一、社会保险基金预算、决算和筹集　/229

　　二、社会保险基金管理和支付　/232

　　三、社会保险基金监督　/234

第四节　养老基金管理法律制度　/236

　　一、企业年金基金管理法律规范　/237

　　二、个人养老金资金管理法律规范　/239

　　三、个人养老金公共服务系统　/240

　　四、养老金文化与教育　/241

第五节　医疗保障基金管理法律制度　/241

　　一、总额预算管理　/242

　　二、缴费基准与账户管理　/243

三、支付管理、结算管理和支付范围　/244

　　四、风险管理与智能监控　/245

第六节　社会福利基金管理法律制度　/246

　　一、赈灾救济基金管理规范　/246

　　二、最低生活保障基金管理规范　/247

　　三、社会救助基金管理规范　/248

　　四、优抚安置基金管理规范　/249

　深度阅读　/250

　本章小结　/250

　重要概念　/251

　思考题　/252

第十一章　社会保障权益保护

第一节　社会保障权益与诉权　/253

　　一、社会保障权益　/253

　　二、社会保障诉权　/256

第二节　社会保障监督体系　/258

　　一、立法监督　/258

　　二、行政监督　/258

　　三、业务监督　/260

　　四、司法监督　/261

　　五、社会监督　/261

第三节　社会保障法律责任　/263

　　一、法律责任及其适用　/263

　　二、社会保障法律责任的罚则　/264

第四节　社会保障争议处理　/272

　　一、社会保障争议及其种类　/272

　　二、社会保障争议处理的制度安排　/273

　　三、我国社会保障争议处理法律制度　/275

　深度阅读　/278

本章小结 /278

重要概念 /279

思考题 /279

参考文献 /280

第一篇 理论篇

LILUN PIAN

　　本篇是全书的基础部分。首先,阐述社会保障的基本理论,包括社会风险、社会保障定义和内涵以及社会保障制度安排和政策工具等,以便读者对社会保障有一个深入、系统的了解,认识社会保障法的调整对象,为学习社会保障法奠定理论基础。其次,阐述法律规范的基本理论,包括法律规范基本原理、社会保障法律关系、社会保障法律体系和社会保障法律文献等。基于本篇学习,读者可以掌握社会保障法的调整对象和法律工具,为学习制度篇奠定基础。

第一章
社会保障法理基础

教学目标：了解社会风险以及相应的社会保障制度安排是社会保障法的研究对象和社会基础；熟悉基于社会保障制度安排产生的社会关系和社会保障法的调整对象；掌握社会保障原则与立法的基本原则。

本章主要内容：
- 社会风险定义及特征
- 社会保障定义和制度
- 社会保障原则与立法

第一节 社会风险定义及特征

一、社会风险的定义和内涵

（一）社会风险的定义

社会风险是指人人均可能遇到的危及基本生活安全的风险。（1）涉及全体公民的，且个人能力难以抵御的风险；（2）危及基本生活安全的风险，主要发生在健康、职业、居住、养老以及灾难等方面。

社会风险也称公民风险，由此形成国家责任和公民权利和义务。公民是指具有一个主权国家国籍的自然人，社会保障的对象主要是具有公民身份的居民。外国公民在本国合法就业和居住，履行了纳税和缴费义务的，应当根据国际劳工组织提出的国民待遇原则，享有相应的社会保障；涉及社会统筹基金和权益记录不宜在国家之间转移携带的，国家之间可以签订互免和互认协议。

(二)社会风险的全球共识

1952年,国际劳工组织(ILO)在日内瓦举行第35届会议,通过了《社会保障(最低标准)公约》(第102号)。第102号公约将社会风险定义为因生育、失业、疾病、伤残、年老、死亡和灾难导致的生活困难,要求国家和政府对这七大风险作出保障性制度安排。因当时城镇化率不高,居住风险暂未提及,以后列入各国的社会保障体系。第102号公约规定了各项社会保障项目最低支付标准(见表1-1),在后来国际劳工组织的一系列公约和建议书中,这些标准伴随全球经济发展水平的提高而增长。目前全球170多个国家和地区参加了该公约,这意味着社会保障在全球已经达成共识。

表 1-1　第 102 号公约规定的各项社会保障项目最低支付标准

项目	法定受益人	替代过去收入的百分比 /%
生育	女工	45
失业	工人本人,妻子和两个孩子	45
疾病	工人本人,妻子和两个孩子	45
工伤 －残疾 －遗属	 工人本人 妻子和两个孩子	 50 40
老龄	工人本人,达到法定年龄的妻子	40

根据第102号公约的规定,国家应当依法规定各社会风险的具体特征,由此界定个人力不能及的属性;依法制定最低保障标准和待遇调整机制,由此形成国家的保障能力。例如,我国《工伤保险条例》第十四条规定:"职工有下列情形之一的,应当认定为工伤:(一)在工作时间和工作场所内,因工作原因受到事故伤害的;……"

二、社会风险特征及其保障需求

国家抵御社会风险的制度安排包括筹集资金、管理基金、支付待遇及提供相应服务3个环节,确保公民在遇到社会风险时,可以保有持续收入和得到相应帮助。各类社会风险均具有特殊属性和要求,而且发生在人生的不同阶段,包括长期性风险、短期性风险、周期性风险、持续性风险和阶段性风险。国家应当根据社会风险的特征制定社会保障预算。

(一)生有所育

生有所育包括母婴孕育保健和幼儿养育等,属于阶段性风险。健康出生需要母婴孕育保健、生育医疗服务、幼儿养育及相关费用。生育风险包括母婴健康状况、幼儿养育和母亲就业等方面的损失和负担。为此，需要国家在母婴孕育保健和幼儿养育等方面作出制度安排。伴随人口老龄化和总体生育率的下降，幼儿养育逐渐纳入社会保障范围。

（二）劳有所得与失业帮助

劳有所得在狭义上指劳动收入保障，包括基本工资标准和工资支付保障；在广义上包括劳动能力、劳动机会等方面的保护，属于持续性风险。劳动收入面临来自个人健康、教育程度、就业机会、工作地安全和薪酬分配等方面的风险，需要国家在劳动年龄、职业教育、就业促进、协调劳动关系、劳动安全、卫生保健、薪酬保障、领取养老金年龄等方面作出更加积极的制度安排，即积极的福利政策。

失业帮助是在非本人自愿失业和具有工作愿望的情况下，接受国家和社会帮助的制度安排，包括失业津贴、职业培训与介绍工作等。

（三）住有所居

狭义的住有所居是指人均法定居住面积（如 20～30 平方米）和相关配套设施的保障，属于阶段性风险，但涉及一生财务安全；广义的住有所居还包括居住环境问题，如采光等。住有所居需要国家在土地配置、价格机制和住房公积金等方面作出制度安排。购置一套住房的价值体现在 3 个方面：一是满足安居乐业的需要；二是完善家庭资产结构；三是以房养老，包括退休后居家养老和置换高龄失能失智后的照护费用等。

（四）病有所医

病有所医是指人人享有可及的、安全的、买得起的基本保健。一般情况下疾病治疗期是 6 个月以内，属于短期性风险；全生命周期维护健康属于长期性风险。人的健康面临生育保健、流行病、遗传病、中年慢性病和高龄失能失智的伤害，需要国家打造进入社区的、个人与医护人员合作的、全专融合与医防融合的医护体系。健康风险具有黏性，人们一旦患有疾病，即同时发生经济负担、劳动力缺失和心理不适等方面的问题。为此，需要国家在卫生资源配置、医疗服务价格、医疗服务体系建设等方面作出制度安排。

（五）伤有所疗

伤有所疗是指为伤者提供伤病治疗和康复疗养服务，伤病治疗属于短期性风险，康复疗养属于周期性风险。人们遇到工伤事故、职业病和其他意外事故后，需要及时和高质量的伤病治疗和康复疗养服务，以解除伤病并恢复劳动能力。为此，国家需要在安全生产激励、工（公）伤保险基金及其支付目录、工伤事故处理、劳动能力鉴定等方面作出制度安排。非工（公）伤属于意外伤害，通常纳入医疗保险和商业保险范畴。

（六）老残有所养

老残有所养需要三大基本条件，即稳定的养老金现金流、分担80%以上费用的医疗保健计划、居住及失能失智照护。狭义的养老保障即指前述三大条件相关的制度安排，广义的养老保障还包括老年娱乐和社交等方面。人到老年或遇到病残、伤残后，即面临收入、居住、健康和生活料理等方面的负担和损害。克服老年风险需要长期积累资金，建立中期（15年）和长期（75年）收支平衡的养老基金；抵御医疗风险需要当年收支平衡的即期互济基金。为此，需要国家在养老保险、老年保健、老年居住和护理等方面作出长期性制度安排。

（七）灾有所救

狭义灾有所救是指遇到自然灾害时的救助，包括灾情发生期间的救助和赈济，以及灾后恢复生活和生产的资助和援助，属于短期性风险。广义灾有所救是指因病残、死亡等不可抗力原因，个人和家庭生计遇到暂时或长期困难，国家给予最低生活保障标准的帮助。

第二节　社会保障定义和制度

一、社会保障的定义和特征

（一）社会保障的定义

社会保障（social security）是指国家和公民共同抵御社会风险和保障公民基本生活安全的制度安排和服务体系。英国经济学家、社会问题和失业问题专家贝弗里奇认为，国家要为中断或丧失谋生能力者提供生活保障。欧洲学者乔斯·伯海姆教授将社会保障定义为，国家对公民普遍风险的保护。世界银行专家将养老保障定义为，国家和社会为老年人提供收入保障的制度。

（二）社会保障的主要特征

社会保障的主要特征有以下3个方面。

（1）体现国家和公民的基本关系。国家合理存在的前提是保障公民基本生活安全，国家依法委托政府承担社会保障责任，并依法规范用人单位和公民个人的相应责任；公民对国家的第一需求即基本生活的安全保障，公民是社会保障的权利主体，公民在享有社会保障权利的同时具有缴纳社会保障税费和自我储蓄的义务。

（2）抵御公民社会风险的制度安排，包括法律体系、政策体系和服务体系等。

（3）促进社会进步和实现公民安全，也称公民福利。"福"即分享社会进步与经济发展成果的满意程度，"利"即保障生活安全和改善生活条件。

1950年，国际劳工组织将国家形态称为"向广大国民提供服务的新组织"，即"把社会当作一个整体来考虑，主要目的是向工人和他们的家庭提供福利。这个组织逐渐成为民族国家的一个组成部分，社会保障是提高福利水平和促进人口活力的民族主权的国家政策"。[①]

二、社会保障的主要功能

社会保障具有再分配功能。在社会生产力水平较低的卖方市场条件下，社会保障是工人阶级斗争和资产阶级妥协的产物；在社会生产力水平较高的买方市场条件下，社会保障是平衡供需关系、代际关系和共同富裕的制度安排。

三、社会保障制度安排

社会保障制度安排是指基于社会风险特征，筹集资金、管理基金和支付待遇，实现社会保障目标的法律体系、政策体系和公共服务体系。社会保障制度安排的3个主要环节如下。

（1）筹集资金，即指根据以收定支、以支定收或平滑消费原则，由国家、组织和个人，通过征税、缴费和储蓄等方式，为各项社会保障计划准备专用资金的制度安排，按照人们生活的一般规律，鼓励人们在25~35岁时为养育儿女和居住理财，实现住有所居；在35~60岁时为健康和养老理财，实现病有所医和老残有所养。

（2）管理基金，即指根据收支平衡原则，建立现收现付型统筹账户或积累型个人账

---

① 周弘．什么是福利国家？［EB/OL］．（2008-07-14）．https://www.aisixiang.com/data/9477.html

户,实现财务管理和基金运营的制度安排,养老基金需要长期收支平衡(40~60年),失业保险基金需要周期平衡(3~5年),医疗保险财务需要当年收支平衡。

(3)支付待遇及提供相应服务,即指基于克服贫困和保障公民安全的原则,根据社会保障政策,组织社会保障服务体系,建立公民权益记录和福利待遇调整机制,支付福利金、实物帮助和提供基本医疗服务、长期护理服务等。

社会保障制度安排的结构如图1-1所示。

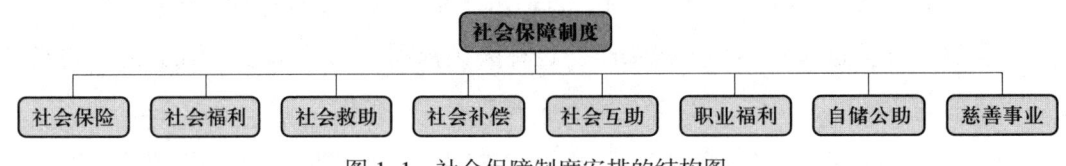

图1-1 社会保障制度安排的结构图

(一)社会保险(social insurance)

保险具有风险储蓄和合同理赔的特征,具有社会互济性,属于准公共品范畴,是社会保障体系的重要支柱。早期针对雇员群体,具有明显的劳动关系特征;近期出现政府补贴居民参加社会保险的现象,由此形成市民关系特征。保险是风险储蓄和理赔合同的集合体,具有保障功能。社会保险具有俱乐部特征,属于准公共品范畴。保险分为商业保险和社会保险,前者具有营利目标和逆向选择的特征,后者是基于社会契约建立的非营利的、广覆盖的、附带政府责任的公共保险计划。社会保险制度安排3个环节的主要特征如下。

(1)资金来源,包括用人单位缴费和职工个人缴费,可能发生财政补贴和居民缴费,以及相应的税优待遇。

(2)基金管理,包括社会统筹和个人账户,个人账户包括实际账户和名义账户。

(3)待遇支付,对参保人进行资格审查后,支付与贡献关联的保险待遇并提供相关服务。

(二)社会福利(social welfare)

福利具有普惠和国民均等待遇的特征,是实现克服贫困目标的社会保障制度安排。社会福利依赖国家干预,属于公共品范畴。社会福利制度安排3个环节的主要特征如下。

(1)资金来源依赖公共支出,主要指社会保障财政预算和政府社会保障支出。

(2)基金管理依赖公共账户,主要指政府运营的社会统筹基金,如财政专户、公共基金等。

（3）待遇支付，坚持普惠和国民均等待遇原则。普惠原则指覆盖全体应保公民，如"年满65岁的公民可以领取基本养老金"，其资格要件只有两项，年满65岁和取得本国公民资格；国民均等待遇原则指具有同等受益资格的人获得同等待遇，如英国国民年金，人均每周养老金支付金额是相同的。

（三）社会救助（social assistance）

救助具有经济调查和保障最低生活的特征，是实现消除贫困目标的社会保障制度安排。社会救济制度安排3个环节的主要特征如下。

（1）公共支出和公共账户如同社会福利，待遇支付对象和原则不同。

（2）特定标准和经济状况调查，指根据当地经济发展水平和生活指数规定最低生活保障标准，对申请领取社会救济的人和家庭进行经济状况调查，以此判断受益人。

（3）最低生活标准待遇，指根据当地最低生活标准支付救济金，包括全额支付和差额支付。广义社会救助还包括赈灾救济。

（四）社会补偿（social compensation）

补偿具有因工奉献、社会奖励、公益服务补偿的特征，是维护社会公德目标的社会保障制度安排，也称社会赔偿、社会优抚等。社会补偿制度安排3个环节的主要特征如下。

（1）贡献者受益，指依法认定为社会公益做出贡献的人的资格，取得该资格的人即受益人，为公共利益做出牺牲和贡献的人包括军人、火警和见义勇为者等。

（2）奖励加补偿，指社会补偿待遇，包括公益贡献奖励、对贡献者损失的补偿和基本生活的保障，社会补偿主要源于第二次世界大战以后，德国、日本和意大利政府对战亡人员和家庭的赔偿制度。

（3）公益服务补偿，指公益机构提供社会服务应得的补偿。例如，医疗保障定点医疗机构提供服务后，可以从医疗保险基金得到补偿。

（五）社会互助（social mutually）

互助具有自愿、互济和多样化的特征，是辅助性的社会保障制度安排。社会互助通常是在政府鼓励和支持下，社会团体和社会成员自愿出资和参与的扶弱济困活动，可能属于公共品范畴，也可能属于准公共品范畴，甚至是附带公益性的私人品范畴。社会互助制度安排3个环节的主要特征如下。

（1）多种资金来源，包括社会捐赠和计划成员自愿缴费，政府从税收优惠方面给予支持。

（2）基金管理，包括公共基金会、准公共基金会和个人基金等。

（3）待遇支付依赖互助形式，包括工会、妇联等群众团体组织的群众性互助互济，民间公益事业团体组织的慈善救助，城乡居民自发组织的各种形式的互助等。

（六）职业福利（occupational welfare）

职业福利具有政府引导、雇主责任和职工参与的职业特征，是实现改善生活目标的社会保障制度安排。职业福利通常由用人单位依法发起，是具有劳资关系和单位属性的职工福利，其计划属于准公共品范畴，其财产一旦进入个人账户即属于私人品范畴。职业福利可以是职工的基本保障或者补充保障。职业保障制度安排3个环节的主要特征如下。

（1）计划筹资，即指计划发起人和计划成员的缴费（一般只有职业养老金计划要求计划成员缴费），合格计划享有税优待遇。

（2）基金管理，通过个人账户（一般为实际账户）记录权益，通过共同基金投资运营。

（3）待遇支付，包括与资格关联的确定待遇和缴费关联的不确定待遇。

（七）自储公助（individual saving link with government's benefit）

自储是指建立个人账户积累养老金、住房公积金等，公助是指用人单位依法向职工个人账户缴费、政府税收减免和相关公共服务体系。个人账户记录个人储蓄、雇主配款、政府补贴等信息，是信息时代管理多功能账户的政策工具，具有共性寓于个性的公益性。自储公助制度安排有两个特征：一是法律规范，可能强制储蓄和锁定账户，专款专用，限制提款权；二是附带政府责任，包括税收优惠、监督关联、最低担保等。纳入社会保障体系的制度化自储公助源于新加坡1955年的《公积金法》。

（八）慈善事业（philanthropy）

慈善是基于慈悲之心从事善举之事，以帮助生活困难者的非政府和非营利活动，包括捐赠、义务服务等。慈善事业是调节贫富差别的平衡器。市场可以实现收入的第一次分配，社会福利可以实现收入的第二次分配，慈善事业则具有第三次收入分配功能。将慈善事业纳入社会保障体系，可以增加筹集资金的渠道和提供福利的方式。慈善事业伴随人类社会而发展，法制化的慈善事业源于英国1601年的《济贫法》。

综上所述，社会保险、社会福利、社会救助、社会补偿、社会互助，以及职业福利、自储公助和慈善事业都是具有社会保障功能的制度安排，它们具有各不相同的属性、功能、主体和组织，但目标一致、相辅相成，多性能地支持国家社会保障体系建设。同时，要求国家社会保障法律具有柔性，实现硬法（基本法及强制力）与软法（协议及执行力）的合力。

四、社会保障体系和结构

中国社会保障体系（见图1-2）是多层次的，是由各项风险保障制度安排的组合以及管理与服务体系构成的整体。以养老金为例，国家养老金体系由基本养老金、企业年金和个人养老金构成。

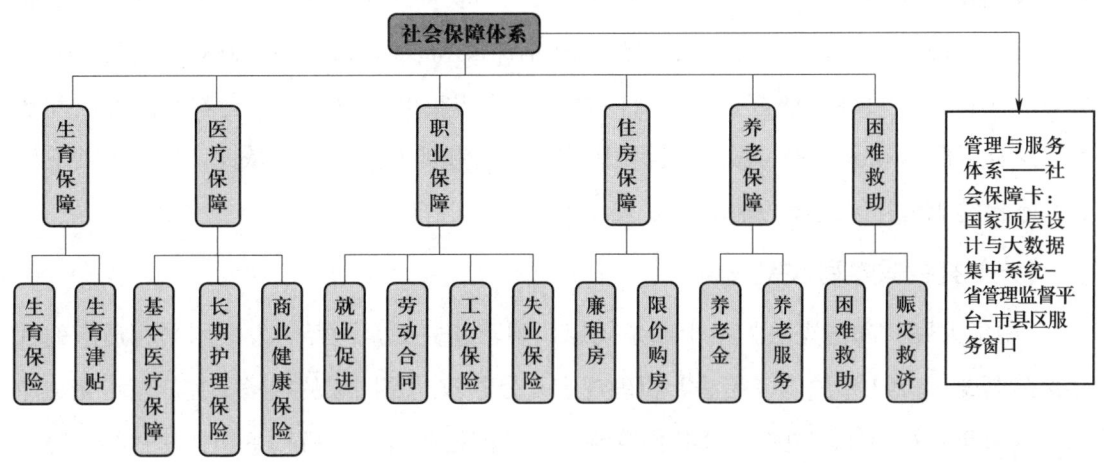

图1-2 中国社会保障体系

第三节 社会保障原则与立法

《世界人权宣言》第二十二条对社会保障法的定义是，每个人作为社会成员，有权享受社会保障，并有权享受他的个人尊严和人格的自由发展所必需的经济、社会及文化等方面的各种权利的实现。英国经济学家、社会问题和失业问题专家贝弗里奇提出了社会保障三项原则：一是社会保障规划是破旧立新的变革，不是头疼治头、脚痛医脚的良方；二是社会保障是社会进步的系列政策之一，提供收入保障有助于消除贫困，不能替代对疾病、愚昧、肮脏和懒惰等问题的治理方案；三是社会保障需要国家和个人的合作。

一、国家的社会保障责任

贝弗里奇认为,国家的社会保障责任包括与之相适应的责任及履行责任的必要权力,以便构建国家和公民个人的合作机制,并非一味地提供福利。德国《宪法》第二十条规定,德意志联邦共和国是民主的、社会福利的联邦制国家。联邦宪法法院一贯的司法解释为,福利国家即国家负有提供社会福利的义务。恩格斯在《家庭、私有制和国家的起源》一文中提出,人为什么能在大猛兽中间生存,他以伴随猿人群居产生的生产工具不断进步和为争夺生产资料而发生战争的社会现象,揭示了国家的起源和本质。[1] 最后他引用摩尔根的文明概念,描述了国家合理存在的前提条件,即保障公民安全,包括管理民主和权利平等。[2] 1978年,世界卫生组织和联合国儿童基金会在苏联阿拉木图联合召开的国际卫生会议上,通过了"强化基本保健和政府责任,到2000年实现'人人享有基本保健'目标"的宣言。主要内容是依靠切实可行的、受社会欢迎的方法和技术,从社区服务和家庭参与做起,提供国家负担得起的基本保健。从此,基本公共卫生和基本保健成为社区建设的基础设施。

(一)社会保障写入宪法

《中华人民共和国宪法》第十四条规定,国家建立健全同经济发展水平相适应的社会保障制度。1793年法国《宪法》明确规定,公共救助是国家的神圣义务。基于宪法原则,国家建立社会保障税收和公共预算制度,国家行政首脑和机构承担构建社会保障体系的责任。

(二)社会保障写入执政党纲领

国家合理存在的前提条件即向公民提供社会保障,由此决定执政党纲领要围绕社会保障目标展开。

(三)社会保障是政府责任

宪法和执政党纲领将社会保障转化为政府责任,包括公共预算的责任、制定政策和方案的责任、提供社会保障公共服务的责任等。政府的社会保障责任可以分解为直接责

---

[1] 恩格斯.家庭、私有制和国家的起源[M]//马克思,恩格斯.马克思恩格斯选集:第4卷.北京:人民出版社,1972.
[2] 同上.见恩格斯引用摩尔根的结论:"一定会规定国家对它所保护的财产的关系,以及所有者的权利范围。……管理民主、社会博爱、权利平等、普及教育,将揭开社会的一个更高级的阶段,经验、理智和科学正朝着这个阶段努力。"

任和间接责任，即"供人食鱼"和"授人以渔"的关系，前者由政府提供福利，后者鼓励公民自储公助。还要分离政府的社会保障责任和功能，通过合作伙伴关系，委托非政府组织提供社会保障服务，例如，社会保障经办机构与商业银行的密切合作，也称社会保障银行。

二、规范公民权利和义务

社会保障是公民权利，也是公民义务。公民权利是指公民基于法定权利获得某种利益。公民义务是指权利主体应当作出或不得作出一定行为的约束性法律规范。一般情况下，权利与义务是统一的。例如，缴纳养老保险达到法定年限才能领取养老金。

（一）公民权利和义务具有一致性

公民是国家的成员，个性需要寓于共性，公民具有维护国家利益的义务；国家由公民组成，共性寓于个性，国家有保护公民的义务。《中华人民共和国宪法》第三十三条规定，凡具有中华人民共和国国籍的人都是中华人民共和国公民。中华人民共和国公民在法律面前一律平等。国家尊重和保障人权。任何公民享有宪法和法律规定的权利，同时必须履行宪法和法律规定的义务。公民义务主要包括劳动、纳税、服兵役和遵守国家法律等。

（二）劳动是公民权利也是公民义务

根据《中华人民共和国宪法》，劳动是公民的权利，也是义务。公民安全从劳有所得做起。

公民劳动权利主要包括以下5个方面。

（1）接受职业培训和就业服务。

（2）积极求职和签订劳动合同。

（3）履行劳动职责和遵守劳动纪律。

（4）获取劳动报酬，包括最低工资、社会平均工资和绩效工资。

（5）得到劳动安全保护，预防工伤事故和职业病。

国家保护公民劳动的相应义务有以下3个方面。

（1）通过各种途径，创造劳动就业条件；加强劳动保护，改善劳动条件。

（2）在发展生产的基础上，提高劳动报酬和福利待遇。

（3）对就业前的公民进行必要的劳动就业训练，发展劳动者休息和休养的设施，规定职工的工作时间和休假制度。

同时，国家提倡公民从事义务劳动，奖励劳动模范和先进工作者。

相关法律法规：

《中华人民共和国宪法》第四十四条　国家依照法律规定实行企业事业组织的职工和国家机关工作人员的退休制度。退休人员的生活受到国家和社会的保障。

第四十五条　中华人民共和国公民在年老、疾病或者丧失劳动能力的情况下，有从国家和社会获得物质帮助的权利。国家发展为公民享受这些权利所需要的社会保险、社会救济和医疗卫生事业。

国家和社会保障残废军人的生活，抚恤烈士家属，优待军人家属。

国家和社会帮助安排盲、聋、哑和其他有残疾的公民的劳动、生活和教育。

自食其力是人类社会的基本准则。社会保障是在公民劳动能力缺失和履行劳动义务的基础上发生的，不是免费的午餐。公民劳动能力缺失，是指未满16岁的未成年人和丧失劳动能力的成年人，国家有义务保障他们的基本生活，首先要培育家庭供养能力，其次才是国家直接供养。履行劳动义务，是指公民进入了就业和经济活动的状态，并履行了缴纳税费的义务，他们应当享有减免税率、领取相应福利的权利。

可以根据公民的劳动能力和收入状态将其分为4类：一是雇员，包括公务员、专业技术人员、职工等；二是自雇人，包括个体户、农村家庭联产承包户等；三是居民，包括具有稳定收入、非稳定收入和无收入的人群等；四是特殊人群，包括军人、农民工等身份和职业具有变动性特征的人群等。这种分类的意义在于，基于公民的劳动能力建立社会保障体系，根据公民劳动能力的缺失提供福利。在宪法原则下要避免根据出身、职业和户籍等人为条件形成身份歧视和待遇歧视，宪法的基本原则是创造平等和谐的人际关系和社会关系。

三、公平、效率和可持续性相结合

根据政治经济学的基本原理推论，工业化的时代特征是卖方市场和内部竞争（国家化），社会保障的基本原则是公平，以消除贫困为目标，保障生存权；后工业化和信息化的时代特征是买方市场和外部竞争（全球化），社会保障的基本原则是公平与效率的有效结合，效率不是优先选择项，而是实现更高层次公平的条件，以改善民生为目标，保障体面生存权，并增强国家竞争力。

（一）坚持公平原则消除社会贫困

法律意义的公平原则包括两个方面：一方面，民事主体地位平等，包括人身权和财产权的平等；另一方面，主持正义，促进社会就人人平等和公平分配等问题达成"认知、共识和妥协"。公平原则进入社会保障法律范畴，即建立覆盖全体公民各类社会风险的制度体系，强化政府责任，实现消除贫困的目标。公平原则主要用于社会保障公共品的生产和提供，包括4项内容：一是保障最低生活水平，如最低生活费、廉租房、医疗救助、赈灾救济等；二是制定贫困线和最低保障标准，以补差的方式提供持续收入；三是准入退出制度，让收入达到一定标准的人群（视为非贫困）退出，并非取消他们的权利；四是与收入关联的纳税义务，高收入人群的贡献要大于低收入人群。

（二）坚持效率原则改善国力与民生

效率即更高意义的公平，是公平与效率的有效结合，是实现高质量发展的必要条件。具体含义包括两个方面：一方面，人人具有社会责任，即爱护自己和帮助他人；另一方面，在实现公平的基础上追求效率，促进社会就管理绩效和市场融资等问题达成共识并作出制度安排。因此，国家养老金体系包括基本养老金、雇主养老金和个人养老金3个支柱，以及此消彼长的运营机制。社会保险属于准公共品范畴，更加需要适用公平与效率相结合的原则。

（三）坚持可持续发展原则完善制度体系

伴随经济增速放缓和进入人口老龄化社会，社会保障面临减收增支的挑战。20世纪70年代以后，可持续发展成为全球社会保障制度改革的核心问题。可持续发展原则具体有两项措施。一是从粗放向精细化转变。以新加坡为例，新加坡政府更加关注人的生命周期，按照国民生命周期进行福利资源的配置，包括征收和支付。二是实现公平和效率的有效结合。例如，进入中度人口老龄化社会以后，面对代际关系和赡养负担的挑战，早减晚增的全额基本养老金领取机制即兼顾公平与效率的制度安排。

四、坚持硬法与软法有效结合

社会保障覆盖全体公民的一生，涉及国家和公民的关系。需要基于多种政策工具、多种社会资源和多层次制度体系，才能实现其保障民生安全、维护社会稳定和持续发展经济的目标。社会保障法有宪法细目和"小宪法"之称。社会保障的责任主体包括政府、企业、组织和个人,很多国家的社会保险基金来自企业缴费和个人缴费。因此社会保障法属于第三法域,需要克服政府和市场的刚性,通过社会契约保持法制的柔性和韧性,以适应社会经济的变化,如人口老龄化。柔性机制保持制度的灵活性和适应性,追求以柔克刚的效果;韧性即指适应性,是可持续发展的必要条件。

要大力发展非公非私的社会法和培育社会契约文化,发展社会公约、集体协议和各类合同制。在此基础上适度强化公权代表政府的责任和话语权,但不能以行政管理与监督替代社会契约。

案例 1-1 解读"新加坡公积金计划"中的生命周期特征

1953 年,新加坡颁布《公积金法》,建立了公积金计划,为计划成员设立了家庭账户和个人账户,单基数费率为个人工资总额的 36% 左右,由雇主和雇员分担,根据个人生命周期向账户缴费。新加坡公积金个人账户及缴费和分配比例见表 1-2。

表 1-2　　　　　　　　新加坡公积金个人账户及缴费和分配比例

雇员年龄	雇员缴费占工资比率/%	雇主缴费占工资比率/%	总缴费占工资比率/%	分配比率/%		
				普通账户	特殊账户	医疗账户
35 岁及以下	16	20	36	26	4	6
35~45 岁(含)	16	20	36	23	6	7
45~55 岁(含)	16	20	36	22	6	8
55~60 岁(含)	6	12.5	18.5	10.5	0	8
60~65 岁	3.5	7.5	11	2.5	0	8.5
65 岁及以上	3.5	5	8.5	0	0	8.5

新加坡公积金计划的内部结构如图 1-3 所示,个人账户分为普通账户、特别账户(锁定账户积累养老金)和医疗账户,计划成员达到退休年龄时合并为养老账户,支付养老金和医疗费用,医疗费用发生困难时可以向政府出售租屋并改住廉租屋,其资金用于支付租金和医疗费用,剩余部分在计划成员死亡时转化为遗产。

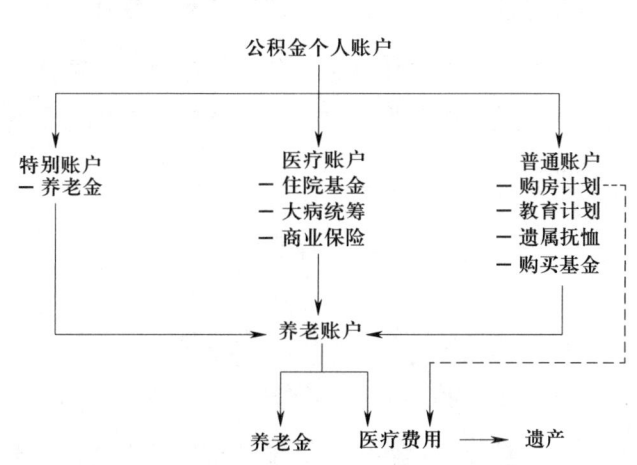

图1-3 新加坡公积金计划的内部结构

国家建立法定机构——公积金局，集权管理公积金，投资于公共项目和资本市场，计划成员收益率高于物价增长和银行储蓄利率。其中，特别账户的利息收入高于另外两个账户。

公积金计划以较小的公共投入获得了较高的社会发展指标，维持经济稳定发展。2005年，新加坡公共支出占GDP的15%，远低于发达国家28%的平均水平，但社会指标位居世界第25位、亚洲第3位。其中，住房公共支出占GDP的1%，个人产权住房拥有率为96%，全世界最高；卫生总费用低于GDP的4%，人均预期寿命和婴儿死亡率均为世界级优质指标。

深度阅读

1. 邓大松，杨燕绥. 社会保障概论［M］. 2版. 北京：高等教育出版社，2025.

本书从社会风险角度理解国家和政府责任及社会保障基本理论、研究方法、制度体系和法治建设。深入探讨福利国家的起源、演变，以及推动福利国家发展的政治动力。本书回顾了马克思、恩格斯论失地工人社会保障权益的文献，剖析了福利国家的历史背景、制度特点、理论支撑、福利提供方式和内容，以及经济全球化和欧洲一体化带来的影响与挑战。

2. 罗伯特·伊斯特. 社会保障法［M］. 周长征，等，译. 北京：中国劳动社会保障出版社，2003.

本书通过回顾英国社会保障制度发展历史，并与其他国家社会保障制度进行比较，揭示了社会保障制度的普遍性和特殊性，详细阐述了社会保障项目的法律规定及其社会经济结构和哲学理念。此外，本书不仅揭示了社会风险的复杂性及其对个体与社会的深远影响，还详细阐述了社会保障的制度安排，为读者提供了一个全面理解社会保障法研究对象和社会基础的视角。

本章小结

以循序渐进的方法使读者了解社会风险和社会保障，以及社会保障法调整对象、基本原则、制度安排和体系建设，为研究社会保障立法的假定条件奠定理论和实务基础。本章学习重点掌握如下知识：第一，社会风险是人人面对的危及公民基本生活安全的风险，由此构成国家保障公民基本生活安全的义务；第二，社会保障立法应当坚持国家责任、公民权利和义务以及公平与效率相结合的基本原则；第三，社会保障制度安排包括资金筹集、基金管理、待遇支付与服务三大环节；第四，社会保障由法律体系、政策体系和公共服务体系构成；第五，社会保障立法需要坚持公平原则、效率原则与可持续发展原则的有效结合，坚持国家硬法和社会软法的有效结合，培育第三法域，实现社会保障法治的柔性和韧性。

重要概念

社会风险　国家责任　社会保障法治

思考题

1. 描述社会风险的主要特征。
2. 描述社会保障制度安排和体系建设的内涵。
3. 以"早减晚增"养老金领取机制解释社会保障公平与效率相结合的原则。
4. 社会保障主要属于第三法域的原则。
5. 通过分析新加坡公积金计划理解生命周期的价值。

第二章
社会保障的法律规范

教学目标：了解社会保障法调整社会保障领域发生的社会关系和行为规范的本质；熟悉社会保障法律关系的相关内容；掌握学习社会保障法的抽象思维方法。

本章主要内容：
- 社会保障法概述
- 社会保障法律关系

第一节 社会保障法概述

1883—1889 年，德国俾斯麦政府连续颁布了《雇员医疗保险法》《雇员工伤保险法》《雇员养老保险法》，是社会保险立法的起点。1935 年，美国罗斯福政府颁布了《联邦老遗残障收入保障法》，建立了联邦统筹的老遗残持续收入保障制度。

一、社会保障法的定义和特征

法是人们对公平公正的认知、共识和妥协。人们本来希望依赖自律形成道德规范和乡规民约，由此规范社会关系和建设家园。但是，伴随社会经济发展和生产剩余的增加，总是有人在利益驱动下突破道德界限，甚至图财丧志和图财害命。当商品交易混乱、社会财富分配不公，到了危及经济秩序和社会稳定的时候，人们便产生了依赖国家强制力工具制定财富分配原则和行为规范的认知，就维护公平公正的经济秩序和社会关系达成共识，这种共识是建立在不同利益群体相互妥协基础上的。

律即指行为规则和组织纪律。其中，法定行为规则包括 3 种规范：一是授权性规范，法律用语为"可以"和"有权"，指引由当事人自己决定是否作为；二是命令性规范，法律用语为"应当"和"必须"，指引当事人必须作为，不作为即可能损人不利己，将被矫正和惩罚；三是禁止性规范，法律用语为"不得"，指引当事人不能作为，一旦作为即可能侵害他人权益，自己将受到法律制裁。

法律是在人们认知、共识和妥协基础上达成的，调整社会关系的行为规范的总和，包括规范权利义务内容的实体法以及享有权利和承担义务过程的程序法。

价值取向是法律的灵魂。理论界大多认为，法是为满足人和社会需要的目的而追求的理想目标，包括法的自由价值、平等价值、安全价值、秩序价值、正义价值和效益价值等。

对于法律原则，中外法学家从各个角度对其有不同的阐述，有学者认为狭义上的法律原则受法律价值节制和约束，表达了其所归属的法律精神，是规定或隐含在法律中，规范某类社会关系、指导法律推理、促进法律体系协调统一的原理与准则；[1] 有的将法律原则视为"可以作为众多法律规则之基础或本源的综合性、稳定性的原理和准则"。[2] 从功能角度来说，法律原则具有协调规则冲突、弥补规则不足等功能，并能符合实质法治的发展要求。从法律的价值取向和法律原则的关系来看，价值取向决定法律原则的内容，而法律原则是对价值取向的具体细化和表现。

社会保障法是调整社会保障关系的行为规范的总称。社会保障关系是指社会保障人、缴费义务人、被保障人和受益人之间的社会关系。《中华人民共和国宪法》第十四条规定，国家合理安排积累和消费，兼顾国家、集体和个人的利益，在发展生产的基础上，逐步改善人民的物质生活和文化生活。国家建立健全同经济发展水平相适应的社会保障制度。根据本法条规定，我国的社会保障人是国家，受益人是公民，社会保障关系是国家抵御公民社会风险和实现公民基本生活安全，以及公民履行相关义务和享有社会保障的社会关系，这种社会关系反映公民对国家的第一需要和国家合理存在的前提条件。

社会保障法的主要特征有3个方面。一是以抵御公民社会风险和实现公民安全为目标，形成国家与公民之间的民生保障关系，规范国家和政府的保障责任，规范公民享有保障的权利和义务。二是社会保障关系由社会保障人、缴费义务人、被保障人和受益人构成，社会保障人是国家，责任主体是政府，包括决策责任、预算责任和管理服务责任；合作伙伴是雇主（政府自身也是雇主）和社会组织以及商业机构；公民

---

[1] 周怡萍.论法律原则[D].吉林：吉林大学，2007.
[2] 张文显.法理学[M].北京：法律出版社，1997.

作为受益人有自律和监督责任，在社会互济和自储公助的保障模式下要履行缴费人的责任。三是社会保障法具有跨越法律部门的综合性，具有公法特征；要规范国家和政府的社会保障责任，涉及财政预算法、行政法、组织法、行政诉讼法等；具有经济法和社会法特征，要规范用人单位、职工和居民的纳税缴费责任，涉及劳动法、税法、会计法等；具有私法特征，要规范个人储蓄责任、产权保护和相应的税优待遇等。

二、社会保障法的功能和地位

社会保障涉及全体公民的一生，是适用范围最大的法律。西方学者马赛精辟地比较和概括了社会保障法的功能和地位："民事权利创立于18世纪，它导入了个体自由和财产权利；政治权利创立于19世纪，它授权于公民参与政治和国家权力；社会保障权利创立于20世纪，它使全体公民有权利分享社会财富。"[1]继1804年《法国民法典》之后，社会保障法被称为现代法治建设的里程碑，因为它创造了社会权利，使每个公民平等地分享社会财富，面对社会风险时能够得到国家和社会的保护。它决定社会保障法也是实施宪法的主要途径，是政府介入民生保障领域的有效途径：通过社会财富再分配，发挥创造社会公平与民主的政治功能；通过储蓄和保险工具抵御社会风险，发挥改善劳资关系与和谐社会的社会功能；通过科学合理制度结构，发挥促进公民健康和提高人力资本、应对人口老龄化和促进有效资源配置的经济功能。

社会保障法不仅独立于行政法、民法，属于第三法域，也独立于劳动法，如德国《雇员医疗保险法》、美国《社会保障法》、英国《国民养老金法》等。

（一）独立的调整对象和目标

公法维护公共利益、公民安全和国家安全，社会法维护社会群体利益和社会安全，私法维护个人利益、个体安全及其社会安全。社会保障法的调整对象是社会生活中的各类群体，如低收入群体、纳税缴费群体、职工群体、居民群体和特殊群体，以及经办机构和服务提供机构等。社会保障立法目标是协调社会群体的公平收入分配关系、改善民生和消除社会歧视与贫困。

---

[1] 艾膺.民主社会主义和劳动法[J].工业法律季刊（英国），1995，24（7）：112-113.

(二）特定的立法原则

社会保障立法强调国家和政府责任、公民权利及其义务；强调硬法与软法的结合，建立政府主导下的合作伙伴关系等原则。

(三）专门的内容体系

基于国际劳工组织第 102 号公约，社会保障立法围绕"七大社会风险和三大制度环节"的基本内容已经自成体系。总之，社会保障立法散存于行政法、民法和劳动法的时代已经过去。20 世纪 70 年代以后，国际上独立的社会保障立法逐渐增多。社会保障法归属第三法域，即亦公亦私的社会法范畴，是宪法的延伸、社会法的龙头法、行政法和民法的补充。

三、社会保障法的内容和体系

法律内容是本法主体的权利义务所指向的事务。基于国际劳工组织第 102 号公约，社会保障立法是基于公民权益记录，围绕"生育、失业、疾病、伤残、年老、死亡和灾难"七大社会风险和"资金筹集、基金管理、待遇支付及服务"三大制度环节，使用社会福利、社会保险、社会救济、社会补偿、社会互助、职业福利、自储公助、慈善事业等政策工具，以及社会保障公共服务组织系统和信息系统的制度体系，即国家保障公民基本生活的安全网。

国际上通行的社会保障法律文本编纂体系包括如下内容。（1）总则，即宗旨和原则、制度模式、管理体制、监督机制等；（2）养老保障的覆盖对象和资格审查、保障项目（含养老金、养老补贴、退养、遗属抚恤等）、资金筹集、提供方式；（3）医疗保障的覆盖对象和资格审查、保障项目、资金筹集、提供方式；（4）就业保障的覆盖对象和资格审查、保障项目（职业伤害、失业保险）、资金筹集、提供方式；（5）失能保障的覆盖对象和资格审查、保障项目、资金筹集、提供方式；（6）困难救助的覆盖对象和资格审查、保障项目（家庭救助、灾难救助等）资金筹集、提供方式；（7）法律责任；（8）求索和诉讼。

在 170 多个加入国际劳工组织第 102 号公约的国家和地区，其社会保障立法已经达到以下 3 个条件：一是立法内容全面覆盖上述内容，即风险覆盖率达标；二是应保人群及参保率达标（其规定见表 2-1）；三是最低保障水平达标。但这是 20 世纪 50 年代的最低国际标准，经济合作与发展组织（OECD）国家的实际标准普遍高于这个水平。发展中国家的情况参差不齐，中国目前尚未参加该公约。

表 2-1　　国际劳工组织社会保障应保人群及参保率的规定

项目	应保人群	参保率	说明
医疗保险	全体雇员 + 妻子和孩子	雇员的50%+亲属	1952年第102号公约
工伤保险	全体雇员或全体居民	雇员的50%，居民的20%	1952年第102号公约
生育保险	除家庭用工以外的全体女性雇员，不分公营和私营企业；母亲不分国籍、孩子不分合法与非法	100%（任何妇女、孩子）	1919年《保护生育公约》（第3号公约）
住房	全体劳动者（含自雇人和退休人员）一套全功能住房	100%	1962年《工人住房建议书》（第115号建议书）
失业保险	全体雇员	85%	1988年《关于促进就业和失业保护的公约》（第168号公约）
养老金	全体雇员（退休和意外事故退养）或全体居民	雇员的50%，居民的20%	1952年第102号公约
最低生活保障	全体雇员或全体居民	雇员的50%，居民的20%	1952年第102号公约

纵观全球社会保障立法模式，主要有3种：（1）合并式立法，如美国《社会保障法》，以老遗残人群为保障对象，规范了联邦政府和州政府的保障责任；智利、墨西哥等国家也有合并式社会保障法律；新加坡《公积金法》，以职工自储公助为主要模式，覆盖家庭成员，涉及健康、住房、养老、遗属抚恤等各方面，也属于合并式社会保障立法。（2）编纂式立法，如法国编纂《社会保障法典》，保持了原有立法的形态。（3）分散式立法，也称实用型立法，由一系列独立法令构成社会保障法律体系，如德国《雇员医疗保险法》、英国《国民养老金法》等，针对社会风险特征实施立法。立法模式不同，社会保障法律体系的表现形式也不同。

我国颁布了《中华人民共和国老年人权益保障法》《中华人民共和国未成年人保护法》《中华人民共和国就业促进法》等原则性立法，也颁布实施了具有实体法内容的《中华人民共和国劳动法》《中华人民共和国社会保险法》。由于社会保险内容繁杂不可能由一部法律加以规范，因此我国基于宪法原则制定了法律效力更高的社会保障立法纲要，由其统帅上述法律和继续制定新的法律，如《医疗保障法》《社会救助法》等。

四、社会保障法的渊源和效力

法律渊源是指法律规范存在的地方,即法律文件的分类和体系,包括母法、硬法体系和软法体系(见图2-1)。

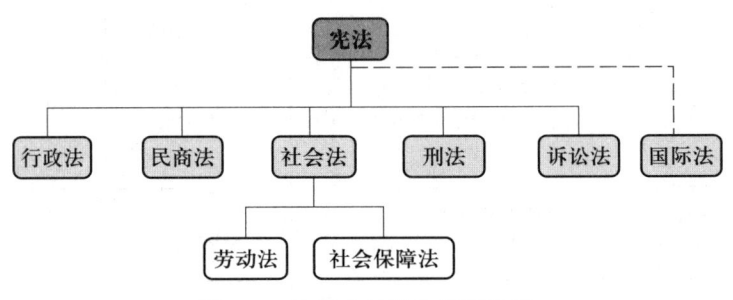

图2-1 法律文件的分类和体系

母法即宪法,是组建国家和制定法律的基本原则,社会保障立法的基本原则同样来自宪法。《中华人民共和国宪法》第十四条规定,国家建立健全同经济发展水平相适应的社会保障体系。第四十五条规定,中华人民共和国公民在年老、疾病或者丧失劳动能力的情况下,有从国家和社会获得物质帮助的权利。国家发展为公民享受这些权利所需要的社会保险、救济和医疗卫生事业。国家和社会帮助安排盲、聋、哑和有其他残疾的公民的劳动、生活和教育。日本《宪法》第二十五条规定,全体国民都享有最低限度的健康与文化生活的权利。国家应于生活的一切方面努力提高和增进社会福利、社会保障以及公共卫生。美国《宪法》序言表述道:我们美利坚合众国的人民,为了组织一个更完善的联邦,树立正义,保障国内的安宁,建立共同的国防,增进全民福利和确保我们自己及我们后代能安享自由带来的幸福,乃为美利坚合众国制定和确立这一部宪法。德国《宪法》规定,德国是一个民主制和社会福利的联邦国家,帮助社会弱者和保障人的尊严与维护社会公正为国家的基本义务。

硬法是指由国家立法机构和立法程序制定的,依靠国家强制力保证实施的行为规范,包括行政法、民商法、社会法、刑法、诉讼法和国际法(接受国际立法公约后转化为国内法)六大法律部门。在我国,国家依据宪法制定《中华人民共和国立法法》,规范国家立法机构和立法程序,一旦国家立法机构(全国人民代表大会及其常务委员会)制定了基本法,国家行政机构(国务院)即根据基本法制定实施条例,国务院的部委即根据条例制定实施细则,地方政府进一步制定实施办法;此外,少数民族地区和经济特区享有一定的特别立法权。

相关法律法规：

《中华人民共和国立法法》第九条 本法第八条规定的事项尚未制定法律的，全国人民代表大会及其常务委员会有权作出决定，授权国务院可以根据实际需要，对其中的部分事项先制定行政法规，但是有关犯罪和刑罚、对公民政治权利的剥夺和限制人身自由的强制措施和处罚、司法制度等事项除外。

第十条 授权决定应当明确授权的目的、事项、范围、期限以及被授权机关实施授权决定应当遵守的原则等。授权的期限不得超过五年，但是授权决定另有规定的除外。

被授权机关应当在授权期限届满的六个月以前，向授权机关报告授权决定实施的情况，并提出是否需要制定有关法律的意见；需要继续授权的，可以提出相关意见，由全国人民代表大会及其常务委员会决定。

第十一条 授权立法事项，经过实践检验，制定法律的条件成熟时，由全国人民代表大会及其常务委员会及时制定法律。法律制定后，相应立法事项的授权终止。

软法是指利益相关人之间订立的行为规范，依靠利益相关人之间的利害关系产生约束力，不需要国家强制力即可实施，包括公约、协议、合同和章程等。符合法律规范和利益相关人合意的软法，受法律保护。

五、社会保障法学和研究方法

社会保障法学是指社会保障法律规范的研究学科，包括以下内容：一是社会保障立法假定学，分析和预测社会风险、资金筹集、基金管理、待遇需求、服务体系等立法背景问题，从而规范社会保障立法基础工作；二是社会保障法律规范学，研究社会保障法律关系的主体、内容和客体以及公民诉权，从而规范社会保障制度的发起人和管理体制、运行机制和监督制度，社会保障的出资人、账户管理和基金运营，社会保障的受益人、资格审查、缴费义务、待遇支付等；三是社会保障法律责任学，研究追责原则、矫正和处罚，以及争议处理，从而保障公民实现社会保障权利。社会保障法学是涉及政治学、社会学、经济学（特别是福利经济学）、金融学、数理化学、医学、生理学、管理学、人力资源学、信息科学等学科的综合型学科。

社会保障法学的研究方法有如下 4 种：

（1）定量研究方法，指用定量分析工具研究人口结构、收入状况、保障需求、政府债务、宏观经济社会指标等问题，支持社会保障立法假定科学性的模拟仿真分析，得出福利支出占财政支出和 GDP 的比重，实现立法的经济成本和社会效用的最优效果。

（2）定性分析方法，指运用相关理论界定社会保障立法原则、对象、模式和目标等问题，认真区分和适当采用福利、保险、救助等不同的政策工具。

（3）案例研究方法，指全面、深入地研究先行者的实践，在借鉴他人经验和教训的基础上，制定社会保障法律。

（4）国际比较方法，指根据国际社会的社会保障标准，度量本国的社会保障水平。例如，根据福利经济学鼻祖庇古的"公民受益权"演化为当今的"国家人均 GDP 与公民福利的相关性"，是衡量国家社会保障投入的重要指标，目前美国的指数是 0.939，德国是 0.737。

在加强社会保障研究的基础上进行立法，可以避免盲目地"试行"和"暂行"，减少由于盲目"试行"和"暂行"带来的人、财、物和时间上的巨额成本。社会效用评价包括量化评估和专家评价，社会保障标准可以进行量化评估，这需要建立基础数据的统计和归集系统，并形成相应的指标体系，确定分析方法和建立分析模型。对就业政策和劳动者保护政策可以运用量化评估与专家评价相结合的办法，后者需要建立专家库。两类评价方法的效果和价值不同。

第二节　社会保障法律关系

法律关系是指有法可依的社会关系，由法律关系的主体、法律关系的内容和法律关系的客体 3 个要素构成。

一、社会保障法律关系的构成

（一）社会保障法律关系的主体

社会保障法律关系的主体是指建立了社会保障关系的社会保障人、参保人和受益人。一般情况下，法律文件第二条用于明确本法适用的主体。《中华人民共和国社会保险法》第二条明确了本法适用于全体公民，第十条进一步明确基本养老保险适用于职工。在医疗保障领域，医疗保障经办机构与公立医院之间订立医保服务协议，建立了两个公共服务机构之间的合作关系。当公立医院就履行医保服务协议的纠纷提请同级医疗保障行政机构调处时，即形成医疗保障行政机构与公立医院之间的行政调处关系。

相关法律法规：

《中华人民共和国社会保险法》第二条　国家建立基本养老保险、基本医疗保险、工伤保险、失业保险、生育保险等社会保险制度，保障公民在年老、疾病、工伤、失业、生育等情况下依法从国家和社会获得物质帮助的权利。

社会保障人，即指社会保障计划发起人和责任人，主要指政府，包括政府的社会保障决策机构、执行机构和监督机构。就执行机构而言，包括国家依法授权的机构、组织，例如：我国的社会保险经办机构；合法的公益组织，如德国、法国的行业性社会保险委员会和经办机构；政府委托的民间非营利性机构，如美国经办医疗保险的蓝盾蓝十字协会；政府准入的专业性商业机构，如澳大利亚的养老金管理公司等。

相关法律法规：

《中华人民共和国社会保险法》第七条　国务院社会保险行政部门负责全国的社会保险管理工作，国务院其他有关部门在各自的职责范围内负责有关的社会保险工作。

县级以上地方人民政府社会保险行政部门负责本行政区域的社会保险管理工作，县级以上地方人民政府其他有关部门在各自的职责范围内负责有关的社会保险工作。

第八条　社会保险经办机构提供社会保险服务，负责社会保险登记、个人权益记录、社会保险待遇支付等工作。

参保人，即指依法参加社会保障计划，享有社会保障权利和履行社会保障义务的人，包括缴费义务人和受益人。在其中的社会保险计划下，用人单位（雇主）和职工（雇员）都是缴费义务人，用人单位应当依法履行参保登记、申报，为本单位职工缴费的义务，代理职工缴费的义务，但用人单位不是受益人；根据《中华人民共和国社会保险法》规定，用人单位应当依法建立劳动关系，辞退职工应当能出具解除劳动关系的书面通知，这是职工领取失业保险的法律事实的证据。职工应当依法参保，提供真实信息和履行缴费义务，在具备法定条件时成为社会保险受益人。

相关法律法规：

《中华人民共和国社会保险法》第十条　职工应当参加基本养老保险，由用人单位和职工共同缴纳基本养老保险费。

第七十四条　社会保险经办机构通过业务经办、统计、调查获取社会保险工作所需的数据，有关单位和个人应当及时、如实提供。

社会保险经办机构应当及时为用人单位建立档案，完整、准确地记录参加社会保险的人员、缴费等社会保险数据，妥善保管登记、申报的原始凭证和支付结算的会计凭证。

社会保险经办机构应当及时、完整、准确地记录参加社会保险的个人缴费和用人单位为其缴费，以及享受社会保险待遇等个人权益记录，定期将个人权益记录单免费寄送本人。

用人单位和个人可以免费向社会保险经办机构查询、核对其缴费和享受社会保险待遇记录，要求社会保险经办机构提供社会保险咨询等相关服务。

受益人，即依法享有社会保障待遇申领权的人，包括参保职工、被职工供养的人等。相关社会保障法律对受益人的资格、条件和申领程序加以规定，如参保年限、缴费记录等。在缴费性社会保险计划下，受益人首先是参保人，需要履行参保人的义务；在社会福利计划下，只有保障人和受益人两方主体，通常受益人不需要履行缴费义务。

相关法律法规：

《中华人民共和国社会保险法》第十六条　参加基本养老保险的个人，达到法定退休年龄时累计缴费满十五年的，按月领取基本养老金。

第十七条　参加基本养老保险的个人，因病或者非因工死亡的，其遗属可以领取丧葬补助金和抚恤金；在未达到法定退休年龄时因病或者非因工致残完全丧失劳动能力的，可以领取病残津贴。所需资金从基本养老保险基金中支付。

此外，还有社会保障法律关系参与者，即指在社会保障人、参保人和受益人以外，对社会保障法律关系发生产生决定性影响的第三方，如政府和公益组织等；依据法律或合同提供服务的组织和个人，如律师事务所、会计师事务所、社会保障信托基金等。

（二）社会保障法律关系的内容

社会保障法律关系的内容，是指社会保障法律关系主体依法享有的权利和必须履行的义务。权利是指公民有权从国家获得某种福利，这是宪法授权，仅为一种可能；义务是指公民被要求作出某种行为和履行某些责任，一般情况下和权利是对称的，但对无行为能力的精神或健康残疾的人除外。

社会保障法律性规范的意义在于明确规定社会保障主体如何处理自己的行为，即权利和义务。以社会保障信息管理为例，《中华人民共和国社会保险法》分别规范了社会保障人、参保人和受益人的如下权利和义务：作为社会保障人，社会保险经办机构应当提供社会保险服务，负责社会保险登记、个人权益记录、社会保险待遇支付等工作；社会保险行政部门和其他有关行政部门、社会保险经办机构、社会保险费征收机构及其工作人员，应当依法为用人单位和个人的信息保密，不得以任何形式泄露。作为参保人，在社会保险行政部门实施监督检查时，被检查的用人单位和个人应当如实提供与社会保险有关的资料，不得拒绝检查或者谎报、瞒报；用人单位和个人依法缴纳社会保险费，有权查询缴费记录、个人权益记录，要求社会保险经办机构提供社会保险咨询等相关服务。作为受益人，个人依法享受社会保险待遇，有权监督本单位为其缴费情况。

（三）社会保障法律关系的客体

社会保障法律关系客体，是指社会保障法律关系当事人的权利和义务所涉及的对象，包括资金、现金、物资、服务行为、机会和信息等，如养老金、廉租房、医疗服务、免费培训、就业信息指引等。

二、社会保障法律关系的分类

基于不同的社会保障制度安排形成不同的社会保障法律关系，以社会福利和社会救助、社会保险和自储公助三项计划为例。

（一）社会福利和社会救助计划下的法律关系

在此法律关系中，养老补贴、医疗救助、廉租房、最低生活保障等属于社会保障公共品范畴。社会保障人和受益人之间具有支付和收取的责任关系，政府依赖财政预算承担确保支付待遇的责任，受益人承担如实报告家庭经济状况的责任。

（二）社会保险计划下的法律关系

在此法律关系中，养老保险、医疗保险、失业保险等属于准社会保障公共品范畴，社会保障人和参保人之间具有监督参保登记、管理权益记录和提供服务的关系。雇主是为他益保障而参保缴费，职工是为自益保障而参保缴费；职工的权利和义务是对称的，社会保险基金属于准公共基金的"俱乐部"，职工参保缴费后才能成为受益人；被职工供养的人属于无缴费能力的人，可以直接成为受益人。

（三）自储公助计划下的法律关系

在此法律关系中，社会保障人与受益人之间具有产权保护、税优激励、账户管理与服务的关系，没有确保待遇支付的责任。

20世纪70年代以后，更加激烈的企业竞争和人口老龄化增加了社会风险，各国开始建立多层次社会保障体系。以养老金为例，国家养老金体系包括基本养老金计划、雇主养老金计划和个人养老金计划，由此构成3个层次的养老金法律关系。

三、社会保障法律关系的产生、变更和消灭

（一）社会保障法律关系的产生、变更和消灭的概念

社会保障法律关系的产生，是指依据有关的法律规定，明确双方当事人的权利和义务，引起一个具体社会保障法律关系的开始。例如，职工达到法定退休年龄时正常离开企业并退出劳动力市场，开始领取养老金，他与养老保险经办机构的缴费关系即结束，领取养老金的法律关系即产生。

社会保障法律关系的变更是指基于情形变化，社会保障法律关系当事人的权利义务内容的改变，不是社会保障主体的改变。例如，异地转移社会保障法律关系和个人账户记录。

社会保障法律关系的消灭是指现存社会保障法律关系的解除和终止，如参保人因出国定居而解除缴费义务，并可以提前支取、滞留或转移属于其个人的资金。

（二）社会保障法律关系的产生、变更和消灭的法律依据

社会保障法律关系的产生、变更和消灭的发生必须依据一定的事实。能够引起法律关系产生、变更和消灭的事实是法律事实。法律事实分为法律行为和法律事件。法律行为是当事人有意识地进行的各种活动，包括合法行为和违法行为，例如达到法定退休年龄申请领取养老金为合法行为；受益人死亡，他人冒领其养老金为违法行为。法律事件是当事人意志之外发生的事情，如年老、患病和工伤等；又如，受益人死亡，其个人账户中的养老金储蓄余额可以由其合法继承人继承。

> **案例 2-1　孙某能申领失业保险金吗？**
>
> ×××公司原职工孙某，有朋友约他去合伙经营土特产，在劳动合同届满前4个月，他对公司说不再续订劳动合同。然后，在劳动合同期限届满前2个月他就不去公司上班了。公司寻人未果，按照自动离职作出处理。
>
> 孙某离职后和朋友的土特产生意做得不好，一时又找不到工作，有人提醒他去领取失业保险金。他去社会保险经办机构询问，得知原公司已经参保且按时缴纳了失业保险费，但需要原公司按时出具失业证明才能办理失业登记。孙某找原公司要失业证明，此时孙某与原公司的劳动合同终止期已过去7个月。公司认为，孙某属于自动离职，不属于失业；办理失业证明的时期已过，即使办理也是无效行为，公司不愿意承担不作为引起的法律责任。

【法律适用】《中华人民共和国社会保险法》第五十条规定,失业人员应当持本单位为其出具的终止或者解除劳动关系的证明,及时到指定的公共就业服务机构办理失业登记。失业证明是孙某失业的法律实施证明,失业是引起支付失业保险金的法律事实。本案中孙某缺乏劳动法律意识,不尊重原公司,造成对自己不利的局面,将自己置于法律保护范围之外,等于放弃了领取失业保险金的权利。他有创业的动机值得赞扬,但他缺乏职业设计和维权理念。因此,劳动者应处理好创业和就业之间的关系。

案例 2-2

2022年3月,国家医保局根据举报线索,联合国家卫生健康委、市场监管总局,对华中科技大学同济医学院附属同济医院(简称"同济医院")进行飞行检查发现,2017年1月至2020年9月,同济医院存在串换、虚记骨科高值医用耗材问题,骗取医保基金支付 23 343 609.64 元。

2022年4月,武汉市医保局根据《中华人民共和国社会保险法》《医疗保障基金使用监督管理条例》责令同济医院进行整改,并作出如下处理:对该院自查并主动退回骗取医保基金金额 19 157 462.10 元处 2 倍罚款 38 314 924.20 元;对检查发现的骗取金额 4 186 147.54 元处 5 倍罚款 20 930 737.70 元,合计 59 245 661.90 元;责令该院暂停骨科 8 个月涉及医疗保障基金使用的医药服务;依法依规向公安、市场监管、药监、卫生健康、纪检监察等有关部门移送该案问题线索。

深度阅读

1. 张文显.法理学[M].北京:法律出版社,1997.

本书是法学专业学生的基础读物,涵盖了法学导论、法本体论、法的历史流变、法的内部价值和外部效应等内容,系统阐述了法的运行过程,以及法律、法律关系、法律规范及其他社会意识形态的相互关系,有助于培育读者的法律意识和知识结构。

2. 杨燕绥.社会保障法[M].北京:人民出版社,2012.

本书帮助读者理解七大社会风险以及国家与政府社会保障责任的全球共识,基于社会保障定义阐述其社会法的属性,特别是非公非私和亦公亦私的属性,介绍了社会保障法律的基本原则，以及由立法、执法、司法、守法构成的社会保障法治建设。从基本生活、健康、职业、住房和养老5个方面介绍了中国社会保障法律体系和具体内容。

本章小结

本章基于概念讲授，解释法律条文，使得读者理解什么是社会保障法律规范。

1. 社会保障法律是基于人们的认知、共识和妥协达成的，调整社会主体之间社会保障权利和义务关系的行为规范。在无法可依的条件下，财政预算缺位、应保人群覆盖不足、参保人逃税费、冒领养老金、医疗保险欺诈等现象难以受到法律制裁。在执行社会保障法律规范的条件下，上述行为主体均应当承担法律责任。

2. 社会保障法律关系即有法可依的社会保障关系，由此形成社会保障法治环境。社会保障利益相关人是依法享有权利和承担义务的主体。社会保障是公民的权利，不是政府的施舍，反而是政府的责任，促进政府与公民的关系进一步民主化。所以说，社会保障法是人类民主和法治建设的第三个里程碑。

重要概念

法律规范　权利与义务　社会保障法治

思考题

1. 阅读国务院办公厅《关于推动个人养老金发展的意见》，分析其中存在的养老金法律关系。

2. 通过分析下面案例总结社会保障法制的意义。

第三章
社会保障法律文献综述

教学目标：了解自1883年德国颁布《雇员医疗保险法》以来国外社会保障法律文献概况；通过阅读经典法律文献熟悉社会保障的法治过程；掌握我国3个阶段社会保障法治建设与发展的内涵和外延，为学习制度篇奠定基础。

本章主要内容：
- 国外社会保障立法文献
- 我国社会保障立法文献

第一节 国外社会保障立法文献

本节将国外社会保障立法文献分为早期（克服贫困）、中期（改善民生）和现代（民本治国）3个阶段进行综述。

一、克服贫困：早期社会保障是社会动荡的减震器

英国《济贫法》、德国《雇员医疗保险法》和美国《社会保障法》三大法律的颁布，是研究社会保障发展历史的里程碑。虽然时间跨度较长，但揭示了社会保障早期发展目标，即克服贫困。

文献1：英国《济贫法》和社会扶贫项目（1601年）

英国社会扶贫项目始于17世纪初，当圈地运动引起社会发生重大变革和动荡时，国家开始承担克服流浪者贫困的义务，政府开始依法举办济贫项目。1601年，英国颁布了《济贫法》，第一次依法明确了国家克服贫困的义务和政府组织社会扶贫项目的责任。从此，克服贫困和救济穷人不再是执政者的个人行为，被上升为国家义务和政府责任，逐渐进入执政党纲领。《济贫法》是人类依法执行社会扶贫项目的开端。

英国政府依据《济贫法》重新划分了15 000个教区，加强了中央政府的社会行政管理职能，利用国家机器来解决社会剩余人口问题和贫困问题。[①]建立了地方政府和教区合作的一系列社会保障项目，如三院制度：对丧失劳动能力的穷人（包括老年人和病残的人）实行救济即救济院，对具有劳动能力的穷人提供就业机会即习艺院，对具有劳动能力却逃避劳动的"懒人"实行惩罚，即教养院。《济贫法》顺应了社会发展规律，顺利实行了200多年。1834年，新《济贫法》出台，强调政府统一管理济贫工作，降低了救济院的福利水平，但却加入了一些歧视被救济者的内容。尼古拉斯·巴尔在《福利国家经济学》中提到，当时的中央政府济贫委员会始终没能按政策设计者的初衷执行新《济贫法》。[②]

在中国历史上，老子"天之道，其犹张弓欤，高者抑之，下者举之；有余者损之，不足者补之。天之道，损有余而补不足"的思想为我国古代各王朝所接受，为维护封建统治，执政者也实施了一些济贫项目，但与英国不同，均缺乏法律依据。

文献2：德国《雇员医疗保险法》和社会法编纂（1883—1975年）

德国社会保障计划始于19世纪末期，当社会进入工业化竞争而引发劳资冲突时，国家开始承担克服劳工贫困的义务，政府开始依法举办和谐劳资关系的社会保险计划。1881年德国皇帝威廉一世颁布了《建立社会保险体系的皇帝诏书》，1883年颁布实施了《疾病保险法》，1884年颁布实施了《工伤事故保险法》，1889年颁布实施了《老年和残障社会保险法》，1911年上述法规汇总为《帝国保险条例》而载入史册，被称为俾斯麦社会保险模式。从此，国家具有了运用社会保险工具克服劳工贫困和缓解劳资矛盾的义务，政府具有了发起和支持社会保险计划的责任和能力。

俾斯麦社会保险模式是基于劳资关系建立的、覆盖劳工及其家庭社会风险的、非营利性的自储公助型计划，主要特征有3点：（1）政府、雇主和雇员共同出资，参保缴费与财政补贴有效结合；（2）自治管理，雇主组织和工会组织共同管理，后来基于社会契约引入了商业保险管理模式，并规范了商业保险的适度营利模式；（3）现收现付、代际赡养、社会互济、关联家庭的筹资和待遇模式。

俾斯麦社会保险模式避免了用社会革命手段解决劳资纠纷的成本，以最低成本缓解了劳资冲突，得到不同利益群体的认同，统治者的执政风险和经济负担变得最小化。这是俾斯麦社会保险模式在欧洲及更多国家流行起来的根本原因。《贝弗里奇报告：社会

---

① MARSHALL J. D. The old poor law，1795—1834 [M]. London：Macmillan，1968.
② 尼古拉斯·巴尔. 福利国家经济学 [M]. 郑秉文，等，译. 北京：中国劳动社会保障出版社，2003.

保险和相关服务》中描述道：应当把社会保险视为社会进步的系列政策之一，成熟的社会保险可以提供收入保障，有助于消除贫困。[①]

100年以后，德国社会法包含了800多个法律和法规，这使得编纂一部统一的社会法典势在必行。1975年，德国《社会法典》总编出世，此后陆续完成2~8编的内容（见图3-1）。

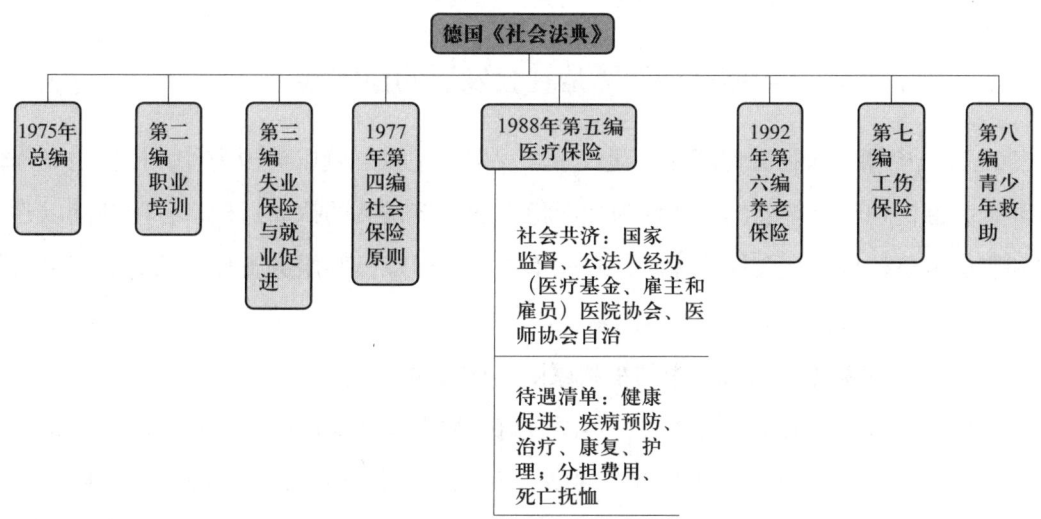

图3-1　德国《社会法典》编纂的逻辑和结构

文献3：美国《社会保障法》和社会保障体系（1935年）

美国社会保障立法始于20世纪上半期，当资本主义社会发生重大经济危机时，国家开始通过再分配克服贫困和促进社会经济发展，政府开始依法建设改善民生和拉动消费的社会保障体系。1935年，美国颁布了《联邦老遗残持续收入保障法》，第一次在立法中使用社会保障定义，并全面规划联邦统筹的老年人和残疾人社会保障体系，1964年增加了老年人和残疾人医疗保险。

美国社会保障体系包括3项社会保险计划［联邦老遗残持续收入计划（可以理解为养老金计划）、联邦老遗残医疗保险计划和州失业保险计划］和3项社会救助计划（老人救助、盲人救助和孤儿残疾儿童救助）。其中，政府角色很明确，包括财政责任和行政责任，具体有3个方面内容：一是提供财政支持，建立联邦基金，将公共收入中的社会保障支出永久地确定下来；二是成立联邦社会保障委员会、联邦公共事务管理局和联

---

① 劳动社会保障部社会保险研究所. 贝弗里奇报告：社会保险和相关服务［M］. 北京：中国劳动社会保障出版社，2004.

邦民用事务管理局等，举办社会保障项目，使中央（联邦）政府具有了统管地方政府和全国社会保障事业的能力；三是设立联邦紧急救助署，监督联邦政府向州政府提供救济款。

总之，早期社会保障的目标主要是克服贫困，其功能主要在于化解社会矛盾，是社会动荡的减震器。在这时期，国家履行社会保障义务的形式不断丰富，政府能力不断提升，从举办济贫项目、雇员医疗保险计划到全面构建社会保障体系。

二、改善民生：中期社会保障是社会发展的稳定器

20世纪中期进入社会保障体系建设阶段。资本主义阵营以英国为首，社会主义阵营以苏联为首，均将改善公民生活作为社会稳定和经济发展的执政目标；各国开始以建立福利制度为目标构建社会保障体系，政府承担社会保障公共服务责任。社会保障不仅是社会动荡的减震器，更是社会发展的稳定器。

文献4：《贝弗里奇报告》中的福利原则（1942年）

在第二次世界大战接近尾声时，英国政府开始考虑国家的战后重建问题，准备建立伤残保险和国家社会保险。1941年，威廉·贝弗里奇爵士接受国会委托开展社会调查和政策研究，1942年完成《贝弗里奇报告：社会保险和相关服务》（简称《贝弗里奇报告》）。《贝弗里奇报告》从回顾英国社会保险方案和相关服务开始，以出炉社会保障计划收尾；[①]强调国家统一社会保障制度的责任，建议将社会保障列入政府的主要工作。

《贝弗里奇报告》汲取了俾斯麦社会保险模式的合理内容，提出建立社会保障体系的6项基本原则，分别是：（1）提供均等待遇；（2）建立统一缴费率；（3）实行统一管理，即费用收缴和待遇发放由一个社会保险基金会负责；（4）生活保障性，受益额和支付时间足以维持受益人的基本生活水平；（5）建立综合性保障体系，协调各社会保障项目；（6）分门别类，针对不同地区和不同群体的实际情况支付待遇。《贝弗里奇报告》成为北欧国家以及其他西欧国家走上福利国家道路的思想基础，实行贝弗里奇模式的有英联邦国家以及丹麦、芬兰、挪威、瑞典、瑞士、荷兰、加拿大、新西兰等国家。

文献5：福利国家的标杆——英国《国民保险法》（1945年）

1945年，英国工党着手建设国家社会保障计划，通过了《国民保险法》，以及《家庭补助法》《国民卫生保健服务法》《国民保险（工业工伤）法》《国民救济法》等，以

---

① 劳动社会保障部社会保险研究所. 贝弗里奇报告：社会保险和相关服务［M］. 北京：中国劳动社会保障出版社，2004.

纯公共品的方式向人民提供"持续收入、保健、教育和住房"四大类福利品。1948年，英国首相艾德礼向全世界宣布：英国建成了面向全体公民提供终生福利的（从摇篮到坟墓）福利国家。社会保障成为公民权利，福利政策在很大程度上取决于公民投票以及如何在个人、集团、国家利益之间平衡，国家对公民承担终生保障责任，即从生到死的"福利摇篮"。

文献6：《社会保障（最低标准）公约》中的福利标准（1952年）

1952年，国际劳工组织通过了《社会保障（最低标准）公约》（第102号），100多个国家和地区陆续加入了该公约，在全世界范围内，就社会保障的内容、标准和管理模式达成了共识。第102号公约的基本原则包括：（1）社会保障制度覆盖医疗补助、病假津贴、残疾津贴、失业津贴、老龄津贴、工伤津贴、生育津贴、遗属津贴、家庭津贴等方面；（2）覆盖群体应当达到应保人群的一定比例；（3）定期支付待遇并达到替代原收入的一定比例；（4）非本国公民享有同等待遇；（5）社会保障制度由政府监督，由雇主和工人联合会依法实施管理。第102号公约关于社会风险要素的规定成为全球共识，逐渐被写进各国宪法。

第102号公约制定了评价各国社会保障制度的指标体系，包括社会风险覆盖率指标体系、人口覆盖率指标体系和保障力度指标体系等。从此，国家履行社会保障义务和政府执行社会保障责任的状况，进入国际社会的评价范畴。

文献7：社会主义福利制度——苏联《国家社会保障金法》（1956年）

苏联"低成本、高福利"的社会消费基金制，是社会主义福利制度的重要体现。苏联居民通过社会消费基金享受社会福利，社会消费基金包括：国家预算，国营企业、组织和机关的资金，集体农庄以及工会和其他社会团体共同筹集的资金，其中国家预算约占3/4。

社会消费基金制的主要内容包括7个方面：（1）免费教育，各级各类教育都免费，高等学校的学生可领取助学金，1960—1986年，苏联的教育费用从79亿卢布增到394亿卢布；（2）全民免费医疗，费用由社会消费基金提供；（3）免费疗养、休养和度假，国家发放免费到海滨、山区的疗养、休养证，职工年休假20天；（4）基本生活品价格补贴，以1986年为例，物价补贴为730亿卢布，占国家预算支出的18%；（5）住房补贴，从1928年开始实行低房租政策，房租仅占维修费的1/3，其余由国家财政补贴；（6）休息制度，职工年度各类休假总计130天左右（含周休）；（7）退休制度，分为年老退休、职业退休、功勋退休和残疾退休等，退休金计算有所差别。此外，还有社会救助、职工福利和国家保障等制度安排，如职工互助、国家赈灾救济等。

文献 8：福利制度的另类——新加坡《公积金法》（1953 年）

新加坡独立时，政策制定者意识到伴随人口老龄化，政府不可能提供足够的养老金，公民生活的改善还需要个人努力。新加坡选择了个人账户积累和强制性公积金计划模式，于是在 1953 年颁布了《公积金法》，1955 年进入执行，之后多次修订。

新加坡公积金计划安排：雇主雇员按照雇员工资 36% 缴存公积金（雇主费率约为 20%，雇员费率约为 16%），二者缴费均在缴纳个人所得税前列支。每个计划成员都拥有自己的记录终生权益的个人账户，个人账户内设锁定至退休的特别账户（养老金）、医疗账户（住院、大病统筹和商业保险）和普通账户（购房、教育、投资、遗属等）。公积金缴费根据计划成员的年龄按照一定比例在 3 个账户间进行分配和使用。计划成员达到退休年龄时关闭所有账户，公积金余额进入特别账户和医疗账户。从 2009 年开始，政府根据个人账户余额计入利息，并帮助个人制定退休理财规划，以增加养老金存量和支付能力。医疗费用不足时可用政府福利售房（组屋）抵押。中央公积金局是独立法定机构，集权管理公积金计划，该局与劳工部具有业务指导关系。

小结：第二次世界大战后，全球社会保障快速发展，乃至进入福利国家和国家福利的峰值期，继后遇到诸多问题而转入改革阶段，从削减福利到结构性改革。主要有 3 个方面的特征。（1）在政治上，人们痛恨战争，稳定压倒一切，福利不再是资产阶级对工人运动的妥协，而是稳定社会关系的政治工具；（2）在经济上，社会化大生产进入成熟发展时期，国家聚积社会财富的能力显著提高；（3）在社会上，无论资本主义阵营，还是社会主义阵营，在取得政权之后竞相建立和完善保障公民改善生活的社会保障体系，社会保障体系全面覆盖了各类社会风险，待遇水平逐渐提高，社会保障的功能不仅在于是化解社会矛盾的减震器，更在于是促进社会发展的稳定器。然而，各国在工业化过程中，均从各自的社会和历史条件出发，通过不同的机制去扩大和深化福利功能，一度掩盖了人们对国家之间福利制度差异的关注，当福利国家面临各类挑战时，这种差别才开始显现，并影响后来的福利制度改革。

三、民本治国：现代社会保障是社会进步的加速器

面对社会变迁，福利国家模式有了不同选择：一种选择是以原有的福利国家结构为基础，根据固定就业的情况，按照工资税单，紧缩社会保障开支，让其余的人自由发展、自我保护，这是一种让传统的福利国家逐渐萎缩的办法；另一种选择是重新定义社

会安全网，使福利国家在新经济时代继续拓展新的保护领域，这是一种根据形势发展改换福利国家功能的做法；当然还有另外一种政策选择，就是双管齐下。在福利国家面临危机的第一阶段，各福利国家特别是西欧的福利国家，采取的大多是第一种选择。进入20世纪90年代以后，重新定义社会公正的概念，改变社会安全措施越来越成为福利国家改革的主要方向。

21世纪初期，伴随去全球化和人口老龄化，社会风险呈现加大趋势，一方面，要求强化国家和政府的相应责任，另一方面，强化个人就业、社会互济功能，个人福利账户、养老金市场、医疗服务治理、家庭房产政策、个人信誉档案、社会保险服务体系等一系列具有战略意义的社会保障创新性制度安排出台，伴随社会保障体系建设和社会保障公共服务，政府进化为服务型政府，社会保障不仅是社会动荡的减震器、稳定器，更是推动社会进步的加速器。

文献9：智利《私营养老金法》（1981年）

20世纪80年代，拉美国家纷纷遇到由债务支付危机引起的经济危机，在应急性改革不能奏效之后纷纷进入结构性改革。1981年，智利废除了原社会养老保险计划，颁布实施了《私营养老金法》，建立了个人缴费型养老金账户，开拓了私营养老金管理公司和养老金市场，被认为是新自由主义的产物。

《私营养老金法》的主要内容包括：（1）准入一定数量的私营养老金管理公司，负责管理养老金账户；（2）计划成员自己缴费、选择养老金公司管理和决定投资策略；（3）为每位计划成员建立个人养老金账户，记录个人缴费和投资收益；（4）领取养老金的方法有3个选择，分别是向某一商业保险公司购买即期支付的年金、购买终身寿险、由私营养老金管理公司支付年金。领取养老金的资格是缴费20年，年龄在65岁及以上的男性和60岁及以上的女性。最低可领取月养老金100美元，不足部分政府给予补充。

政府责任是监督私营养老金管理公司和提供相关公共服务。2003年，为了简化管理养老金的操作程序，政府建立了一个网上票据交换所，消费者可以匿名进入站点按照编号选择私营养老金管理公司，公司信息披露充分，客户很容易鉴别、评价和选择优质的公司。从此，私营养老金管理公司可以专心打理养老基金和降低管理费用，以自己的竞争实力赢得客户，双方交易成本大大降低。智利政府认为，简化养老金理财程序就是民众和公司最需要的服务，具有维护消费者和经营者双方利益，推动养老金市场健康发展的重大意义。

文献10：澳大利亚《超级年金法》（1991年）

面对福利国家的种种危机，澳大利亚经过全民讨论，按照"个人负责、市场运营、政府监管、公共服务"的模式重新构建社会保障体系。1991年，澳大利亚废止了国民年金计划，颁布《超级年金法》，全面实施完全积累和市场化运营的超级年金计划。

超级年金计划的主要内容包括：（1）强制雇主按照雇员工资的9%缴费，并计入雇员个人养老金账户，鼓励个人缴费，并给予税收减免待遇；（2）养老基金管理模式包括公司基金（含配偶缴费）、行业基金、公共部门基金（政府机关和政府控股公司）、零售基金（自雇人和自愿缴费的超级年金计划成员）、小型基金（少于5人）等；（3）私营养老基金按照信托模式管理、市场化运营；（4）建立健全了养老金监督管理局和监管机制；（5）最低养老金为社会平均工资的25%，政府给予差额补贴。超级年金计划的战略目标是让70%的人储蓄足够的养老金，政府保障30%的人获得最低养老金。这样，一方面，政府支付养老金的风险降到最小化；另一方面，政府具有监督养老金管理公司和养老基金安全运营的能力。1997年，澳大利亚建立了连接全国的中央公共服务派送机构。

文献11：美国《福利改革法》（1996年）

IT技术和信息网络使个人账户具有内部分立和外部连接的无限功能。可以通过分立账户的技术满足各项服务需求，在个人账户系统的平台上连接个人、社会和国家的关系。一个终身个人账户可以实现个人财务终生平滑消费目标。个人账户已不再仅是储蓄工具，已经成为管理社会工程的工具，伴随社会进步和政策安排而具有无限的功能。1996年美国《福利改革法》将个人发展账户作为一种选择工具；支持个人发展账户的《联邦独立资产法》于1998年颁布实施；超过40多个州已采用某种形式的个人发展账户政策，即以低收入家庭资产为基础的社会政策。

克林顿在1999年国情咨文演讲中提出普遍性储蓄账户，在2000年国情咨文演讲中又提出："数千万的美国人靠工资维持生计。尽管他们工作得很努力，他们仍然没有机会储蓄。极少数能拥有个人退休账户与401（k）计划。我们应该更多地帮助所有的劳动家庭储蓄与积累财富。这是个人发展账户蕴涵着的一个思想。请把这种思想延伸到一个更高水平，使新退休储蓄账户涉及美国每一个低收入与中等收入家庭的退休金、第一处房屋、医疗急救或大学教育储蓄。我们提议给他们的存款以配额补贴，一美元配一美元，无论他们每年储蓄是多么少。"

文献 12：欧盟委员会《职业养老金经办机构行为与监管法》(2005 年)

2000 年以前，职业年金和个人养老金账户在欧洲国家的覆盖率很低，占原欧盟 15 个成员国总人口的 25%～30%。2005 年，欧盟委员会颁布了《职业养老金经办机构行为与监管法》，为全欧洲养老金市场的建立创造了一个操作平台。同年，欧洲基金与资产管理协会提出了一个建立欧洲共同养老金市场的《欧洲个人养老金账户立法建议报告》，主张健全职业养老金个人账户（EPPA）作为养老保障第二支柱，雇主和雇员同 EPPA 供应商（EPPI）就 EPPA 计划的规则进行协商并达成协议，投资基金（以及其他金融产品和金融工具）可以作为养老金储蓄的工具，在欧洲构建一个可与欧洲各国现存养老金计划对接，也符合《欧洲养老金法》的集合型补偿养老金计划。

文献 13：欧盟《养老金法令》

根据欧盟《养老金法令》的规定，EPPA 计划系统模型（见图 3-2）具有五大优势：（1）可转移性，从一个 EPPI 转移至另一个 EPPI，包括跨国界的转移，从一个 EPPA 计划转移至另一个 EPPA 计划（待遇确定型计划）；（2）灵活性，投资方案具有不同风险收益特征和投资期限等；（3）安全性，资产保管和分散的要求；（4）透明度，清晰的成本及其他信息披露要求；（5）高效性，实行标准化运作，基于现有的基础发展规模经济和追求成本效率。

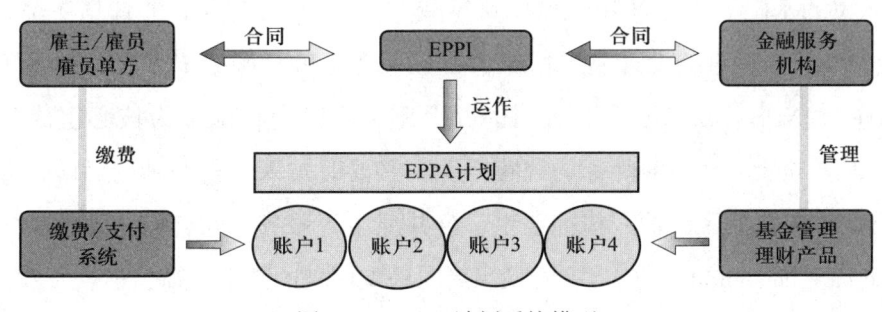

图 3-2　EPPA 计划系统模型

个人资产管理和个人账户系统标志着社会保障理论和实践的进步，是 21 世纪社会保障改革的亮点，对公共治理提出挑战。在经济上，通货膨胀、工资增长、信息网络、精算统计、资本市场等因素直接影响其发展。在政治上，由于明确了个人产权，可以得到工薪阶层的拥护，且具有应对人口老龄化风险的功能；政府的财务负担在一定程度上减轻了，但监督责任和治理功能亟待加强。社会保障体系建设开始推动资本市场发展和政府改革。

文献 14：英国《养老金法》(2008 年)

2008 年英国颁布的《养老金法》规定，从 2010 年开始按照《养老金白皮书（2006）》

的精神，创新职业养老金个人账户的管理模式，国会下成立个人账户养老金管理委员会，向全体居民提供低成本和高质量的服务；所有符合资格的人均可以自动拥有养老金个人账户，包括雇主养老金个人账户；建立政府补贴、雇主缴费和个人养老储蓄的最低标准，鼓励居民养老储蓄，规定年度储蓄额和终生储蓄额的税优限额；鼓励自雇人和自由职业者建立养老金个人账户；打造弹性的账户管理系统，方便携带和转换，适应现代生活节奏和变化的特点。

文献15：英国《基本保健与社会医护法》（2012年）

2012年，英国颁布了《基本保健与社会医护法》，其中，基本保健的内涵从初级保健得以进化，其管理体制和预算发生了质的变化。医护机构从政府医院改为信托基金医院，具有独立的公共法人地位，国家培育公益性基本保健的内部市场，在社区医院和家庭医师团队之间、社区医院和中心医院之间形成两级竞争机制。这项改革的公共价值表现为两点：一是提高医护人员和医护机构的工作效率；二是实现医护卫生资源下沉和优化资源配置。

2014年10月，英国选取了44个试点地区。行动计划的主要内容包括4个方面：一是转变医院定位。将服务集中在约定的地点和地区，减少医院和床位数量。以多赛特为例，重新设计了医院服务提供方式，在社区增加全专融合服务。在2013—2014财年1 810张床位的基础上，到2020—2021财年减少到1 570张床位，非计划住院和手术减少20%～25%。二是重新设计基本保健和社区服务。整合国家卫生服务体系（national health service，NHS）和当地政府协同的综合服务。以全科医师为核心组成包括基层公卫医师、医务社工、药剂师等的医疗团队，必要时加入专科医师的团队，开展医防融合、全专融合的社区医护、精神卫生、公共卫生等服务，联合构建整合型医护社区（integrated care community，ICC），降低患者对医院服务的需求。筛选重点人群，指定个案管理师，打通院前检查和院后回家康复管理的无障碍通道。三是支付方式改革，即基于人口结构、健康评估的总额预算、人头包干和结余留用。四是管理模式创新，即采用电子病案、资源共享、互通互认和信息共享平台等。

英国福利制度改革显示出从福利社会到积极社会福利的发展趋势。信息时代社会生产力高速发展，就业不足和需求不足的问题日趋显现，需要国家保护，但政府的角色和干预手段发生了质的变化，从包揽到主导的转变。伴随公共服务需求的增加，政府改革进入服务型政府建设，将福利制度建设纳入公共治理，用"积极福利政策"取代"福利国家"，国家、组织和个人共同打造"福利社会"。

"福利社会"与"福利国家"的区别体现在两个方面：一方面是创造福利的主体不同。"福利社会"的主体不仅是政府，而且还包括政府在内的社会组织和个人；另一方面是福利全球化，国家福利与全球福利相辅相成、互为条件。

1998年4月，英国发布《我们国家的新动力：新的社会契约》绿皮书，勾画了2020年英国"福利社会"发展蓝图的8项原则：（1）围绕"工作观念"重塑"福利国家"；（2）公私福利合作；（3）提供高质量的教育、保健和住房公共服务；（4）扶助残疾人；（5）减少儿童贫困；（6）帮助极度贫困者；（7）消除社会保险中的欺诈行为；（8）将政府工作重心从发放福利转向提供公共服务，使现代福利制度更加灵活、高效和便民。

伴随信息技术和网络经济的发展，政府越来越具有电子政府、信息政府和服务型政府的特征，在社会保障"一卡通"的背后，加强公共服务成为降低公民社会风险、提高公民福利水平和增强福利政策效用的有效途径。以瑞典为例，中央政府加强财政转移支付功能，地方政府加强市民服务功能，将直接帮助和信息服务送到社区的每个居民。

大机器时代的"福利国家"在信息时代开始转向"福利社会"。"福利社会"体现共性寓于个人的文化特征，福利以公共品和准公共品的方式提供，福利方案依据个人需求而形成，辅之以公共服务，伴随居民生活成本降低，福利的边际效益得以提高。"福利社会"社会保障制度的主要特征有5个方面：一是以改善民生为核心，且促进社会经济平稳较快发展；二是福利制度多元、资金多渠道且可持续发展；三是福利待遇国民化、体系完善且具有弹性；四是福利方案个性化，且附带政府责任；五是公共服务福利化、社会化，且追求效率。

"福利社会"的主要国际通道是国际协议和国家间协议。例如，欧盟协议打造了联合的国家，各成员国之间开始尝试社会福利权益的累计和对接政策，先从妇女儿童保健和劳动者保护等领域有所突破。从2004年6月开始，欧盟陆续向其公民发放"欧洲健康保险卡"（EHIC），所有欧盟成员国的定点医疗机构均可识别，其公民可以在欧洲经济区内和瑞士随时随地享有相应医疗保险待遇。

小结：现代社会保障的主要有三大特点。

（1）现代社会保障不再是单纯的个人责任或者国家责任，而是在政府主导下由国家、企业和个人共同构建的多支柱的社会保障体系，其内容愈加丰富和完善，伴随人口老龄化的发展，增加了个人就业和积累养老金的责任。

（2）现代社会保障的目标是基于个人能力和基本收入实现终生平滑消费，全面消灭贫困现象（公共品），让越来越多的人可以改善生活（准公共品），其主要功能不仅是化解社会矛盾的减震器、维持社会发展的稳定器，更是推动社会进步的加速器。

（3）国家社会保障义务和政府的执行能力，从举办济贫项目、社会保险计划，进化到通过构建社会保障体系，促进就业、拉动消费和维护社会经济稳定持续发展。

综上所述，以个人为核心的，自下而上构建福利体系的"福利社会"应运而生。然而，"福利社会"对公民信誉和政府驾驭社会的公共治理能力提出了严峻挑战。

第二节　我国社会保障立法文献

中华人民共和国成立以后，社会保障立法从1951年2月政务院颁布的《中华人民共和国劳动保险条例》开始，2004年《中华人民共和国宪法》提出国家构建社会保障体系，到2010年颁布《中华人民共和国社会保险法》、2023年医疗保障法列入全国人大常委会立法工作计划等，共经历了3个阶段。我国的社会保障立法已经从劳动保险阶段进入社会保险阶段，直至进入社会保障体系建设阶段，因此，制定国家《社会保障立法纲要》的任务应当提上议事日程。

一、劳动保险阶段

在劳动保险阶段，我国社会保障立法突出了保障工人和农民劳动者利益的基本原则，使得广大工农群众体会到自己是新中国的主人，迸发出极大的生产积极性，这是新中国稳定和发展的社会基础。

文献1：《中华人民共和国劳动保险条例》

1951年2月，国家政务院颁布实施了《中华人民共和国劳动保险条例》（以下简称《劳动保险条例》），并于1953年、1956年两次修订，是中国社会保障立法的起点。《劳动保险条例》内容包括退休金、公费医疗、工伤保险、生育保险和丧葬费及抚恤金等，其中规定，雇主按照企业工资总额的3%缴纳劳动保险费，职工不缴费；劳动保险基金由企业工会管理，先支付本企业保险待遇，余额上交地区工会，地区工会负责基金的调剂使用，发挥其社会互济和社会化管理的作用。1950年6月，政务院还颁布实施了《救济失业工人暂行办法》。

文献2：《高级农业生产合作社示范章程》

1956年6月，第一届全国人大三次会议通过了《高级农业生产合作社示范章程》，明确规定，农业生产合作社对于缺乏劳动力或者完全丧失劳动力，生活没有依靠的老、残、孤寡、病疾的社员，在生产上和生活上给以适当的安排和照顾，保证他们的吃、穿和柴火的供应，保证年幼的受到教育和年老的死后安葬，使他们生养死葬都有依靠。这个政策推动了农村居民的"五保"制度。

1966—1976年，我国劳动保险计划陷入瘫痪，已经进入社会化管理的劳动保险又回到企业保障，国营企业负责发放养老金、报销医疗费，这被称为国营企业"铁工资"（干好干坏都一样的工资）以外的"保温瓶"。

1986年7月，国务院颁布实施了劳动制度改革的4项条例，分别是《国营企业实行劳动合同制暂行规定》《国营企业招用工人暂行规定》《国营企业辞退违纪职工暂行规定》《国营企业职工待业保险暂行规定》。同期，劳动部和有关部委还颁布了一系列规章制度。

文献3：《中华人民共和国劳动法》

1994年7月5日，第八届全国人民代表大会常务委员会第八次会议通过，中华人民共和国第28号主席令颁布我国第一部劳动法《中华人民共和国劳动法》，并于1995年1月1日生效执行。《中华人民共和国劳动法》第九章规范了职工社会保险的制度框架，确立了国家举办基本社会保险、鼓励企业建立补充保险和提倡个人进行储蓄性保险的多层次体系。

二、社会保险阶段

文献4：《中华人民共和国宪法》

《中华人民共和国宪法》（2018年修正）第十四条规定，国家建立健全同经济发展水平相适应的社会保障制度，比较1982年《中华人民共和国宪法》第四十五条"中华人民共和国公民在年老、疾病或者丧失劳动能力的情况下，有从国家和社会获得物质帮助的权利"的授权性规定，进一步明确了国家的社会保障义务和政府的社会保障责任。此间，国家还颁布实施了《中华人民共和国残疾人保障法》《失业保险条例》《工伤保险条例》《住房公积金管理条例》《革命烈士褒扬条例》《军人抚恤优待条例》《退役士兵安置条例》《城市居民最低生活保障条例》《社会保险费征缴暂行条例》《农村五保供养工作条例》等。在规章制度方面，《企业年金试行办法》《企业年金基金管理试行办法》的颁布实施，对养老金制度结构产生了重大影响。

文献5：《中华人民共和国劳动合同法》

2007年6月29日，第十届全国人民代表大会常务委员会第二十八次会议通过了

《中华人民共和国劳动合同法》，要求企业全面履行劳动合同，包括缴纳社会保险费和出辞退证明等义务，进一步保护了职工利益。

文献 6：《中华人民共和国社会保险法》

2010 年 10 月 28 日，第十一届全国人民代表大会常务委员会第十七次会议通过，中华人民共和国主席令第 35 号颁布了《中华人民共和国社会保险法》，自 2011 年 7 月 1 日起施行，2018 年修正。《中华人民共和国社会保险法》包括十二章内容，具体分别为第一章总则，第二章基本养老保险，第三章基本医疗保险，第四章工伤保险，第五章失业保险，第六章生育保险，第七章社会保险费征缴，第八章社会保险基金，第九章社会保险经办，第十章社会保险监督，第十一章法律责任，第十二章附则。

《中华人民共和国社会保险法》的颁布实施，带动我国社会保障立法体系（见图 3-3）进入多法并行模式。这将促进社会救助法、住房保障法等国家基本法陆续出台，继而相应的国务院条例和部门规章将陆续制定。

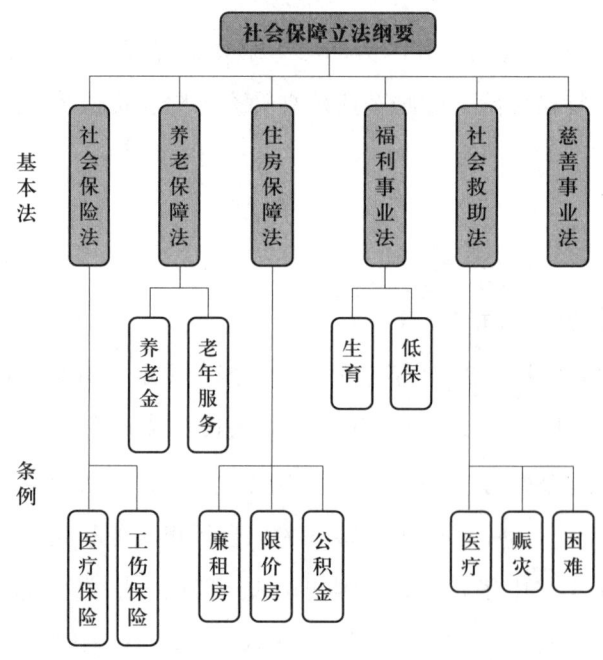

图 3-3　中国社会保障立法体系

中国社会文化特点决定，社会保障立法最终走向"国家法典阶段"，即颁布和实施《社会保障立法纲要》，由此形成具有中国特色的社会保障法律体系。因此，在社会保障立法的社会保险阶段，我国正在完善法律体系，形成依法规范劳动力市场主体行为，监督用人单位自觉遵守社会保障法律法规，督促用人单位和劳动者双方依法签订和履行劳动合同，用人单位及时办理社会保险登记、申报和缴费，按规定足额发放各项社会保险待遇，通过主动监察，及时纠正和查处违法行为。

三、社会保障体系建设阶段

2018年，党的十九大报告明确提出，加强社会保障体系建设。按照兜底线、织密网、建机制的要求，全面建成覆盖全民、城乡统筹、权责清晰、保障适度、可持续的多层次社会保障体系。本阶段立法着眼处理好社会保障与经济发展、国家财政可持续和社会协同治理的关系，对社会救助、社会保险和社会福利三大基础性社会保障系统结构与职责分工及其功能进行了科学定位。在积极应对人口老龄化与健康中国的国家战略背景下，我国围绕多层次社会保障体系建设不断完善相关立法。

2014年，国务院发布了《关于建立统一的城乡居民基本养老保险制度的意见》，提出建立统一的城乡居民基本养老保险制度，使全体人民公平地享有基本养老保障。2015年，我国基本完成城乡居民基本养老保险制度整合，全国所有省级地区都已制定统一的城乡居民基本养老保险制度实施意见，实现了制度名称、政策标准、经办服务、信息系统"四统一"，职工和居民两大基本养老保险制度的衔接通道进一步打通。截至2021年年底，我国城乡居民基本养老保险参保人数为54 797万人，较2020年增加553万人，同比增长1.02%（见图3-4）。城乡居民养老保险基金由个人缴费、集体补助和政府补贴

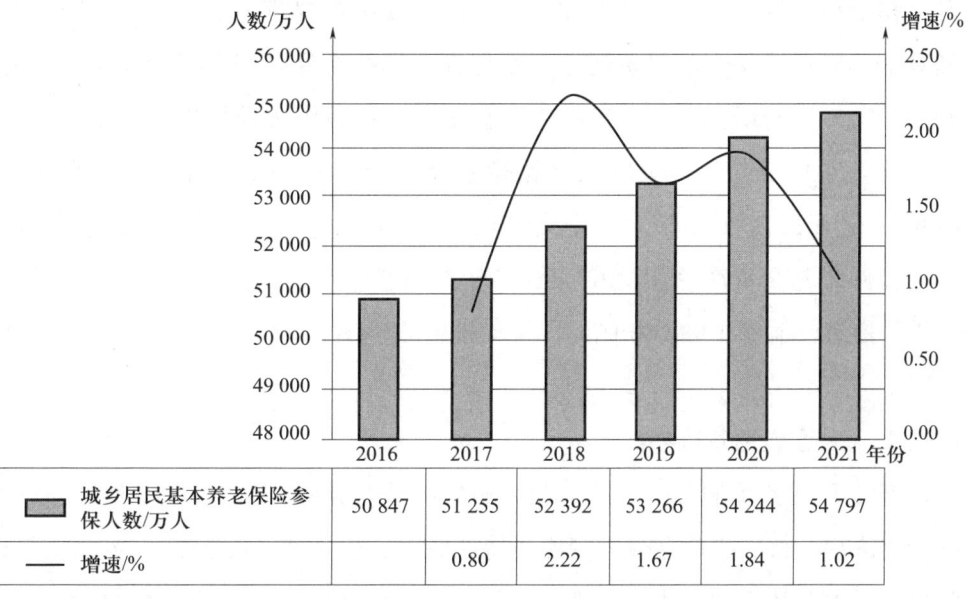

图3-4　2016—2021年全国城乡居民基本养老保险参保人数及同比增速

资料来源：中华人民共和国人力资源和社会保障部网站。

构成，截至 2021 年年底，我国城乡居民基本养老保险基金收入 5 339 亿元，较 2020 年增加 486 亿元，同比增长 9.16%。

2016 年，国务院颁发《关于整合城乡居民基本医疗保险制度的意见》，参保居民不分城乡，参加统一的城乡居民基本医疗保险制度，按照统一的政策参保缴费和享受待遇，更加公平地享有基本医疗保障权益。居民医保按个人缴费与政府补助相结合为主的筹资方式，实行定额筹资、按年动态调整的筹资机制，逐步扩大医保支付范围与统筹考虑确定大病保险筹资标准，完善大病保险制度，改革完善医疗救助分类资助参保政策，探索建立健全居民医保稳健可持续筹资机制。2011—2021 年，个人缴费标准从每人每年 50 元提高到 320 元，政府补助标准从每人每年 200 元提高到 580 元。2021 年政府补助占年度筹资的 67%，政府与个人缴费比例达到 1.8∶1。筹资水平的逐年提高，既是逐年扩大保障范围、提高待遇水平的客观需要，也是医药技术快速进步、医疗费用持续增长、居民医疗需求逐步释放的客观需要。为帮助困难群众参加居民医保，国家还通过医疗救助对纳入低保对象、特困人员、返贫致贫人口范围的给予参保资助，实现向统筹基本医保、大病保险、医疗救助三重制度常态化保障平稳过渡。

文献 7：《全国社会保障基金条例》

2016 年 5 月 1 日开始施行的《全国社会保障基金条例》明确了全国社会保障基金的定义和定位、投资范围、运作和监管，该行政法规规范了全国社会保障基金和受托管理基本养老保险基金的投资运营，在保证全国社会保障基金资产安全性、流动性的基础上，实现资产增值，社会保障基金会采取直接投资与委托投资相结合的方式开展投资运作。2020 年年末，全国社会保障基金资产总额 29 226.61 亿元，直接投资资产 10 146.53 亿元，占社会保障基金资产总额的 34.72%；委托投资资产 19 080.08 亿元，占社会保障基金资产总额的 65.28%。基本养老保险基金自 2016 年 12 月受托运营以来，累计投资收益额 1 986.46 亿元，年均投资收益率 6.89%，超过同期年均通货膨胀率。

文献 8：《社会救助暂行办法》

2014 年 2 月国务院颁布的《社会救助暂行办法》是我国第一部统筹各类社会救助制度的行政法规，首次将社会救助制度坚持托底线、救急难、可持续，与其他社会保障制度相衔接等方针政策纳入法治安排，是我国统筹构建社会救助制度体系的标志，明确了最低生活保障、特困人员供养、受灾人员救助、医疗救助、教育救助、住房救助、就业救助、临时救助等8项社会救助的具体条件和内容，确立了一个完整清晰的保障群众基本生活、解决急难问题的严密的社会救助网络。最低生活保障方面，进一步明确最低生活保障的具体条件，以确保特殊人群的基本生活。除此之外，该办法还进一步明确了民政部门统筹全国社会救助体系建设的职责，要求县级以上地方人民政府建立健全政府领导、民政部门牵头、有关部门配合、社会力量参与的社会救助工作协调机制。

文献9：《中华人民共和国老年人权益保障法》

2018年12月，《中华人民共和国老年人权益保障法》修正发布。其中的第四条明确提出，积极应对人口老龄化是国家的一项长期战略任务。第五条明确提出，国家建立多层次的社会保障体系，逐步提高对老年人的保障水平。国家建立和完善以居家为基础、社区为依托、机构为支撑的社会养老服务体系。倡导全社会优待老年人。

文献10：积极应对人口老龄化国家战略下的社会保障立法完善

2020年10月，党的十九届五中全会通过的《中共中央关于制定国民经济和社会发展第十四个五年规划和二〇三五年远景目标的建议》提出，实施积极应对人口老龄化国家战略，特别是要在制度建设中体现促进人口长期均衡发展，积极推动完善多层次多支柱养老保障体系建设与切实维护老年人权益，具体表现在以下两个方面。

一是优化生育政策，促进人口长期均衡发展，提高人口素质。2021年8月20日，《中华人民共和国人口与计划生育法》修正发布。其中，第二十四条规定，国家建立、健全基本养老保险、基本医疗保险、生育保险和社会福利等社会保障制度，促进计划生育。

二是完善多层次多支柱的养老保障体系。基本养老保险、企业年金和职业年金、个人养老金和其他个人商业养老金融业务的建设多层次多支柱养老保险体系建设不断加强。第一支柱实现基本养老保险全国统筹。2018年实施养老保险中央调剂金制度；2019年明确规范了省级统筹的制度要求；2020年所有省份实现基本养老保险基金省级统收统支；2022年1月1日启动实施企业职工基本养老保险全国统筹制度，我国职工基本养老保险制度在经历了县级、地市级、省级统筹的发展过程后进入了全国统筹关键阶段。第二支柱发展企业年金。2017年人力资源社会保障部印发《企业年金办法》，进一步完善了相关规定，推动更多企业和职工参与企业年金。截至2021年年末，全国企业年金基金积累的规模已经达到了2.64万亿元。同时，机关事业单位及其工作人员的职业年金制度快速发展。第三支柱发展个人养老金。2018年4月，国务院发布《关于开展个人税收递延型商业养老保险试点的通知》,标志着我国启动个人税收递延型商业养老保险试点。2021年5月,银保监会办公厅发布《关于开展专属商业养老保险试点的通知》,提出开展专属商业养老保险试点,并稳步推进税延养老保险试点;2022年4月,国务院办公厅发布《关于推动个人养老金发展的意见》,明确在我国境内参加城镇职工基本养老保险或城乡居民基本养老保险的劳动者,可以参加个人养老金制度,个人养老金的实行个人账户制,缴费完全由参加人个人承担,实行完全积累。

文献11:《中华人民共和国基本医疗卫生与健康促进法》

2019年12月,第十三届全国人民代表大会常务委员会第十五次会议通过了《中华人民共和国基本医疗卫生与健康促进法》,于2020年6月1日正式施行。全法共十章一百一十条,涵盖了基本医疗卫生服务、医疗卫生机构、医疗卫生人员、药品供应保障、健康促进、资金保障、监督管理、法律责任、附则等方面内容,确立了基本医疗卫生制、分级诊疗、现代医院管理、全民基本医保、药品供应保障、医疗卫生综合监管等基本制度,该法中进一步明确了医保支付范围、医保与医药医疗在深化改革和促进健康中的协同关系。

文献12:《医疗保障基金使用监督管理条例》

2020年12月颁布的《医疗保障基金使用监督管理条例》是我国医疗保障领域第一部行政法规,于2021年5月1日起施行。该条例包括总则、基金使用、监督管理、法律责任和附则,共五章五十条。我国医疗保障基金监管制度化建设不断完善,初步形成的《医疗保障基金使用监督管理条例》与《中华人民共和国社会保险法》第六十四条、第九十四条,《中华人民共和国刑法》第二百六十六条,以及《最高人民法院最高人民检察院关于办理诈骗刑事案件具体应用法律若干问题的解释》形成的制度矩阵,对欺诈骗保、医疗保障基金监管作出了规范。

2021年6月,国家医疗保障局发布《医疗保障法(征求意见稿)》。《2021年医疗保障事业发展统计快报》显示,截至2021年年底,基本医疗保险参保人数达136 424万人,参保覆盖面稳定在95%以上。制定和实施《医疗保障法》有利于强化法治建设和法治环境,具体表现为以下8个方面。

一是强化基本医疗保险基金共济能力。包括全面推进生育保险与职工医保合并实施,对职工医保个人账户进行改革。2019年3月,国务院办公厅印发了《关于全面推进生育保险和职工基本医疗保险合并实施的意见》,明确提出按照"保留险种、保障待遇、统一管理、降低成本"的总体思路,全面推进两项保险合并实施。2021年4月,国务院办公厅发布了《关于建立健全职工基本医疗保险门诊共济保障机制的指导意见》，提出改进个人账户计入办法，增强门诊共济保障功能。

二是调整完善医疗保障待遇政策。2021年8月10日，国家医疗保障局、财政部发布了《关于建立医疗保障待遇清单管理制度的意见》，明确定义了保障待遇清单为包含基本制度、基本政策，以及医保基金支付的项目和标准、不予支付的范围，根据党中央、国务院决策部署动态调整，适时发布。同时发布了《国家医疗保障待遇清单》。

三是做好医保目录调整工作，健全目录管理机制。自2020年9月1日起开始施行《基本医疗保险用药管理暂行办法》，旨在确定基本医疗保险用药范围，确定基本医保用药的支付、管理和监督等。该办法第十一条规定，国务院医疗保障行政部门建立完善动态调整机制，原则上每年调整一次。第十二条强调，建立《药品目录》准入与医保药品支付标准衔接机制。进一步厘清了药品集中采购、医保准入谈判和医保支付标准之间的逻辑关系。2018年下半年，启动了抗癌药医保准入专项谈判，将治疗血液肿瘤、实体肿瘤的17个谈判药品正式纳入医保，均为临床必需、疗效确切、参保人员需求迫切的肿瘤治疗药品。2019年上半年，全面启动国家医保药品目录调整工作，8月发布了常规目录部分，11月通过医保谈判准入纳入了97个（新增70种，续约成功27种）临床价值较高的专利、独家品种，最终收录药品2 709个，新版目录已于2020年1月1日起正式实施。

四是深化医疗保障支付方式改革。2020年2月，中共中央、国务院发布的《关于深化医疗保障制度改革的意见》中要求，推行以按病种付费为主的多元复合式医保支付方式，推广按疾病诊断相关分组付费，医疗康复、慢性精神疾病等长期住院按床日付费，门诊特殊慢性病按人头付费。经过3年试点，截至2021年年底，全国30个按疾病诊断相关分组（DRG）付费国家试点城市和71个区域点数法总额预算和按病种分值（DIP）付费试点城市全部进入实际付费阶段，试点取得明显成效。在此基础上，2021年11月，国家医疗保障局正式印发《关于DRG/DIP支付方式改革三年行动计划的通知》，要求各地从2022年到2024年，全面完成DRG/DIP付费方式改革任务，到2025年年底，DRG/DIP支付方式覆盖所有符合条件的开展住院服务的医疗机构，基本实现病种、医保基金全覆盖。目前顶层设计工作已基本完成，DRG技术标准文件——《国家医疗保障DRG分组与付费技术规范》和《国家医疗保障DRG分组方案》已经发布和实施。

五是加强医保智能监控。2022年4月10日,国家医疗保障局针对智能审核和监控发布了《医疗保障基金智能审核和监控知识库、规则库管理办法(试行)》,对智能监控审核两库进行规范,提升监管效能。2021年,国家医疗保障局制定了《医疗保障行政处罚程序暂行规定》《规范医疗保障基金使用监督管理行政处罚裁量权办法》。《医疗保障行政处罚程序暂行规定》进一步规范医疗保障领域行政处罚程序,明确医疗保障行政部门实施行政处罚的原则,确保医疗保障行政部门依法实施行政处罚;《规范医疗保障基金使用监督管理行政处罚裁量权办法》进一步规范医疗保障基金使用监管行政执法行为,保障医疗保障行政部门合法、合理、适当地行使行政处罚裁量权,维护医疗保障基金安全,保护公民、法人和其他组织的合法权益。

六是优化医疗保障协议管理。2020年12月30日,国家医疗保障局印发的《医疗机构医疗保障定点管理暂行办法》和《零售药店医疗保障定点管理暂行办法》,确立了本阶段定点医药机构管理的基本框架,规范了定点医药机构管理,对定点医药机构的确定、运行管理、经办服务、动态管理、监督考核等各项工作作出了更加明确的规定。

七是推进医疗保障标准化和信息化建设,统一医疗保障业务标准和技术标准。国家医疗保障局成立后,着力推进全国范围内的医疗保障标准化和信息化建设。2020年4月,制定了《医疗保障信息平台云计算平台规范》《医疗保障信息平台应用系统技术架构规范》《医疗保障信息平台用户界面规范》三部标准规范,以指导和规范各地医疗保障信息化建设。

八是医保医疗医药协同发展。2020年2月25日,中共中央、国务院印发了《关于深化医疗保障制度改革的意见》,围绕总体要求、完善公平适度的待遇保障机制、健全稳健可持续的筹资运行机制、建立管用高效的医保支付机制、健全严密有力的基金监管机制、协同推进医药服务供给侧改革、优化医疗保障公共管理服务和组织保障等8个方面,对全面建立中国特色医疗保障制度、深化医疗保障制度改革提出意见。

深度阅读

1. 尼古拉斯·巴尔.福利国家经济学[M].郑秉文,等,译.北京:中国劳动社会保障出版社,2003.

自1987年首版以来,本书已成为国际上多所大学的教科书,通过将信息经济学基本原理应用于福利国家经济学理论构建之中,即信息不对称等市场失灵现象是导致福利国家赖以存在的基本原因，逆向选择和道德风险等信息失灵现象是产生强制性社会保险保障的重要理论依据。作者将福利国家作为一个历史现象进行纵向的比较研究，提供了理解国际社会保障法治过程的全景式视角。

2. 戈斯塔·埃斯平·安德森. 转型中的福利国家［M］. 杨刚，译. 北京：商务印书馆，2010.

本书对全球社会保障制度改革产生了深远影响。尽管《贝弗里奇报告——社会保险和相关服务》和福利国家经历了兴衰、反思与变革，本书提出的社会保障原则和观点依然具有现实意义，对中国社会保障体系建设和法治建设具有重要的借鉴意义。

3. 国务院法制办公室. 中华人民共和国社会保险法典：注释法典［M］. 北京：中国法制出版社，2018.

本书是国务院法制办公室编写的官方注释法典，全面反映了中国特色社会主义社会保障法律体系，不仅收录了社会保险相关法律、行政法规、部门规章及司法解释，还包含了对重难点条文的注释和典型案例指引，是学习和研究中国社会保险法律制度的重要参考资料。

本章小结

1. 学习15个法律文献，综述了国外社会保障法律的早期（克服贫困）、中期（改善民生）和现代（民本治国）3个阶段的发展目标及其与时俱进的变化过程。

2. 学习12个法律文献，综述我国社会保障立法在劳动保险阶段、社会保险阶段和社会保障体系建设阶段的发展目标和主要内容。

重要概念

国家责任　法律制度　法治建设

思考题

1. 分3个历史阶段回顾国外社会保障立法的社会背景、主要内容和发展结果，关注20世纪70年代以来的社会保障改革和立法内容。

2. 分3个发展阶段回顾我国社会保障立法的社会背景、主要内容和发展结果，关注党的十八大以来，我国社会保障体系建设的改革和立法内容。

第二篇 制度篇

ZHIDU PIAN

本篇是法律法规内容综述。按照人的生存规律和财务的生命周期,针对社会风险类别,本篇内容综述健康促进与医疗保障、职业安全、住房保障、养老保障、社会救助等法律制度。

基于本篇学习,可掌握各类社会保障法律制度的主要内容和制度安排,为学习执行篇奠定基础。

第四章
健康促进与医疗保障法

教学目标：掌握健康促进和医疗保障是国家抵御公民健康风险的制度安排的基本理论；熟悉公共卫生、医疗服务、药品供给和医疗保障相关法律制度；了解本领域的发展趋势和主要挑战。

本章主要内容：
- 健康风险和健康促进
- 公共卫生法律制度
- 医疗服务法律制度
- 药品供给法律制度
- 医疗保障法律制度

第一节 健康风险和健康促进

一、健康定义

健康是指身心、道德与社会的良好状态。1947年，世界卫生组织提出健康的定义，健康不仅是没有疾病和病痛，而是在身体、心理、道德与和社会的完好状态，并提出衡量健康的十大准则。公民健康状况与国家经济发展水平和社会制度具有较强的相关性。20世纪初期，英国国会发言人表述[1]，帝国的未来、社会的进步和民族的自由，不仅依靠于军事力量的加强，同样依赖于国家中儿童的健康成长。1978年，在世界卫生组织的《阿拉木图宣言》中，将"人人享有基本保健"作为国家和政府的责任。20世纪70年代

---

[1] 尼古拉斯·巴尔.福利国家经济学[M].郑秉文，等，译.北京：中国劳动社会保障出版社，2007.

以来，伴随科技进步和人口老龄化，人们发现变异病毒、中年慢性疾病和高龄失能失智成为维护健康的巨大挑战。目前，世界各国先后兴起卫生医疗体制改革，资源配置和评价标准从医学中心转向健康中心，从诊断治疗转向预防保健和康复，力求提高人的免疫力和生命质量，实现人的健康长寿。

二、健康风险和医疗风险

健康风险是指病毒、疾病、污染、遗传和不健康的生活习惯等对健康的损害及其经济损失。健康风险的来源主要包括：第一，健康风险来自家族遗传、生活习惯和工作环境等，个人可以通过健康生活习惯、预防措施、合理就医、康复等措施，在一定程度上避免健康风险；第二，不可抗力的健康风险依然存在，如流行病传染和家族遗传病等；第三，健康风险损失来自劳动力"折损"和医疗费用支出两个方面，俗称"两面楚歌"。通常，婴儿出生后不满周岁死亡人数同出生人数的比率形成婴儿死亡率，影响国民平均预期，该指标是反映一个国家居民健康水平和社会经济发展水平的重要指标。

医疗风险是指由于医疗服务的非可及性（看病难）、成本高（看病贵）、信息不对称（看病不放心）和安全性差（医疗事故和滥用抗生素）等原因，给患者带来的经济损失和精神损害。

三、健康促进

2005年1月，世界卫生组织执行委员会在115次全会上提出了公民健康促进的概念，即在一个可支付的水平上，人人可以获得预防、治疗和康复的基本保健干预措施。这将基本保健和健康促进提到公民福利和国家义务的高度。

（一）健康促进的定义

健康促进是指国家抵御公民健康风险和实现公民健康权的制度安排，包括由公共卫生、医疗服务、药物供应和医疗保障构成的制度体系。

健康权是一种基本人权，也是一种社会权，由此形成国家义务，需要国家采取积极措施，"逐步实现的"。[1]1946年《世界卫生组织宪章》认为健康为基本人权，1948年《世界人权宣言》正式确立健康权是一项基本人权。1966年第二十一届联合国大会通过

---

[1] 于宝华.论健康权[D].湖南：湖南大学法学硕士学位论文，2007（4）：20.

的《经济、社会和文化权利国际公约》第十二条界定了健康权的内涵,即人人享有可能达到的最高标准的身体健康和精神健康的权利。2000年,联合国经济、社会和文化权利委员会通过的《享有可达到的最高水准健康的权利》(第14号一般性意见)认为,健康权不仅包括及时和适当的卫生保健,而且也包括决定健康的基本因素,如充足的安全食物、营养和住房供应、使用安全和洁净的饮水、享有适当的卫生条件、符合卫生的职业和环境条件等。

《中华人民共和国宪法》第二十一条规定,国家发展医疗卫生事业,发展现代医药和我国传统医药,鼓励和支持农村集体经济组织、国家企业事业组织和街道组织举办各种医疗卫生设施,开展群众性的卫生活动,保护人民健康。国家发展体育事业,开展群众性的体育活动,增强人民体质。第二十六条规定,国家保护和改善生活环境和生态环境,防治污染和其他公害。第三十六条第三款规定,国家保护正常的宗教活动。任何人不得利用宗教进行破坏社会秩序、损害公民身体健康、妨碍国家教育制度的活动。第四十五条第一款规定,中华人民共和国公民在年老、疾病或者丧失劳动能力的情况下,有从国家和社会获得物质帮助的权利。国家发展为公民享受这些权利所需要的社会保险、社会救济和医疗卫生事业。

(二)健康促进的立法目标

健康促进的立法目标是优化卫生医护资源配置和服务,具体包含两个方面内容:一方面,规范国家公共卫生和医护服务体系,为公民提供可及的健康保障服务,消除看病难的问题;另一方面,规范医疗服务行为和定价机制,让公民买得起安全的医疗服务,抑制看病贵的问题。基本保健分初级(全专融合的社区医护机构)服务、二级(专科为主的大社区医护机构)服务和三级(医疗中心和医疗联合体的牵头机构)服务。初级服务包括健康教育及其行动计划、疾病预防、门诊、普通专科、慢性疾病管理、康复护理、临终照护等;二级服务包括早期诊断和治疗,目的是控制和减少疾病对社区的严重影响;三级服务包括用以保持或恢复人体功能的康复手术和治疗,以及其他减轻疾病病症的治疗。

(三)基本保健和健康促进的立法原则

1. 公益性、公平性、效率性和可持续性相结合

2009年实施的《中共中央 国务院关于深化医药卫生体制改革的意见》明确提出,从改革方案设计、卫生制度建立到服务体系建设都要遵循公益性的原则。2020年12月

28日，十三届全国人民代表大会常务委员会第十五次会议通过了《中华人民共和国基本医疗卫生与健康促进法》。该法第三条规定，医疗卫生与健康事业应当坚持以人民为中心，为人民健康服务。医疗卫生事业应当坚持公益性原则。

2. 公共卫生人人受益

根据国家经济发展水平和卫生资源状况，制定基本公共卫生和基本医疗服务标准，进行长远、综合的规划，合理配置医疗卫生资源，实现基本医疗卫生服务覆盖人人且均等化。

3. 基本保健方便可及、安全、买得起

医护资源配置要以患者为中心，建立和完善社区卫生服务；建立医疗保障基金，分担大部分医疗费用；建立居民健康档案，记录和评价每次医疗行为（处方和病例）对个人健康的作用。

实现上述原则需要国家卫生医护体制（见图4-1）保障，体制涉及资源属性和资源配置。政府投资举办公立医护机构，提供公共卫生和疾控服务，为荣誉国民（为国战争伤病牺牲者及其家属等）、特殊群体（监狱、戒毒所等）和贫困人口提供基本保健；政府和社会投资举办公益医护机构，为社会大众提供公共卫生和基本保健服务；私人投资举办营利性医护机构，提供个性化医护和保健服务。

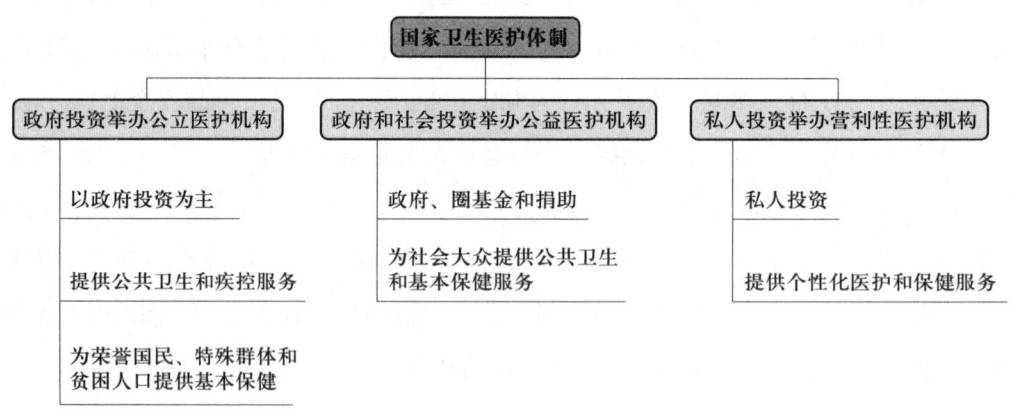

图4-1 国家卫生医护体制

圈基金是营利企业和高收入人群在达到一定所得税税点之后，将个人收入捐出建立自己偏好的社会服务发展基金，组建理事会，担任理事管理该投资项目的一种社会企业制度安排。圈基金是第三次分配的主流模式，主要用于幼儿照顾、基本保健、养老服务、环境保护、科技发展等项目。

（四）基本保健和健康促进的立法内容和体系架构

基本保健和健康促进的法律架构涉及公共卫生、基本保健、健康促进和医疗保障4个方面的社会关系（见图4-2）。

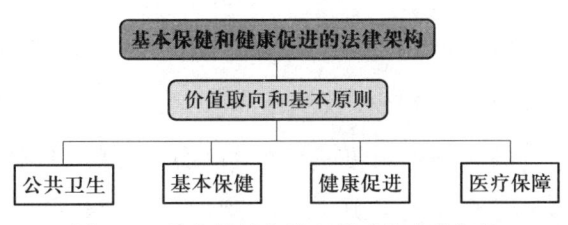

图4-2 基本保健和健康促进的法律架构

第二节 公共卫生法律制度

公共卫生是公民健康促进的共性服务，属于公共品范畴，具有外部性特征，包括疾病预防控制、健康教育、妇幼保健、精神卫生、应急救治、采供血、卫生监督等项目。《中华人民共和国基本医疗卫生与健康促进法》第十五条规定，基本公共卫生服务由国家免费提供。第十六条规定，国家采取措施，保障公民享有安全有效的基本公共卫生服务，控制影响健康的危险因素，提高疾病的预防控制水平。

一、国家基本公共卫生服务项目

我国国家基本公共卫生服务项目由国务院卫生健康主管部门会同国务院财政部门、中医药主管部门等共同确定。省、自治区、直辖市人民政府可以在国家基本公共卫生服务项目基础上，补充确定本行政区域的基本公共卫生服务项目，并报国务院卫生健康主管部门备案。国务院和省、自治区、直辖市人民政府可以将针对重点地区、重点疾病和特定人群的服务内容纳入基本公共卫生服务项目并组织实施。县级以上地方人民政府针对本行政区域重大疾病和主要健康危险因素，开展专项防控工作。我国国家基本公共卫生服务项目主要包括以下内容。

（1）国家建立健全突发事件卫生应急体系，制定和完善应急预案，组织开展突发事件的医疗救治、卫生学调查处置和心理援助等卫生应急工作，有效控制和消除危害。

（2）国家建立传染病防控制度，制定传染病防治规划并组织实施，加强传染病监测预警，坚持预防为主、防治结合，联防联控、群防群控、源头防控、综合治理，阻断传播途径，保护易感人群，降低传染病的危害。任何组织和个人应当接受、配合医疗卫生机构为预防、控制、消除传染病危害依法采取的调查、检验、采集样本、隔离治疗、医学观察等措施。

（3）国家实行预防接种制度，加强免疫规划工作。居民有依法接种免疫规划疫苗的权利和义务。政府向居民免费提供免疫规划疫苗。

（4）国家建立慢性非传染性疾病防控与管理制度，对慢性非传染性疾病及其致病危险因素开展监测、调查和综合防控干预，及时发现高危人群，为患者和高危人群提供诊疗、早期干预、随访管理和健康教育等服务。

（5）国家加强职业健康保护。县级以上人民政府应当制定职业病防治规划，建立健全职业健康工作机制，加强职业健康监督管理，提高职业病综合防治能力和水平。用人单位应当控制职业病危害因素，采取工程技术、个体防护和健康管理等综合治理措施，改善工作环境和劳动条件。

（6）国家发展妇幼保健事业，建立健全妇幼健康服务体系，为妇女、儿童提供保健及常见病防治服务，保障妇女、儿童健康。国家采取措施，为公民提供婚前保健、孕产期保健等服务，促进生殖健康，预防出生缺陷。

（7）国家发展老年人保健事业。国务院和省、自治区、直辖市人民政府应当将老年人健康管理和常见病预防等纳入基本公共卫生服务项目。

（8）国家发展残疾预防和残疾人康复事业，完善残疾预防和残疾人康复及其保障体系，采取措施为残疾人提供基本康复服务。县级以上人民政府应当优先开展残疾儿童康复工作，实行康复与教育相结合。

2007年施行的《中华人民共和国突发事件应对法》明确建立公共卫生服务系统（见图4-3），规范了突发性公共卫生事件的范围、工作原则、技术保障、综合应急管理等问题。

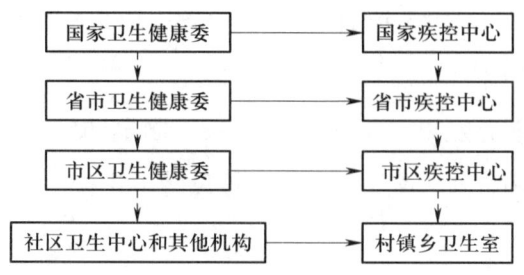

图4-3 公共卫生服务系统

二、国家基本公共卫生服务机构和人员

坚持医防融合的原则，县级以上人民政府通过举办专业公共卫生机构、基层医疗卫生机构和医院，或者从其他医疗卫生机构购买服务的方式提供基本公共卫生服务。国家允许基层专业公共卫生机构和医护机构双挂牌，如××社区公共卫生服务中心、××医院××社区门诊部，以加强县级医院、乡镇卫生院、村卫生室、社区卫生服务中心（站）和专业公共卫生机构等的建设，建立健全农村医疗卫生服务网络和城市社区卫生服务网络。

基层医疗卫生机构主要提供预防、保健、健康教育、疾病管理，为居民建立健康档案，常见病、多发病的诊疗以及部分疾病的康复、护理，接收医院转诊患者，向医院转诊超出自身服务能力的患者等基本医疗卫生服务，实现满足80%居民的基本保健需求。

医师分为两级四类，即执业医师和执业助理医师两级，每级分为临床、中医、口腔、公共卫生四类。其中，中医类包括中医、民族医和中西医结合，民族医又含蒙医、藏医、维医、傣医、朝医、壮医等。公共卫生医师是公共卫生执业医师和公共卫生执业助理医师的总和。公共卫生医师可以加入家庭医师团队，共同实施基本公共卫生服务和重点人群的慢性病管理。

专栏 4-1　英国的社区基本保健体系

初级保健进入社区是英国国家卫生服务体系（NHS）的主体，以个体经营的全科诊所和全科医师为主，聘请专科医师参与，提供全科、部分专科、精神科、康复等服务。NHS规定每个居民必须于居住地选择一位全科医师签约，由全科医师为其提供首诊服务和相关服务。二级保健功能即急诊急救，大多由NHS的医院提供，患者通常经由签约医师转诊后，成为计划内患者。与门诊等待患者不同，签约医师和接诊医师都熟悉患者的健康档案、病案等信息，不会出现临上手术台才知悉患者病情等问题。患者可以享受到整合式医护的体验。英国国家对社区医师按照人头加权预算（包括区域的年龄结构、疾病谱、健康绩效评估等），支付患者在二级保健机构的大部分医药费用，即按结果付费。

中华人民共和国成立以后，面对当时经济发展水平低下，卫生资源短缺，传染病、地方病危害严重的现实，人民政府确定了"面向工农兵，预防为主，中西医结合，卫生

工作与群众运动相结合"的卫生工作方针，在绝大多数人口居住的农村地区，逐步建立了县、乡、村三级医疗卫生服务网络、农村卫生队伍和合作医疗制度，被誉为农村初级卫生保健的"三大支柱"。到 2020 年，全国期望寿命提高至 77 岁，婴儿死亡率降至 200‰。截至 2021 年年底，全国在县级已设立医疗、妇幼保健、疾病预防控制和卫生监督机构共 2.3 万个，设立乡镇卫生院 3.5 万个，设立村卫生室 59.9 万个，实现了县、乡、村三级全覆盖。

2019 年，国家卫生健康委在全国启动紧密型县域医共体建设试点。确定山西和浙江全省以及其他省份的 567 个县（市、区）共 754 个县（市、区）为试点县。紧密型医共体对社区公共卫生服务中心和诊所实行"院办院管"和全专融合，具备了公共卫生、举办保健和健康促进的三大功能，由此构建一个具有"一防，即社区和居民主动预防；二控，即紧密型医疗集团控制感染；三救治，即城市中心医院接治确诊重症患者"的公共卫生、应急管理和医护体系。

专栏 4-2　深圳市罗湖区紧密型医院集团

2015 年 8 月 20 日，在深圳市罗湖区组建了罗湖医院集团。这个医院集团的组织架构如图 4-4 所示，主要特征有两个方面：一是由一个法人治理。罗湖区人民医院、5 家区属医院、24 家社康中心、12 家功能社康中心和 14 个资源中心的发展规划和公共关系等均服从医院集团的统一规划，实行党委领导、理事会决策下的集团院长负责制。二是实行整合式服务体系。罗湖区人民医院和社康中心实行统一管理模式、统一运行机制、统一人事管理、统一薪酬分配和统一信息化的 5 个统一，即院办院管，同级医师在社康中心工作的年薪高于总院 10% 左右，事业编与合同制员工同等待遇，都有职业年金。

截至 2021 年年底，24 家社康中心和 12 家功能社康中心实行院办院管，创立了一个全科医师与一名护理人员和若干医务人员共同提供基本公共卫生、基本保健和健康促进三项服务的 1+X=3 模式，在学校、商场、企业等居民聚集地点设置服务点和组织医务社工。地方 5 家区属医院实行统一管理、独立核算。14 个资源中心独立核算，在医院集团内实行互认互通、资源共享。社区首诊率达到 80%，健康档案管理和慢性病管理全部达标。一体化紧密型医院集团，优化了资源配置，避免了重复建设，精减了人员，提高了效率，降低了运营成本。

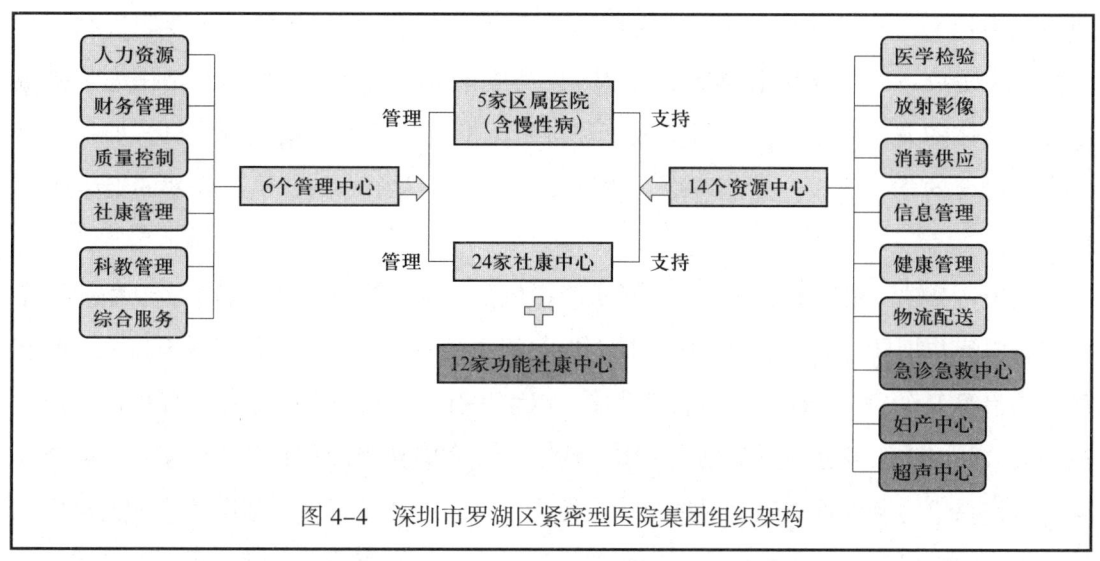

图 4-4 深圳市罗湖区紧密型医院集团组织架构

第三节 医疗服务法律制度

基本保健是指维护人体健康所必需、与经济社会发展水平相适应、公民可公平获得的，采用适宜药物、适宜技术、适宜设备提供的，提供疾病预防、诊断、治疗、护理和康复等连续性服务，包括公共卫生服务和基本医疗服务，实现医防融合、全专融合甚至医养结合。

一、医疗服务体系建设的法律制度

《中华人民共和国基本医疗卫生与健康促进法》第三十四条规定，国家建立健全由基层医疗卫生机构、医院、专业公共卫生机构等组成的城乡全覆盖、功能互补、连续协同的医疗卫生服务体系。医疗服务体系建设包括医疗资源配置与功能界定、医疗机构管理、医务人员管理、医疗技术与器械管理、医疗卫生信息管理 5 个问题的制度安排。

（一）医疗资源配置与功能界定的法律制度

国家加强县级医院、乡镇卫生院、村卫生室、社区卫生服务中心（站）和专业公共卫生机构等的建设，建立健全农村医疗卫生服务网络和城市社区卫生服务网络。

医院主要提供疾病诊治，特别是急危重症和疑难病症的诊疗、突发事件医疗处置和救援以及健康教育等医疗卫生服务，并开展医学教育、医疗卫生人员培训、医学科学研究和对基层医疗卫生机构的业务指导等工作。国家建立健全以县级医院为龙头、乡镇卫生院为骨干、村卫生室为基础的农村三级医疗服务网络。县级医院主要职责有两个方面：一是负责以住院为主的基本医疗服务及危重急症病人的抢救；二是作为紧密型医疗共同体的龙头单位，通过医学教育和科研、指导和培训基层卫生人员、加强社区全专融合的学科建设，赋能基层，建设以居民健康为中心的、优质高效的卫生医护体系。

其中，乡镇卫生院的主要职责包括负责提供公共卫生服务和常见病、多发病的诊疗等综合服务并指导村卫生室的工作。村卫生室的主要职责是承担公共卫生服务及一般疾病的诊治等工作；完善社区卫生服务功能，以维护社区居民健康为中心，提供疾病预防控制等公共卫生服务和一般常见病、多发病、慢性病的初级诊疗服务。国家建立健全院前急救体系，为急危重症患者提供及时、规范、有效的急救服务。基层医疗卫生机构主要提供预防、保健、健康教育、疾病管理，为居民建立健康档案，常见病、多发病的诊疗以及部分疾病的康复、护理，接收医院转诊患者，向医院转诊超出自身服务能力的患者等基本医疗卫生服务。

县级以上人民政府应当根据本行政区域人口、经济社会发展状况、医疗卫生资源、健康危险因素、发病率、患病率以及紧急救治需求，按照可及性、安全性和买得起的价值链，制定并落实强基层、正三角的整合式医疗卫生服务体系（见图4-5）规划，科学配置医疗卫生资源，举办医疗卫生机构，为居民提供预防、保健、治疗、护理、康复、安宁疗护等全方位、全周期的医疗卫生服务。各级人民政府采取措施支持医疗卫生机构与养老机构、儿童福利机构、社区组织建立协作机制，为老年人、孤残儿童提供安全、便捷的医疗和健康服务。

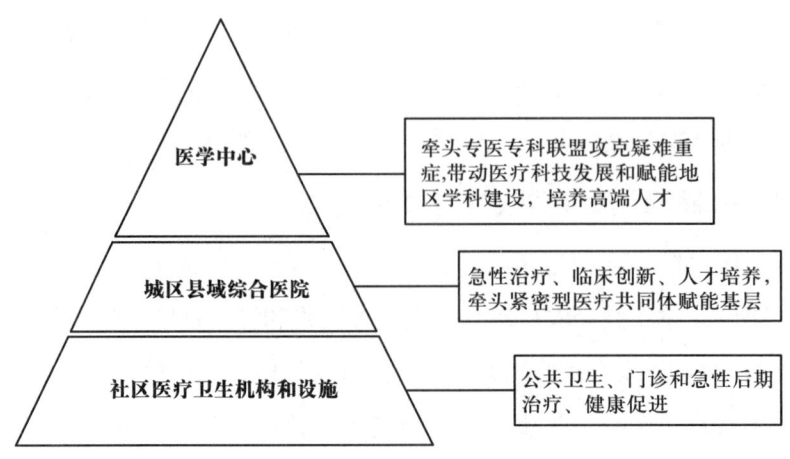

图4-5　强基层、正三角的整合式医疗卫生服务体系

（二）医疗机构管理的法律制度

医疗机构管理是指医疗机构的属性和资质的制度安排。《中华人民共和国基本医疗卫生与健康促进法》第三十九条规定，国家对医疗卫生机构实行分类管理。医疗卫生服务体系坚持以非营利性医疗卫生机构为主体、营利性医疗卫生机构为补充。政府举办非营利性医疗卫生机构，在基本医疗卫生事业中发挥主导作用，保障基本医疗卫生服务公平可及。以政府资金、捐赠资产举办或者参与举办的医疗卫生机构不得设立为营利性医疗卫生机构。医疗卫生机构不得对外出租、承包医疗科室。非营利性医疗卫生机构不得向出资人、举办者分配或者变相分配收益。第四十条规定，政府举办的医疗卫生机构应当坚持公益性质，所有收支均纳入预算管理，按照医疗卫生服务体系规划合理设置并控制规模。国家鼓励政府举办的医疗卫生机构与社会力量合作举办非营利性医疗卫生机构。第四十一条规定，国家采取多种措施，鼓励和引导社会力量依法举办医疗卫生机构，支持和规范社会力量举办的医疗卫生机构与政府举办的医疗卫生机构开展多种类型的医疗业务、学科建设、人才培养等合作。社会力量可以选择设立非营利性或者营利性医疗卫生机构。

根据《中华人民共和国基本医疗卫生与健康促进法》第三十八条规定，举办医疗机构，应当具备下列条件，按照国家有关规定办理审批或者备案手续：（1）有符合规定的名称、组织机构和场所；（2）有与其开展的业务相适应的经费、设施、设备和医疗卫生人员；（3）有相应的规章制度；（4）能够独立承担民事责任；（5）法律、行政法规规定的其他条件。医疗机构依法取得执业许可证。禁止伪造、变造、买卖、出租、出借医疗机构执业许可证。各级各类医疗卫生机构的具体条件和配置应当符合国务院卫生健康主管部门制定的医疗卫生机构标准。

专栏4-3 新加坡医院管理体制和运行机制

20世纪90年代后期，新加坡政府拥有新加坡医院和新加坡国立医院两大集团，委托非营利的专业机构管理，是典型的医护机构PPP模式。在该模式下，政府支付维修费用，参与定价，对医院集团收入设置了封顶线。医院集团实行独立的法人治理和商业会计制度，内部设有董事会，由社会名流或政府官员和专业人员担任，由董事会提名聘用执行总裁，总裁下设运营总裁、财务总裁等，负责医院的运营及其他事务。

（三）医务人员管理的法律规定

医务人员管理制度安排包括独立职业模式和单位聘任模式。在很多西方国家，医务人员属于自由职业者，通过3种模式提供服务：一是个人受聘和获得薪酬，如受聘于公立医院或者私营医院；二是个人开业和获得服务佣金，如私人诊所；三是集体行动，根据医师协会的谈判协议，加入协议医疗机构的服务和获得补偿。

2022年3月施行的《中华人民共和国医师法》规定，具有下列条件之一的，可以参加执业医师资格考试：（1）具有高等学校相关医学专业本科以上学历，在执业医师指导下，在医疗卫生机构中参加医学专业工作实践满1年；（2）具有高等学校相关医学专业专科学历，取得执业助理医师执业证书后，在医疗卫生机构中执业满2年。具有高等学校相关医学专业专科以上学历，在执业医师指导下，在医疗卫生机构中参加医学专业工作实践满1年的，可以参加执业助理医师资格考试。以师承方式学习中医满3年，或者经多年实践医术确有专长的，经县级以上人民政府卫生健康主管部门委托的中医药专业组织或者医疗卫生机构考核合格并推荐，可以参加中医医师资格考试。以师承方式学习中医或者经多年实践，医术确有专长的，由至少2名中医医师推荐，经省级人民政府中医药主管部门组织实践技能和效果考核合格后，即可取得中医医师资格及相应的资格证书。

取得医师资格的，可以向所在地县级以上地方人民政府卫生健康主管部门申请注册。医疗卫生机构可以为本机构中的申请人集体办理注册手续。医师注册后有下列情形之一的，注销注册，废止医师执业证书：（1）死亡；（2）受刑事处罚；（3）被吊销医师执业证书；（4）医师定期考核不合格，暂停执业活动期满，再次考核仍不合格；（5）中止医师执业活动满2年；（6）法律、行政法规规定不得从事医疗卫生服务或者应当办理注销手续的其他情形。

医师在执业活动中享有下列权利：（1）在注册的执业范围内，按照有关规范进行医学诊查、疾病调查、医学处置、出具相应的医学证明文件，选择合理的医疗、预防、保健方案；（2）获取劳动报酬，享受国家规定的福利待遇，按照规定参加社会保险并享受相应待遇；（3）获得符合国家规定标准的执业基本条件和职业防护装备；（4）从事医学教育、研究、学术交流；（5）参加专业培训，接受继续医学教育；（6）对所在医疗卫生机构和卫生健康主管部门的工作提出意见和建议，依法参与所在机构的民主管理；（7）法律、法规规定的其他权利。

医师在执业活动中履行下列义务：（1）树立敬业精神，恪守职业道德，履行医师职责，尽职尽责救治患者，执行疫情防控等公共卫生措施；（2）遵循临床诊疗指南，遵守临床技术操作规范和医学伦理规范等；（3）尊重、关心、爱护患者，依法保护患者隐私和个人信息；（4）努力钻研业务，更新知识，提高医学专业技术能力和水平，提升医疗卫生服务质量；（5）宣传推广与岗位相适应的健康科普知识，对患者及公众进行健康教育和健康指导；（6）法律、法规规定的其他义务。医师实施医疗、预防、保健措施，签署有关医学证明文件，必须亲自诊查、调查，并按照规定及时填写病历等医学文书，不得隐匿、伪造、篡改或者擅自销毁病历等医学文书及有关资料。

（四）医疗器械管理的法律规定

2000年，国务院公布了《医疗器械监督管理条例》，并分别于2014年、2017年和2020年三次修订。国家对医疗器械按照风险程度实行分类管理：第一类是风险程度低，实行常规管理可以保证其安全、有效的医疗器械；第二类是具有中度风险，需要严格控制管理以保证其安全、有效的医疗器械；第三类是具有较高风险，需要采取特别措施严格控制管理以保证其安全、有效的医疗器械。评价医疗器械风险程度，应当考虑医疗器械的预期目的、结构特征、使用方法等因素。国务院药品监督管理部门负责制定医疗器械的分类规则和分类目录，并根据医疗器械生产、经营、使用情况，及时对医疗器械的风险变化进行分析、评价，对其分类规则和分类目录进行调整。制定、调整分类规则和分类目录，应当充分听取医疗器械注册人、备案人、生产经营企业以及使用单位、行业组织的意见，并参考国际医疗器械分类实践。医疗器械分类规则和分类目录应当向社会公布。

医疗器械注册人、备案人应当履行下列义务：（1）建立与产品相适应的质量管理体系并保持有效运行；（2）制定上市后研究和风险管控计划并保证有效实施；（3）依法开展不良事件监测和再评价；（4）建立并执行产品追溯和召回制度；（5）国务院药品监督管理部门规定的其他义务。境外医疗器械注册人、备案人指定的我国境内企业法人应当协助注册人、备案人履行相关规定的义务。

从事医疗器械生产活动，应当具备下列条件：（1）有与生产的医疗器械相适应的生产场地、环境条件、生产设备以及专业技术人员；（2）有能对生产的医疗器械进行质量检验的机构或者专职检验人员以及检验设备；（3）有保证医疗器械质量的管理制度；（4）有与生产的医疗器械相适应的售后服务能力；（5）符合产品研制、生产工艺文件规定的要求。国家建立医疗器械不良事件监测制度，对医疗器械不良事件及时进行收集、分析、评价、控制。医疗器械注册人、备案人应当建立医疗器械不良事件监测体系，配备与其产品相适应的不良事件监测机构和人员，对其产品主动开展不良事件监测，并按照国务院药品监督管理部门的规定，向医疗器械不良事件监测技术机构报告调查、分析、评价、产品风险控制等情况。

（五）医疗卫生信息管理的法律制度

医疗卫生信息涉及患者病症、药品疗效、医疗技术、处方疗效等信息和数据，其处理和发布需要规范，既要保护个人隐私，也要实现信息共享，是实现整合式医疗的必要条件。

2022年2月1日，国家卫生健康委会同国家中医药局、国家疾控局制定的《医疗卫生机构信息公开管理办法》开始施行。主要内容包括：信息公开目的、调整对象、信息定义、公开原则及监督管理等；信息公开的范围、基本目录、方式及途径等；信息公开的第一责任人、制度建设、保密审查、信息更新维护及定期报告工作情况等；监督管理、宣传培训、救济途径及违规处理等。

医疗卫生机构根据本机构特点和自身实际服务情况，有以下信息的应当主动公开：（1）机构基本概况、公共服务职能；（2）机构科室分布、人员标识、标识导引；（3）机构的服务内容、重点学科及医疗技术准入、服务流程及须知等；（4）涉及公共卫生、疾病应急处置相关服务流程信息；（5）医保、价格、收费等服务信息；（6）健康科普宣传教育相关信息；（7）招标采购信息；（8）行风廉政建设情况；（9）咨询及投诉方式；（10）其他法律、法规、规章等规定的应当主动公开的内容。医疗卫生机构不得公开下列信息：（1）涉及国家秘密的；（2）涉及商业秘密的；（3）涉及自然人个人信息保护的；（4）公开后可能危及国家安全、公共安全、经济安全、执业安全、社会稳定及正常医疗秩序的；（5）违反《中华人民共和国广告法》等法律、法规规定或涉嫌夸大、虚假宣传等内容的；（6）法律、法规、规章等规定的不予公开的信息。医疗卫生机构违反规定，由县级以上地方人民政府卫生健康、中医药、疾控主管部门根据情节采用约谈等方式督促整改，相关情况纳入医疗卫生机构监督管理与业务考核记录。情节严重或造成严重后果的，由县级以上地方人民政府卫生健康、中医药、疾控主管部门依据相关法律、法规作出处理。

二、协调医患关系的法律制度

医患关系是指医院医务人员和患者的关系，更直接体现为医师处方行为和参保患者就医行为的社会关系。学术上对医患关系的解释，特指（个体）医师与（个体）患者相互关系的一个专门术语，是一种个体关系，属于传统医学道德研究的内容，也是最古老的医疗人际关系。[①] 广义的医患关系是"依据其与治疗活动有无关系可分为两个部分，即技术关系和非技术关系"[②]，其中技术关系是指在医疗过程中，医师与患者所建立的行为关系，即医患双方在医疗诊断、治疗、用药、手术、护理等医疗技术交往过程中的关系；非技术关系则是指在医疗过程中，医师与患者因社会、心理、伦理、经济等方面的影响所形成的道德关系、利益关系或者法律关系。

（一）医疗机构的权利和义务

1982年，卫生部颁布《全国医院工作条例》和《医院工作制度》等规定，医院以医疗工作为中心，在提高医疗质量的基础上，保证教学和科研任务的完成，并不断提高教学质量和科研水平；同时做好扩大预防、指导基层和计划生育的技术工作。同时，对门诊、住院的诊疗工作、护理工作以及病例管理工作均有明确要求。但这些要求均属于原则性规范，缺乏医务人员执行保护性医疗制度的假定条件。

（二）医务人员的权利和义务

1992年，卫生部下发的《医院工作人员岗位职责》（于2010年修订形成《医院工作制度与人员岗位职责》）规定了各个岗位的医务人员的工作规范和基本要求。例如，要求临床住院医师做到"随时了解病员的思想、生活情况，征求病员对医疗护理工作的意见，做好病员的思想工作"。

> **专栏4-4 医患纠纷典型案例**
>
> 某医师在接诊11岁喉咙痛患者时，开具处方中有丙沙星片，家长在孩子服药2天后才看到说明书提示，此类药品禁止对儿童使用。该家长起诉了这名医师。
>
> 此案中的医师行为同时违反了医师义务的以下五项规则：（1）未遵守技术操作规范；（2）缺乏敬业精神；（3）爱护患者不够；（4）钻研业务不足；（5）未宣传

---

① 朱翠微.医患法律关系属性论［D］.长春：吉林大学，2009.
② 黄丁全.医事法［M］.北京：中国政法大学出版社，2003.

> 卫生保健知识，对患者进行健康教育。患者家长也有不足，用药前应当认真阅读药品使用说明书，有疑问时应主动询问，对自己和孩子的健康负责。

自 2008 年 5 月施行的《护士条例》第三章权利和义务，对护士的权利义务作出了明确的规定。该条例第十八条规定，护士应当尊重、关心、爱护患者，保护患者的隐私。第三十三条规定，扰乱医疗秩序，阻碍护士依法开展执业活动，侮辱、威胁、殴打护士，或者有其他侵犯护士合法权益行为的，由公安机关依照治安管理处罚法的规定给予处罚；构成犯罪的，依法追究刑事责任。

（三）患者的权利和义务

患者在就医过程中享有如下权利：第一，基本医疗权。人类生存的权利是平等的，因此医疗保健享有权也是平等的，任何患者有权享有必要的、合理的、最基本的诊治护理来保障健康。第二，知情同意权。患者有权了解自身的病情以及拟诊疗方案和诊疗费用，并且有权在医疗机构拟采取的集中治疗方案中进行选择，不管这些选择是否真正有益于患者，医疗机构都应该尊重患者的选择权。第三，保护隐私权。患者有权要求医师为自己生理的、心理的及其他隐私保密，保护隐私权。实际上早在公元前 5 世纪的《希波克拉底誓言》中即有鲜明的阐述，即"凡我所见所闻，无论有无业务关系，我认为应守秘密者，我愿保守秘密"。第四，免除一定社会责任权。患者因生病而获得医疗机构的证明后，有权根据病情的性质、程度和预后情况，暂时或长期免除一定的社会责任，同时有权得到各种福利保障。第五，诉讼权。如果出现因医师过失行为导致的医疗差错、事故，患者及其近亲属有权提出经济补偿或者赔偿的要求。

（四）医患纠纷处理的法律制度

2002 年实施的《医疗事故处理条例》从总则、医疗事故的预防和处置、医疗事故的技术鉴定、医疗事故的行政处理与监督、医疗事故的赔偿、罚则等方面，规范了医患纠纷处理。该条例第七条规定，医疗机构应当设置医疗服务质量监控部门或者配备专（兼）职人员，具体负责监督本医疗机构的医务人员的医疗服务工作，检查医务人员执业情况，接受患者对医疗服务的投诉，向其提供咨询服务。第八条规定：医疗机构应当按照国务院卫生行政部门规定的要求，书写并妥善保管病历资料。因抢救急危患者，未能及时书写病历的，有关医务人员应当在抢救结束后 6 小时内据实补记，并加以注明。

第九条规定：严禁涂改、伪造、隐匿、销毁或者抢夺病历资料。根据该条例第五十六条的规定，医疗机构和责任人员的违规行为如下：（1）未如实告知患者病情、医疗措施和医疗风险的；（2）没有正当理由，拒绝为患者提供复印或者复制病历资料服务的；（3）未按照国务院卫生行政部门规定的要求书写和妥善保管病历资料的；（4）未在规定时间内补记抢救工作病历内容的；（5）未按照本条例的规定封存、保管和启封病历资料和实物的；（6）未设置医疗服务质量监控部门或者配备专（兼）职人员的；（7）未制定有关医疗事故防范和处理预案的；（8）未在规定时间内向卫生行政部门报告重大医疗过失行为的；（9）未按照本条例的规定向卫生行政部门报告医疗事故的；（10）未按照规定进行尸检和保存、处理尸体的。

处理医患纠纷的积极途径还在于合理配置医疗资源和激励机制，用财政预算或医疗保障资金奖励签约续约的家庭医师团队，特别是几代人同签一个家庭医师团队，以维护医患合作关系和建立医患信任关系。

第四节　药品供给法律制度

药品是指用于预防、治疗、诊断人的疾病，有目的地调节人的生理机能，并规定适应证或功能主治、用法和用量的物质。《中华人民共和国药品管理法》总则中对药品的定义是：用于预防、治疗、诊断人的疾病，有目的地调节人的生理机能并规定有适应证或者功能主治、用法和用量的物质，包括中药、化学药和生物制品等。药品供给是健康保障制度安排的组成部分，包括根据保障范围和目标形成药品供给目录、规范药品支出占卫生支出的比例、规范药品定价机制等，以保护患者的利益。

一、管制药品滥用的国际公约

联合国大会在1981年12月16日第36/168号决议中通过了国际管制药品滥用战略和基本的五年行动纲领，阐述了在与药品滥用作斗争中社会各部门应采取的具体行动，并提出了以下战略目标：

（1）改进药物管制系统；

（2）在合理用药目标下使麻醉药品和精神药物的供需达到平衡；

（3）根除非法来源的药物供应；

（4）减少药品的非法贩运；

(5) 防止不恰当或非法使用合法药品；

(6) 使药物滥用者得到治疗和康复，并能重建与社会的关系。

目前，我国的药品费用占全部卫生支出比例偏高。在国际管制药品滥用战略下，药品占比为 15%～40%。① 在这种情况下，建立国家基本药物制度被认为是解决"看病贵"的一剂良方，理论和实践界普遍认为成熟完善的基本药品制度的实施，能大幅度减轻群众药品费用负担，提高公众的药品可获得性。

二、基本药物管理的法律制度

1977 年世界卫生组织首次提出基本药物的概念，即"能够满足大部分人口卫生保健需要，人们健康需要中最重要的、最基本的、必要的、不可缺少的药品"，并建议各国尤其是发展中国家建立国家基本药物政策，以保障公众能以低廉的价格获得基本医疗所需的必需药物。② 基本药物的特点是安全、必需、有效、价廉，法律制度包括遴选、生产、供应、使用等制度。

1981 年 8 月，我国完成《国家基本药物目录（西药部分）》的编制工作。1996 年，首次发布《国家基本药物中成药和化学药品（包括生物制品）目录》。2009 年 8 月，正式公布《国家基本药物目录管理办法（暂行）》和《国家基本药物目录（基层医疗卫生机构配备使用部分）》。

1998 年，《国务院关于建立城镇职工基本医疗保险制度的决定》指出，要加强医疗服务管理。制定国家基本医疗保险药品目录及相应的管理办法。制定《基本医疗保险药品目录》是为了规范医疗服务用药行为，抑制以药养医和滥用药的行为，保障参保人员基本用药与和合理用药的需求。《国家基本医疗保险、工伤保险和生育保险药品目录（2020 年）》包括西药 1 426 种，中成药 1 374 种。国家对医保药品目录采取动态调整，《国家基本医疗保险、工伤保险和生育保险药品目录（2023 年）》内药品总数达 3 088 种，其中西药 1 335 种、中成药 1 323 种、协议期内误判药品 430 种。

1984 年，《中华人民共和国药品管理法》颁布和实施，并于 2001 年、2013 年、2015 年、2019 年修订（修正）。《中华人民共和国药品管理法》与《中华人民共和国中医药法》《中华人民共和国药品管理法实施条例》《药品生产监督管理办法》等法

---

① 夏金彪. 基本药物制度背后的纷争[N]. 中国经济时报, 2009-3-25 (007).

② WHO. The selection of essential drugs: report of a WHO expert committee. Tech Rep Ser WHO No. 615 [R]. Geneva. World Health Organization, 1977.

律、行政法规构成了我国药品管理法治化矩阵。现行《中华人民共和国药品管理法》共155条，强化了药品研制管理、上市后监管、药品供应保障、严惩重处违法行为等。其主要内容包括总则、药品研制和注册、药品上市许可持有人、药品生产、药品经营、医疗机构药事管理、药品上市后管理、药品价格和广告、药品储备和供应、监督管理、法律责任、附则。根据本法国家对药品实行政府定价、政府指导价和市场调节价。

《中华人民共和国药品管理法》明确，药品管理应当以人民健康为中心，坚持风险管理、全程管控、社会共治原则。围绕鼓励创新、全生命周期管理要求，作出药品上市许可持有人、药品追溯、药物警戒、药品安全信息统一公布、处罚到人等多项重大制度创新，对药品研制、注册、生产、经营、使用、上市后管理以及药品价格和广告、储备和供应、监督管理、法律责任等作出全面规定。强化动态监管，取消药品生产质量管理规范（GMP）认证和药品经营质量管理规范（GSP）认证，药品监督管理部门随时对GMP、GSP等执行情况进行检查。完善药品安全责任制度，加强事中事后监管，重典治乱，严惩重处违法行为。

《中华人民共和国药品管理法》第三条规定明确了中国药品管理的基本原则，即"药品管理应当以人民健康为中心，坚持风险管理、全程管控、社会共治的原则，建立科学、严格的监督管理制度，全面提升药品质量，保障药品的安全、有效、可及"。第六条规定，国家对药品管理实行药品上市许可持有人制度。药品上市许可持有人依法对药品研制、生产、经营、使用全过程中药品的安全性、有效性和质量可控性负责。该法还对医疗机构药事管理进行了规范，第七十二条规定，医疗机构应当坚持安全有效、经济合理的用药原则，遵循药品临床应用指导原则、临床诊疗指南和药品说明书等合理用药，对医师处方、用药医嘱的适宜性进行审核。医疗机构以外的其他药品使用单位，应当遵守本法有关医疗机构使用药品的规定。第八十八条规定，禁止药品上市许可持有人、药品生产企业、药品经营企业和医疗机构在药品购销中给予、收受回扣或者其他不正当利益。禁止药品上市许可持有人、药品生产企业、药品经营企业或者代理人以任何名义给予使用其药品的医疗机构的负责人、药品采购人员、医师、药师等有关人员财物或者其他不正当利益。禁止医疗机构的负责人、药品采购人员、医师、药师等有关人员以任何名义收受药品上市许可持有人、药品生产企业、药品经营企业或者代理人给予的财物或者其他不正当利益。

实现医药分开的管理体制，需要相应的法律制度进行保障，具体内容有以下3

个方面。

第一，基于分类管理原则，通过立法解决医疗机构补偿机制和激励机制问题。例如，在实行医药分开、切断医药之间的利益链条之后，对于公立医院等体现公益性的非营利性医疗机构，可以给予更多的政府财政补贴，同时可以对这些机构的医务人员进行更多激励。

第二，建立药品认证、审批、生产、准入和市场监管制度。我国当前相关制度规范包括《药品生产质量管理规范》《药品生产监督管理办法》《药品标准管理办法》及相关实施细则等，需要严格执行上述规范，建立规范药品零售的市场制度。同时，针对当前存在的问题对现有规范进行修订。例如，在药品监管问题上，需要进一步探讨的问题包括：如何进一步健全和完善药品不良反应报告和信息通报制度、药品标签和说明书制度，构建以许可过程为核心的全过程监管制度？在处理药品不良反应事件过程中，如何通过制度设计使得企业担负首要的且是终极性的责任？药品监管机构是否应承担第二位的监督性的补充责任，如何承担？

第三，建立药师管理制度。一是建立完善的药师培养、考核、执业制度；二是规范药师和医师之间的关系；三是建立医药领域信用分类管理制度，对药品零售企业及其药师建立相关信用信息档案、药品零售企业信用度由消费者决定，受消费者监督，对其药师采用信用分类管理制度。药品零售企业和药师需为其失信而承担相关法律责任。

三、国家药品集中采购统一管理办法

2019 年 1 月，《国务院办公厅关于印发国家组织药品集中采购和使用试点方案的通知》中提出，在北京、天津、上海、重庆、沈阳、大连、厦门、广州、深圳、成都、西安 11 个试点城市，按照《国家组织药品集中采购和使用试点方案》（以下简称《方案》）的要求，结合实际制定实施方案和配套政策。《方案》对药品的质量要求、生产企业的产能要求、各地区的预采购量都作出了明确规定，在保障药品质量的条件下实现"带量采购"。一是探索试点城市医保支付标准与采购价的协同，原则上对同一通用名下的原研药和通过一致性评价的仿制药，采用相同医保支付标准；二是推动公立医疗机构改革，允许公立医院使用中选药品形成的结余，用于医务人员薪酬支出；三是鼓励医院使用质优价廉的中选药品，加强对医院和医务人员的绩效考核和宣传培训，促进科学合理用药，保证患者用药安全。

四、药品供应保障

《中华人民共和国基本医疗卫生与健康促进法》第五章对药品供应保障作出九项规定：一是完善药品供应保障制度，包括价格发现机制和集采制度；二是实施基本药物制度，基本药物按照规定优先纳入基本医疗保险药品目录；三是建立健全以临床需求为导向的药品审评审批制度；四是建立健全药品研制、生产、流通、使用全过程追溯制度，加强药品管理，保证药品质量；五是建立健全药品价格监测体系，加强药品分类采购管理和指导；六是建立中央与地方两级医药储备，用于保障重大灾情、疫情及其他突发事件等应急需要；七是建立健全药品供求监测体系；八是加强对医疗器械的管理，完善医疗器械的标准和规范，提高医疗器械的安全有效水平；九是加强中药的保护与发展，充分体现中药特色和优势，发挥其在预防、保健、医疗、康复中的作用。

第五节 医疗保障法律制度

医疗保障是指让人人享有基本保健的制度安排，是现代国家的政府的责任。医药和医疗服务是昂贵的，国家建立第三方付费制度，一方面为患者分担大部分医药费用；另一方面通过支付激励机制，约束医师行为和实现医药机构提质增效，从而使医药服务从奢侈品转化为普通消费品。

一、多层次医疗保障体系及其结构

2020年，《中共中央 国务院关于深化医疗保障制度改革的意见》提出，着力解决医疗保障发展不均衡、不充分的问题。坚持以人民健康为中心，加快建成覆盖全民、城乡统筹、权责清晰、保障适度、可持续的多层次医疗保障体系。《"十四五"全民医疗保障规划》指出，以基本医疗保险为主体，医疗救助为托底，补充医疗保险、商业健康保险、慈善捐赠、医疗互助等共同发展的多层次医疗保障制度框架基本形成，更好满足人民群众多元化医疗保障需求。统一的城乡居民基本医疗保险和大病保险制度全面建成。基本医疗保险统筹层次稳步提高。生育保险与职工基本医疗保险合并实施。长期护理保险制度试点顺利推进。综上所述，我国多层次医疗保障体系架构如图4-6所示。

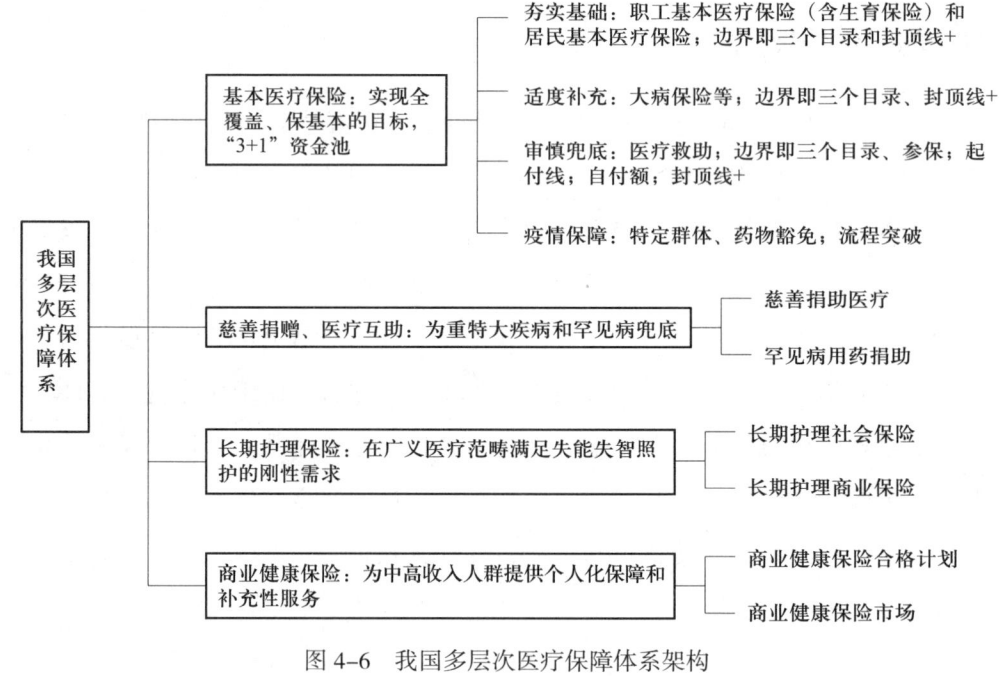

图 4-6 我国多层次医疗保障体系架构

二、《中华人民共和国社会保险法》的相关内容

2010年颁布的《中华人民共和国社会保险法》第三章规范了国家基本医疗保险制度,主要内容如下所述。

(一)覆盖对象

全体职工,包括机关、事业单位和各类企业的职工,以及个体工商户和灵活就业人员。《中华人民共和国社会保险法》第二十三条规定,职工应当参加职工基本医疗保险,由用人单位和职工按照国家规定共同缴纳基本医疗保险费。无雇工的个体工商户、未在用人单位参加职工基本医疗保险的非全日制从业人员以及其他灵活就业人员可以参加职工基本医疗保险,由个人按照国家规定缴纳基本医疗保险费。医疗保险基金属于参保人员的准公共基金,只能用于分担医疗保险费用,不能用于其他用途。根据《医疗保障基金使用监督管理条例》第二条规定,医疗保障基金还包括生育保险基金、医疗救助基金。职工大额医疗费用补助、公务员医疗补助一并管理。

(二)制度安排

根据《中华人民共和国社会保险法》第二十三条、二十四条、二十五条的规定,我国基本医疗保险包括职工基本医疗保险、城镇居民基本医疗保险、新型农村合作医疗等。与发达国家比较，我国医疗保险立法保留了职工和居民的身份特征。在2015—2018年，我国完成了城乡居民基本医疗保险的整合，形成了居民基本医疗保险。

（三）资金筹集

医疗保险基金来自个人缴费（职工个人上年度平均工资的2%、居民定额缴费约为10~40元，此后逐渐增加）、企业缴费（全部职工月平均工资基数之和的6%左右）和政府补贴（包括补贴居民缴费、机关事业单位医疗保险拨款、职工和企业缴费税前列支的税收支出）。《中华人民共和国社会保险法》第二十五条规定，国家建立和完善城镇居民基本医疗保险制度。城镇居民基本医疗保险实行个人缴费和政府补贴相结合。享受最低生活保障的人、丧失劳动能力的残疾人、低收入家庭60周岁以上的老年人和未成年人等所需个人缴费部分，由政府给予补贴。第二十七条规定，参加职工基本医疗保险的个人，达到法定退休年龄时累计缴费达到国家规定年限的，退休后不再缴纳基本医疗保险费，按照国家规定享受基本医疗保险待遇；未达到国家规定年限的，可以缴费至国家规定年限。

（四）医疗服务

根据《中华人民共和国社会保险法》第二十八条规定，符合基本医疗保险药品目录、诊疗项目、医疗服务设施标准以及急诊、抢救的医疗费用，按照国家规定从基本医疗保险基金中支付。因此，医疗保险基金的支付范围仅限于基本医疗范畴，基本医疗范围根据上述3个法定目录来确定。

根据《中华人民共和国社会保险法》第三十一条规定，社会保险经办机构根据管理服务的需要，可以与医疗机构、药品经营单位签订服务协议，规范医疗服务行为。医疗机构应当为参保人员提供合理、必要的医疗服务。这里的医疗机构包括公立医院、私营医院和基层医疗机构，他们均应根据国家有关规定和医保服务协议有关约定提供基本医疗服务，公立医院应当具有标杆作用。

（五）费用分担

《中华人民共和国社会保险法》第二十六条规定，职工基本医疗保险、新型农村合作医疗和城镇居民基本医疗保险的待遇标准按照国家规定执行。因此，在3个目录内和协议医疗机构发生的医疗费用，由各地方政府根据国务院有关规定制定和调整年度医疗费用分担比例。参保职工住院费用分担比例为70%~80%，参保居民住院费用的分担比例为30%~50%。以糖尿病和高血压病为例，门诊费用分担比例为50%。统筹地区可以按照社会平均工资的 4~6 倍设定年度支付额的封顶线。

个人付费内容包括：一是在定点医疗机构和医疗保险目录内发生的，应当由个人支付的部分；二是在非定点医疗机构和医疗保险目录外发生的医药费用全部由个人自费；三是超过统筹地区设定的年度支付封顶线的费用由个人自费。

（六）结算方法

《中华人民共和国社会保险法》第二十九条规定，参保人员医疗费用中应当由基本医疗保险基金支付的部分，由社会保险经办机构与医疗机构、药品经营单位直接结算。在直接结算的条件下，参保患者就医后不需要垫付资金和办理报销手续，实现了医疗保险基金的分担功能。本条还规定，社会保险行政部门和卫生行政部门应当建立异地就医医疗费用结算制度，方便参保人员享受基本医疗保险待遇。第三十二条规定，个人跨统筹地区就业的，其基本医疗保险关系随本人转移，缴费年限累计计算。

（七）支付方式

《医疗保障基金使用监督管理条例》第十二条规定，医疗保障经办机构应当按照服务协议的约定，及时结算和拨付医疗保障基金。目前我国医保支付方式包括项目付费、单病种付费、住院病组分值付费、康复医疗床日付费等。针对县域紧密型医疗共同体建设，正在探索"人头加权与总额预算"的付费制度，以支持家庭医师和社区医疗服务的发展。

（八）经办机构

医疗保险费用征收机构包括社会保险经办机构和地税代征机构。根据《社会保险经办条例》的规定，医疗保障经办机构（医疗保障事业管理中心）负责参保登记、查询、关系转移等公共服务，参保受益资格审查、医院和零售药店定点资格审查等政务服务，医保服务协议管理等社会管理，以及医疗保障基金管理的日常业务和医疗保障行政部门委托的其他工作。社会保险参保人员是社会保险基金的所有者、委托人和受益人，社会保险经办机构是受托人和代理人，为了确保受益人利益，受托人具有管理和处置社会保险基金的权利。

（九）服务协议

根据《社会保险经办条例》第三十三条规定，社会保险经办机构与医药机构订立服务协议的法律从授权性规范上升为命令性规范。社会保险经办机构是代表参保人员订立医疗服务协议的甲方,具有首先要约的权利,应当根据参保人员的需要筛选医疗机构和监督医务人员,建立协商对话、协议管理、支付机制、监督监控的综合治理机制。

三、医疗救助的法律制度

医疗救助是指对低收入人群的高成本医疗提供资金补助和医疗服务帮助的制度安排。其主要特征有两点:一是资金来自财政预算和社会捐助;二是针对低收入人群和短期遇到困难人群,一次性和连续性资助发生大额医疗费用的困难人群。

根据2014年2月21日颁布的《社会救助暂行办法》第五章的规定,下列人员可以申请相关医疗救助:(1)最低生活保障家庭成员;(2)特困供养人员;(3)县级以上人民政府规定的其他特殊困难人员。医疗救助采取下列方式:(1)对救助对象参加城镇居民基本医疗保险或者新型农村合作医疗的个人缴费部分,给予补贴;(2)对救助对象经基本医疗保险、大病保险和其他补充医疗保险支付后,个人及其家庭难以承担的符合规定的基本医疗自负费用,给予补助。医疗救助标准由县级以上人民政府按照经济社会发展水平和医疗救助资金情况确定、公布。申请医疗救助的,应当向乡镇人民政府、街道办事处提出,经审核、公示后,由县级人民政府医疗保障部门审批。最低生活保障家庭成员和特困供养人员的医疗救助,由县级人民政府医疗保障部门直接办理。县级以上人民政府应当建立健全医疗救助与基本医疗保险、大病保险相衔接的医疗费用结算机制,为医疗救助对象提供便捷服务。国家建立疾病应急救助制度,对需要急救但身份不明或者无力支付急救费用的急重危伤病患者给予救助。符合规定的急救费用由疾病应急救助基金支付,疾病应急救助制度应当与其他医疗保障制度相衔接。2018年以后,医疗救助基金已经纳入医疗保障基金,执行与医疗保险基金协同结算机制。

专栏 4-5 杭州市困难家庭医疗救助

救助对象:(1)持有本市有效期内"困难家庭救助证"的人员;(2)持有"国家二级及以上残疾人证"的参保人员;(3)缴纳医疗救助困难金的职工医疗保险参保人员。

救助内容和金额:年内目录内的住院费用和规定的慢性病医疗费用,个人、夫妻和家庭三口人以上的,补助金额为 2 000~4 000 元。

四、医疗互助的法律规定

医疗互助是法律支持与规范的、社会自发的，以重特大疾病和罕见病为对象的社会捐助活动的总称。医疗互助包括资金捐助、义诊等。医疗互助有序发展有助于满足人民群众多层次的医疗保障需求，甚至在医疗保险、医疗救助的基础上，帮助罕见病家庭渡过难关。

（一）罕见病相关法律制度建设

罕见病又称"孤儿病"，是指那些发病率很低、很少见的一类疾病，一般为严重的、慢性的遗传性疾病，且常常危及生命。罕见病有效管理和医疗互助兜底功能实现依赖于罕见病用药保障机制建设，是涉及医疗保障、卫生健康等多部门的复杂治理议题。当前，我国尚未对罕见病进行单独立法，但从罕见病用药保障机制建设角度，2018 年以来，我国逐步明确了罕见病目录。罕见病用药保障药品范围及认定标准和相关保障制度设计包括以下内容。

1. 中国第一批罕见病目录

为贯彻落实中共中央办公厅、国务院办公厅印发的《关于深化审评审批制度改革鼓励药品医疗器械创新的意见》，加强我国罕见病管理，提高罕见病诊疗水平，维护罕见病患者健康权益，国家卫生健康委、科技部、工业和信息化部、国家药监局、国家中医药局发布了《关于公布第一批罕见病目录的通知》，首批罕见病目录中包含了 121 个罕见病。

2. 探索建设罕见病用药保障机制

根据国家关于探索罕见病用药保障机制总体要求，部分省份和城市，如浙江省、广东省佛山市、山东省、四川省成都市等率先按照"以收定支、量力而行、循序渐进"的原则，探索建设了适应本地区经济发展水平和罕见病用药保障需求的罕见病用药保障机制或原则（包括认定标准和范围）。以浙江省为例，浙江省医疗保障局联合浙江省财政厅、浙江省卫生健康委、浙江省民政厅发布了《关于建立浙江省罕见病用药保障机制的通知》，从保障对象、统筹机制、准入机制、待遇水平、管理服务和保障措施等 6 个方面明确了本地区罕见病用药保障机制。

国家医疗保障局通过深化药品和高值医用耗材集中带量采购改革，将罕见病用药通过谈判方式纳入医保目录中，以 2023 年国家医疗保障局、人力资源社会保障部《国家基本医疗保险、工伤保险和生育保险药品目录（2023年）》为例，15种罕见病用药进入了药品目录，这将极大减轻罕见病患者的就医负担。

> **专栏4-6　脊髓性肌萎缩症（SMA）用药诺西那生钠注射液进入医保目录**
>
> 　　脊髓性肌萎缩症（SMA）是一种由于脊髓前角及延髓运动神经元变性，导致近端肢体和躯干进行性、对称性肌无力和肌萎缩的神经变性病。据估算，我国新生儿SMA患者每年新增1 200人，存量患者约3万人。随着病情的进展，肌无力可进一步导致骨骼系统、呼吸系统、消化系统及其他系统异常，其中呼吸衰竭是最常见的死亡原因。
>
> 　　治疗这种罕见病的药物诺西那生钠注射液在2021年经过谈判方式纳入药品目录。这款药品不仅能实现降价，更能够纳入医保报销范围，极大地减轻患者及其家庭的就医负担。

（二）医疗互助保险法律制度

医疗互助包括职工医疗互助、居民医疗互助、村级医疗互助、互联网平台互助等。目前医疗互助在我国缺乏国家层面立法，但有些地方进行了立法尝试。例如，2000年湖南省出台了《湖南省城镇职工大病医疗互助暂行办法》；2008年上海市实行"市民社区医疗互助帮困计划"，2021年印发了《上海市市民社区医疗互助帮困计划实施细则》；2018年无锡市出台了《关于全面推行村级医疗互助制度的实施意见》。医疗互助形式多样，需要就项目属性、资金合法性、税收政策、信息披露与监督机制作出法律规定。

当一个国家进入中等收入阶段之后，自愿捐助医疗的资金逐渐增加，甚至出现捐助者集体投资和管理基本保健服务机构的社会企业和公益医疗机构，即"医护圈基金"，成为公益医护机构的主要资金来源，这是第三次分配的主流。

五、长期护理保险的法律制度

长期护理属于广义医疗范畴，满足失能失智人员照护需求，包括长期护理社会保险和长期护理商业保险。长期护理包括一系列服务，以满足因慢性病或残疾而自我护理能力有限的成年人的需求。在我国有关长期护理保险的规范性文件中进一步明确了长期护理的定义，例如：《国家医保局办公室　民政部办公厅关于印发〈长期护理失能等级评估标准（试行）〉的通知》中，将长期护理定义为，在持续一段时间内给失能人员提供一系列基本生活照料和与之密切相关的医疗护理。长期护理保险是党中央、国务院为应对人口老龄化、健全社会保障体系作出的一项重要部署，基本原则坚持以人为本，解决失能人员长期护理保障问题。

国际社会对长期护理保险制度建设和探索经验表明，人口老龄化和财务压力下需要建构动态调整的合理缴费责任机制；现代家庭结构变动与不断增长的多样性和复杂性的长期护理需求要求长期护理保险还需要对服务供给体系和服务质量进行规制和关注。结合我国老龄化和长期护理保险市场发展实际，长期护理保险制度设计中既需要实现社会保险互济性特征下的财务可持续性，又需要培育长期护理服务供给，需要坚持机制创新，探索可持续发展的运行机制。

目前，我国的长期护理保险制度处于试点阶段，针对筹资对象，缴费责任划分、待遇水平、基金管理、失能评估等要素都处在探索建设和动态调整中，长期护理保险的法律法规体系尚待完善，在中央立法层面主要以部门规范性文件为主体，地方立法层面以地方规范性文件为主体，具体而言，包括长期护理制度试点及扩大试点的部门规范性文件及与长期护理保险落地相关的失能等级评估标准与规范保险公司参与的部门规范性文件等。我国长期护理保险中央层面立法情况（2016—2021年）详见表4-1。

表4-1　　我国长期护理保险中央层面立法情况（2016—2021年）

项目	文件名称	发文部门	文件号
制度试点	《人力资源社会保障部办公厅关于开展长期护理保险制度试点的指导意见》	人力资源社会保障部	人社厅发〔2016〕80号
制度试点	《国家医保局 财政部关于扩大长期护理保险制度试点的指导意见》	国家医保局；财政部	医保发〔2020〕37号
配套政策	《国家医保局办公室 民政部办公厅关于印发〈长期护理失能等级评估标准（试行）〉的通知》	国家医保局；民政部	医保办发〔2021〕37号
配套政策	《中国银保监会办公厅关于规范保险公司参与长期护理保险制度试点服务的通知》	中国银保监会	银保监办发〔2021〕65号

各试点城市均出台或调整实施方案，从制度覆盖面、筹资来源、筹资责任分担、失能评估鉴定、待遇给付和基金管理原则等多方面开展了探索。

六、发挥商业健康保险补充作用的法律制度

商业健康保险对于满足群众多样化和个性化健康需求发挥着重要补充作用，包括：

对医疗保险的补充,即小补充;疾病保险、意外伤害保险、伤残保险等更大范围的补充,即健康保险;为中高收入人群提供的个性化保障和补充性服务,包括商业健康保险合格计划和商业健康保险市场。现有保障促进商业健康保险补充作用的主要法律制度如下。

(一)行政法规

2014年出台的《国务院办公厅关于加快发展商业健康保险的若干意见》中,明确了我国发展商业健康保险的基本原则,要求扩大商业健康保险供给,推动完善医疗保障服务体系,提升管理和服务水平,并提出了完善发展商业健康保险的具体方向及支持政策。

(二)税优政策

2017年财政部、国家税务总局和保监会发布了《关于将商业健康保险个人所得税试点政策推广到全国范围实施的通知》,要求自2017年7月1日起,将商业健康保险个人所得税试点政策推广到全国范围实施。该通知指出,对个人购买符合规定的商业健康保险产品的支出,允许在当年(月)计算应纳税所得额时予以税前扣除,扣除限额为2 400元/年(200元/月)。单位统一为员工购买符合规定的商业健康保险产品的支出,应分别计入员工个人工资薪金,视同个人购买,按上述限额予以扣除。2 400元/年(200元/月)的限额扣除为个人所得税法规定减除费用标准之外的扣除。在"关于商业健康保险产品的规范和条件"中明确规定,符合规定的商业健康保险产品,是指保险公司参照个人税收优惠型健康保险产品指引框架及示范条款开发的、符合条件的健康保险产品。该规范还明确了适用对象、税收征管、部门协作等。

(三)地方立法

围绕商业健康保险的立法尝试主要体现为地方规范性文件,具体包括:激活个人医保账户的地方创制性立法,如苏州市、大连市、重庆市、惠州市、苏州市、柳州市等就此发布了相关地方规范性文件;响应《国务院办公厅关于加快发展商业健康保险的若干意见》及国家实行商业健康保险个人所得税试点工作等中央层面发展商业健康保险的号召,一些地方出台了加快发展商业保险的地方实施意见。也有地方或统筹地区在促进医疗保险和商业健康保险融合发展方面出台地方规范性文件,例如,2021年南宁市医疗保障局与南宁市金融办发布了《关于促进我市基本医疗保险与商业健康保险融合发展进一步完善多层次医疗保障体系的指导意见》。

发挥商业健康保险补充作用的立法规范主要包括4个方面：一是鼓励商业保险产品创新，发展以患者为中心的全生命周期、全链条的综合性健康保险产品和服务，支持保险公司、中医药机构合作开展健康管理服务，开发中医治未病等保险产品，鼓励将医疗新技术、新药品、新器械应用纳入商业健康保险保障范围，更加注重发挥商业医疗保险的作用，引导保险公司创新完善保障内容，提高保障水平和服务能力；二是加强基本医疗保险与商业保险合作，鼓励商业保险公司等社会力量参与医保经办管理服务，引入社会力量参与长期护理保险经办服务，鼓励商业保险公司开发商业长期护理保险产品；三是完善支持政策，支持商业保险公司开发与基本医疗保险相衔接的商业健康保险产品，更好覆盖基本医疗保险不予支付的费用，满足人民群众多样化保障需求，按规定探索推进国家医疗保障信息平台与商业健康保险信息平台信息共享；四是落实行业监管部门责任，加强市场行为监管，突出商业健康保险产品设计、销售、赔付等关键环节监管，强化银保监会发挥商业保险在健康保障领域的作用，建立定期沟通协调机制，开展规范网络互助监管研究，满足人民群众多层次保障需求。

深度阅读

杨燕绥. 医疗保险［M］. 北京：人民卫生出版社，2023.

本书从就医风险和全球共识处罚角度，理解国家和政府提供医疗保障的责任及其可及性、安全性、可支付的三角价值链，全面综述了中国医疗保障制度体系，并基于闭环管理原则提出了医疗保障综合治理的风箱效应理论。

本章小结

1. 健康是指身心、道德与社会的良好状态。健康风险是指病毒、疾病、污染、遗传和不健康的生活习惯等对健康的损害及其经济损失。2005年1月，世界卫生组织执行委员会在115次全会提出了公民健康促进的定义，即在一个可支付的水平上，人人可以获得预防、治疗和康复的基本保健干预措施。这将健康促进和基本保健提到公民福利和国家义务的高度。

2.《中华人民共和国基本医疗卫生和健康促进法》遵照公益性、公平性、效率性和可持续性相结合的原则，注重基本保健方便可及、安全、买得起的三角价值链，构建优质高效的国家卫生医护体系，以结束医院单体发展、居民重复就医的局面。

3. 紧密型医疗共同体对社区公共卫生服务中心和诊所实行"院办院管"和全专融合，具备了公共卫生、举办保健和健康促进的三大功能，由此构建一个具有"一防，即社区和居民主动预防；二控，即紧密型医疗集团控制感染；三救治，即城市中心医院接治确诊重症患者"的公共卫生、应急管理和医护体系。

4. 药品供给是健康保障制度安排的组成部分，包括根据保障范围和目标形成药品供给目录，规范药品支出占卫生支出的比例，规范药品定价机制，以保护患者的利益。

5. 医疗保障是指让人人享有基本保健的制度安排，是现代国家和政府的责任。医药和医护服务是昂贵的，国家建立第三方付费制度的目的：一方面为患者分担大部分医药费用；另一方面通过支付激励机制，约束医师行为和实现医药机构提质增效，从而使医药服务从奢侈品转化为普通消费品。

重要概念

就医风险　国家责任　医疗保障　综合治理

思考题

1. 根据《中共中央 国务院关于深化医疗保障制度改革的意见》提出的"坚持系统集成、协同高效，增强医保、医疗、医药联动改革的整体性、系统性、协同性，保障群众获得高质量、有效率、能负担的医药服务"和"建立管用高效的医保支付机制"的要求，需要建立怎样的医疗保险支付机制和医疗保障综合治理机制可以实现这个目标？

2. 到2030年如何全面建成以基本医疗保险为主体，医疗救助为托底，补充医疗保险、商业健康保险、慈善捐赠、医疗互助共同发展的医疗保障制度体系？

第五章
职业安全保障法

教学目标：了解职业风险的界定，以及就业促进、劳动报酬、劳动契约、劳动安全、工伤保险和失业保险的制度安排；熟悉我国相关法律制度的主要内容；掌握本领域的发展趋势。

本章主要内容：
- 职业风险和保障目标
- 就业促进法律制度
- 劳动报酬法律制度
- 劳动契约法律制度
- 劳动安全法律制度
- 工伤保险法律制度
- 失业保险法律制度

第一节 职业风险和保障目标

职业是指基于一定职业选择和具有资质的就业。就业是有经济收入的劳动，职业是更加人性化的劳动。职业包括体力性职业，如矿工、搬运工等；技术性职业，如技术员、会计、教师等；智能性职业，如研发人员、风险投资人员、高级管理人员等。1990年联合国开发计划署（UNDP）在《人类发展报告》中提出了人类发展指数（HDI）的概念，用以衡量各成员国经济和社会综合发展水平，包括预期寿命、教育水平和生活质量三项指标，后两项指标均与职业保障密切相关。2018年人类发展指数最高的国家是挪威（0.954），发展中国家平均为0.686。我国分别在1978年、2006年和2015年批准参与国际劳工组织的《残疾人职业康复和就业公约》（第159号）、《消除就业和职业歧视公约》

（第 111 号）和《职业安全和卫生及工作环境公约》（第 115 号）三大重要职业保障国际公约。

一、职业风险

职业风险是指由于教育、机会、健康和政策等原因，对公民实现职业选择和职业生涯计划而构成的损害。例如，大学生的职业选择可能因教育质量差、所学专业濒临淘汰、专业不适应个人发展或个人自学能力相对薄弱而遇到障碍；农民工进城就业可能因为信息不对称、缺少技能而遭到就业歧视，被排斥在职业安全保障之外，遇到就业机会风险、收入风险和安全风险等。

职业风险主要有四点：一是教育风险，这源于教育机会、内容、方法和质量，直接影响劳动者谋求职业和选择职业的能力；二是机会风险，这来自经济发展状况、人口结构和劳动力市场供求关系，劳动力自身折旧（年老）和折损（疾病和意外伤害）属于不可抗力的风险；三是健康风险，这源于工作地污染、工作地不安全、工作环境侵害等原因，通过个人努力避免健康风险的概率是存在的，但比较小；四是政策风险，这源于促进就业政策和职业保障相关法律的缺位，即政府责任的缺位。职业风险危及个人和家庭的基本生活，危及国家经济社会的稳定持续发展，属于社会问题和宏观经济的组成部分。

国家要针对上述问题制定和实施职业保障相关法律，采取有效措施实现公民职业保障和促进就业。

二、职业安全保障

职业安全是指公民就业、劳动收入和工作地的安全状态。职业安全保障是指国家抵御公民职业风险，在保障公民实现就业权和择业等方面的制度安排和服务体系。职业安全保障比就业保障更加以人为本，不仅实现公民就业权，还要进一步实现公民择业权。

《中华人民共和国宪法》第四十二条规定，中华人民共和国公民有劳动的权利和义务。促进公民就业和帮助公民实现职业规划，是国家义务、政府责任和公民权利。公民劳动权利的主要内容包括：平等就业和选择职业的权利、取得劳动报酬的权利、休息休假的权利、获得劳动安全卫生保护的权利、接受职业技能培训的权利、享受社会保险和福利的权利、提请劳动争议处理的权利以及法律规定的其他劳动权利。公民劳动义务的主要内容包括：完成劳动任务；提高职业技能；执行劳动安全卫生规程；遵守劳动纪律和职业道德。

用人单位应当依法建立和完善规章制度，保障劳动者享有劳动权利和履行劳动义务。

公民就业权的基本原则包括3个方面：（1）就业机会均等。一切具有劳动能力和就业愿望的人，不分民族、种族、性别、宗教信仰、家庭、出身、财产状况和是不是工会会员，均享有平等就业权利和择业自由。就业机会均等是针对就业歧视的现实而提出来的。当前国际劳动力市场的壁垒是十分坚固的，为实现就业机会均等、抵制各种类型的就业歧视成为就业法的主要内容。国际劳工组织《消除就业和职业歧视公约》规定了禁止就业歧视的原则。就业歧视是劳动力市场失灵的表现，需要政府介入并加以协调。政府的协调措施之一是制定优惠政策，帮助就业能力先天不足的人实现就业。为此，国际劳工组织颁布了《残疾人职业康复和就业公约》，很多国家的就业法规定了雇用残疾人、伤残和退役军人、妇女和老年劳动者的减免税政策。（2）提高就业技能。根据《中华人民共和国宪法》第四十二条规定，国家通过各种途径，创造劳动就业条件，加强劳动保护，改善劳动条件，并在发展生产的基础上，提高劳动报酬和福利待遇。（3）保护劳动者健康。《中华人民共和国宪法》第四十五条规定，中华人民共和国公民在年老、疾病或者丧失劳动能力的情况下，有从国家和社会获得物质帮助的权利。国家发展为公民享受这些权利所需要的社会保险、社会救济和医疗卫生事业。

为实现公民充分就业和择业自由、改善民生、保障经济平稳较快发展的目标，国家建立就业促进、职业培训、劳动契约、工作安全、工伤保险和失业保险等公民职业保障体系（见图5-1），这是一项综合性的社会工程，需要国家、组织和劳动者的共同努力。

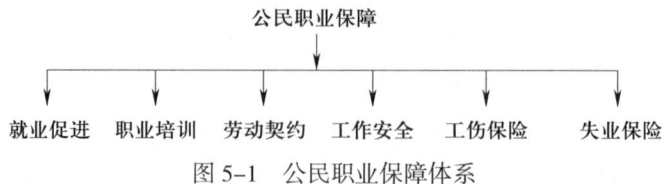

图5-1　公民职业保障体系

第二节　就业促进法律制度

就业促进是指国家和劳动者共同努力，以实现充分就业的公共政策。就业促进法律制度伴随社会进步逐渐成熟并形成体系。

就业促进法律制度是调整就业促进领域发生的社会关系的法律规范的总称，意义在于增加公民就业和职业选择的机会，并规范政府、社会组织、用人单位和劳动者在促进就业、保护公民就业权和择业权等方面的权利和义务关系。

就业促进法律制度的主要特征有两点：一是以实现公民充分就业和择业自由为目标；二是体现国家义务和政府责任，以及社会组织（如职业教育、就业服务机构）、用人单位的社会责任，以及劳动者和家庭的参与责任。要基于国家、组织和个人三者的积极性，构建国家促进就业和发展职业保障的社会环境和社会文化。

一、《中华人民共和国就业促进法》的主要内容

2007年8月30日第十届全国人大常委会第二十九次会议通过并颁布了《中华人民共和国就业促进法》，并于2015年修正。

（一）就业纳入国家宏观经济发展规划

《中华人民共和国就业促进法》规定，县级以上人民政府要把扩大就业作为经济和社会发展的重要目标，纳入国民经济和社会发展规划，并制定促进就业的中长期规划和年度工作计划。第一，国家将加大资金投入，改善就业环境，扩大就业。县级以上人民政府应当根据就业状况和就业工作目标，在财政预算中安排就业专项资金用于促进就业工作。就业专项资金用于职业介绍、职业培训、公益性岗位、职业技能鉴定、特定就业政策和社会保险等补贴，小额贷款担保基金和微利项目的小额担保贷款贴息，以及扶持公共就业服务等。第二，政府在安排政府投资和确定重大建设项目时，应当考虑带动就业。第三，鼓励各类企业在法律法规规定的范围内，通过兴办产业或拓展经营和就业渠道，增加就业岗位，对聘用残疾人和失业人员的以及经济危机中不裁员的，国家给予税收优惠。第四，引导国民改变就业观念，主动学习、自主创业和灵活就业，国家实行有利于促进就业的金融政策，增加中小企业的融资渠道，鼓励金融机构改进金融服务，加大对中小企业的信贷支持，并对自主创业人员在一定期限内给予小额信贷等扶持。

（二）公平就业

政府创造公平就业的环境，消除就业歧视，制定政策并采取措施对就业困难人员给予扶持和援助。对用人单位要求如下：

（1）用人单位招用人员、职业中介机构从事职业中介活动，应当向劳动者提供平等

的就业机会和公平的就业条件，不得因民族、身份和年龄进行歧视。

（2）用人单位招用人员，除国家规定的不适合妇女的工种或者岗位外，不得以性别为由拒绝录用妇女或者提高对妇女的录用标准，不得在劳动合同中规定限制女职工结婚、生育的内容。

（3）用人单位招用人员，应当依法对少数民族劳动者、残疾人给予适当照顾，不得歧视，不得以是传染病病源携带者为由拒绝录用。法律另有规定的除外。

（4）农村劳动者进城就业享有与城镇劳动者平等的劳动权利。

（三）就业服务和管理

国家培育和完善统一开放、竞争有序的人力资源市场，为劳动者就业提供服务。具体措施如下：

（1）县级以上人民政府鼓励社会各方面依法开展就业服务活动，加强对公共就业服务和职业中介服务的指导和监督，逐步完善覆盖城乡的就业服务体系。

（2）县级以上人民政府加强人力资源市场信息网络及相关设施建设，建立健全人力资源市场信息服务体系，完善市场信息发布制度。

（3）县级以上人民政府建立健全公共就业服务体系，设立公共就业服务机构，为劳动者免费提供就业政策法规咨询、职业供求信息、市场工资指导价位信息发布、职业指导和职业介绍，对就业困难人员实施就业援助，办理就业登记、失业登记等事务，以及其他公共就业服务。

（4）国家建立劳动力调查统计制度和就业登记、失业登记制度，开展劳动力资源和就业、失业状况调查统计，并公布调查统计结果。

（5）鼓励社会组织参与公益性就业服务并给予补贴；鼓励社会各界为公益性就业服务提供捐赠、资助。

（6）职业中介机构应当依法取得行政许可、办理登记并依法经营，必须有明确的章程和管理制度，有开展业务必备的固定场所、办公设施和一定数额开办资金，有一定数量具备相应职业资格的专职工作人员等。

（7）县级以上人民政府建立失业预警制度，对可能出现的较大规模的失业，实施预防、调节和控制。

（8）建立健全就业援助制度，采取税费减免、贷款贴息、社会保险补贴、岗位补贴等办法，通过公益性岗位安置等途径，对就业困难人员实行优先扶持和重点帮助。法定劳动年龄内的家庭人员均处于失业状况的城市居民家庭，可以向住所地街道、社区公就业服务机构申请就业援助。街道、社区公共就业服务机构经确认属实的，应当为该家庭中至少一人提供适当的就业岗位。

二、《中华人民共和国职业教育法》的主要内容

职业教育是指传授职业知识、培养职业技能、进行职业指导，全面提高受教育者职业素质的教育。

《中华人民共和国宪法》第四十二条规定，国家对就业前的公民进行必要的劳动就业训练。1996年5月，第八届全国人民代表大会第十九次会议通过了《中华人民共和国职业教育法》，2022年4月第十三届全国人大常委会第三十四次会议修订，修订后的《中华人民共和国职业教育法》共8章69条。本法所称职业教育，是指为了培养高素质技术技能人才，使受教育者具备从事某种职业或者实现职业发展所需要的职业道德、科学文化与专业知识、技术技能等职业综合素质和行动能力而实施的教育，包括职业学校教育和职业培训。本法第三条明确规定，职业教育是与普通教育具有同等重要地位的教育类型，是国民教育体系和人力资源开发的重要组成部分，是培养多样化人才、传承技术技能、促进就业创业的重要途径。第六条规定，职业教育实行政府统筹、分级管理、地方为主、行业指导、校企合作、社会参与。第九条强调，国家鼓励发展多种层次和形式的职业教育，推进多元办学，支持社会力量广泛、平等参与职业教育。国家发挥企业的重要办学主体作用，推动企业深度参与职业教育，鼓励企业举办高质量职业教育。2022年，北京市《关于推动职业教育高质量发展的实施方案》中，将高等职业学校毕业生纳入公务员招考范围，将政府工作视为职业，去官本位文化，凸显了职业教育的广阔前景。

《中华人民共和国就业促进法》的相应措施包括3个方面：一是国家根据经济社会发展和市场需求，制订并实施职业能力开发计划。二是加强统筹协调，鼓励和支持各类职业院校、职业技能培训机构和用人单位依法开展就业前培训、在职培训、再就业培训和创业培训；鼓励劳动者（特别是失业人员和农民工）参加各种形式的培训；有关部门根据市场需求和产业发展方向，鼓励、指导企业加强职业教育和培训；职业院校、职业技能培训机构与企业应当密切联系，实行产教结合，为经济建设服务，培养实用人才和熟练劳动者；企业应当按照国家有关规定提取职工教育经费，对劳动者进行职业技能培训和继续教育培训，对于成绩突出的给予奖励。三是建立健全劳动预备制度，县级以上地方人民政府对有就业要求的初高中毕业生实行一定期限的职业教育和培训，使其取得

相应的职业资格或者掌握一定的职业技能；对从事涉及公共安全、人身健康、生命财产安全等特殊工种的劳动者，实行职业资格证书制度。

三、国外就业促进法律制度

《马斯特里赫特条约》将就业与经济社会发展规划融为一体。1991年欧共体成员国在荷兰边界小城马斯特里赫特市召开会议，通过了《马斯特里赫特条约》，也称《欧洲联盟条约》，它为欧共体建立政治联盟和经济与货币联盟确立了目标和步骤，是欧洲联盟成立的基础。《欧洲联盟条约》第四章是社会政策，第一次将促进就业政策与欧盟社会经济发展规划融为一体，具体检验指标包括促进就业的公共预算、促进就业的公共政策和促进就业的公共项目。

21世纪人类社会生产力已经发展到可以评价公共项目和将社会政策结成网络的阶段，积极就业政策的内涵开始向纵深发展，不再限于公共预算和公共项目，而是一项系统性社会工程。各国促进就业政策由公共预算、产业结构调整、职业培训、劳动力市场信息共享、求职服务、企业责任、失业保险等一系列社会政策组成。具体检验指标包括：第一，产业结构调整结果，服务业是否达到60%以上；第二，促进就业的公共预算和政府责任；第三，国民教育参与率和劳动者职业教育参与率；第四，劳动力市场信息分享程度；第五，就业服务的数量和质量。

澳大利亚是经济合作与发展组织国家中的公共服务和促进就业融为一体的标杆，基于"建立高效率和具有创造力的公共服务体系，以整合澳洲经济和社会"的目标，对在政府、公共组织和私用组织工作的管理人员、技术人员和体力劳动者，实施一致化的人力资源政策网络。

专栏 5-1 澳大利亚人力资源政策网络

就业前培训：颁发就业培训一级证书，即为新生劳动力提供的一般就业知识的培训，由联邦政府按照每人230澳元的标准提供资金，由州政府组织实施。

初次上岗培训：颁发就业培训二级证书，即为新职工提供初级劳动技能的培训，由政府提供50%资金，其余费用由企业承担，由州政府组织实施。

就业促进培训：颁发就业培训三级证书，可能是对在职职工更换岗位提供的培训，也可能是对失业工人提供的再就业培训，其资金来源酌情而定，由州政府组织实施。

> 一线工作领班培训：由州政府组织实施，用时6个月（全脱产）到18个月（不脱产），可以由正规院校提供培训，颁发商业培训四级证书。具有四级以上培训经历的人均可以担任人力资源管理工作。根据州政府的技术和继续教育（technical and further education，TAFE）项目要求，获得商业培训四级结业证书的人应当学习下列课程：掌握人力资源（HR）的政策和管理的有关文件、人力资源调配、对职工的绩效进行评价、招聘职工的知识和技巧、协调劳动关系的技巧、分析问题和陈述问题、运用商业关系网络的技能。
>
> 初级管理者培训：要用时6个月（全脱产）到18个月（不脱产），可以由正规院校提供培训，颁发（一级管理）商业毕业证书，是一种学历证书。根据州政府的TAFE项目要求，获得该证书者需要在商业培训四级结业基础上再增加7门课程，即劳动法律知识、劳动合同知识、人力资源咨询服务（含薪酬）、企业管理常识、绩效管理、劳动力市场研究、差异分析。
>
> 高级管理者培训：要经过12个月（240课时，不脱产）的学习，可以由正规院校提供培训，颁发（二级管理）高级商业毕业证书，是一种学历证书，同时也可以颁发人力资源管理的学位证书（非项目要求）。根据州政府的TAFE项目要求，获得该证书者需要在（一级管理）商业毕业证书基础上再增加5门课程，即组织管理、改革管理、人力资源战略计划、组织设计与发展、劳动关系，以及从以下课程中选择2门：战略管理、创新与提高管理、项目管理、组织风险管理、商业情报管理等。获得该证书者可以担任较高级别的管理工作和高级战略策划经理。

澳大利亚推行统一的职业资格标准、评估指导和资格认证制度。澳大利亚联邦政府出资建立了由行业代表参加的职业能力认证与开发的顾问委员会和评估中心，该中心在职业资格评估与资格认证方面发挥了重要作用，其权威性正在被越来越多的企业所认可。

第三节　劳动报酬法律制度

劳动报酬是指对劳动者提供劳动的回报，早期属于民法范畴，近代属于劳动法的重要内容。劳动报酬法律制度是调整劳动报酬领域社会关系的法律规范的总称，包括最低工资标准法和薪酬支付保障法。

一、薪酬的基本原理

薪酬是指按照劳动要素实施的全面补偿，薪酬比劳动报酬的内涵和外延更加完整和规范，不仅包括当期支付的工资，也包括未来雇主应当支付的养老金。薪酬仍然坚持按劳分配原则，但是对"劳"的定义方法、定量方法和补偿方法均在不断进步。劳动的定义包括按照小时计量的体力劳动、按照技术级别计量的技能劳动、按照管理水平和研发能力计量的智能劳动等。劳动要素包括劳动者付出的劳动时间、岗位元素、劳动绩效等。全面补偿包括对劳动者贡献的当期补偿和社会风险的延期补偿，由此形成一揽子薪酬计划，其结构和内容如图5-2所示。薪酬定义覆盖了工资定义，二者并非替代关系，这是信息时代的生产工具和生产方式决定的生产关系的具体表现。

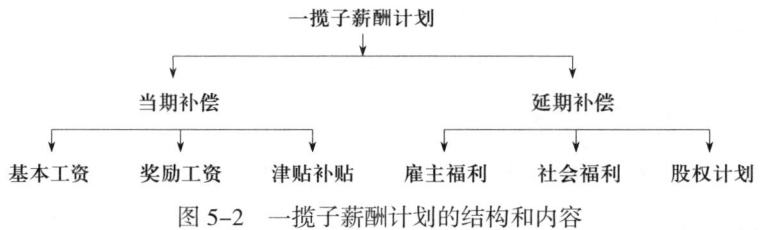

图 5-2　一揽子薪酬计划的结构和内容

当期补偿也称工资，是指在12个月内支付的薪酬。工资包括基本工资、奖励工资和津贴补贴，由此构成工资总额，用以保障劳动者及其家庭日常的基本生活和劳动力再生产。其中，基本工资是指对劳动者按照劳动合同约定，完成劳动任务支付的补偿；奖励工资是指对劳动者超额完成劳动合同约定，做出特别贡献的奖励性工资；津贴补贴是指对差异性劳动条件的补偿，包括地区补贴、有毒有害岗位津贴等，是对劳动者人权保障的表现。因为劳动者均有在同等条件下劳动的权利，由于客观上无法完全实现同等劳动条件，因而建立津贴补贴制度作为补偿。

延期补偿包括两种制度安排：一是福利，是指在12个月以后支付的薪酬。福利包括雇主福利（也称员工福利、单位福利）和社会福利（也称法定福利、国家福利），覆盖职工生育、疾病、工伤、失业和养老等风险，用以保障劳动者及其家庭抵御社会风险和基本生活安全，免除其后顾之忧。二是股权，是指劳动者基于劳动关系而享有企业股份、股票和股值的制度安排，因不属于社会保障范畴，这里不做阐述。

二、最低工资法律制度

最低工资是指劳动者在提供劳动后，用人单位按法定最低标准支付的薪酬。最低工资可以是劳动标准，也可以是最低工资总额。一般情况下，体力劳动以劳动时间计量，最低工资标准按照小时制定，如每小时10元人民币。最低工资法律制度是保护体力劳动者和低技能劳动者的法律工具。在法定工作范围内和加班工作时间内，均应当执行最低工资标准。

（一）我国最低工资的法律规定

我国实行了最低工资制度，具体标准由省级地方政府依据国家法律和当地社会经济发展水平作出规定和进行调整。我国除港澳台之外的31个省份最低工资标准情况见表5-1。

《中华人民共和国劳动法》第四十八条规定，国家实行最低工资保障制度。最低工资的具体标准由省、自治区、直辖市人民政府规定，报国务院备案。用人单位支付劳动者的工资不得低于当地最低工资标准。第四十九条规定，确定和调整最低工资标准应当综合参考下列因素：（1）劳动者本人及平均赡养人口的最低生活费用；（2）社会平均工资水平；（3）劳动生产率；（4）就业状况；（5）地区之间经济发展水平的差异。

表5-1　　　　　　　我国除港澳台之外的31个省份最低工资标准情况

省份	月最低工资标准/元				小时最低工资标准/元			
	第一档	第二档	第三档	第四档	第一档	第二档	第三档	第四档
北京市	2 320				25.3			
天津市	2 180				22.6			
河北省	1 900	1 790	1 680	1 580	19	18	17	16
山西省	1 880	1 760	1 630		19.8	18.5	17.2	
内蒙古自治区	1 980	1 910	1 850		20.8	20.1	19.5	
辽宁省	1 910	1 710	1 580	1 420	19.2	17.2	15.9	14.3
吉林省	1 880	1 760	1 640	1 540	19	18	17	16
黑龙江省	1 860	1 610	1 450		18	14	13	
上海市	2 590				23			
江苏省	2 280	2 070	1 840		22	20	18	
浙江省	2 280	2 070	1 840		22	20	18	

续表

省份	月最低工资标准/元				小时最低工资标准/元			
	第一档	第二档	第三档	第四档	第一档	第二档	第三档	第四档
安徽省	1 650	1 500	1 430	1 340	20	18	17	16
福建省	1 800	1 720	1 570	1 420	18.5	18	16.5	15
江西省	1 850	1 730	1 610		18.5	17.3	16.1	
山东省	2 100	1 900	1 700		21	19	17	
河南省	2 000	1 800	1 600		19.6	17.6	15.6	
湖北省	2 010	1 800	1 650	1 520	19.5	18	16.5	15
湖南省	1 700	1 540	1 380	1 220	17	15	13.5	12.5
广东省	2 300	1 900	1 720	1 620	22.2	18.1	17	16.1
广西壮族自治区	1 810	1 580	1 430		17.5	15.3	14	
海南省	1 830	1 730	1 680		16.3	15.4	14.9	
重庆市	1 800	1 700			18	17		
四川省	1 780	1 650	1 550		18.7	17.4	16.3	
贵州省	1 790	1 670	1 570		18.6	17.5	16.5	
云南省	1 670	1 500	1 350		15	14	13	
西藏自治区	1 850				18			
陕西省	1 950	1 850	1 750		19	18	17	
甘肃省	1 820	1 770	1 720	1 670	19	18.4	17.9	17.4
青海省	1 700				15.2			
宁夏回族自治区	1 950	1 840	1 750		18	17	16	
新疆维吾尔自治区	1 900	1 700	1 620	1 540	19	17	16.2	15.4

注：数据时间截至2022年1月1日。
资料来源：中华人民共和国人力资源和社会保障部网站。

2004年，劳动和社会保障部颁布了《最低工资规定》，自2004年3月1日起施行。《最低工资规定》第三条指出，本规定所称最低工资标准，是指劳动者在法定工作时间或依法签订的劳动合同约定的工作时间内提供了正常劳动的前提下，用人单位依法应支付的最低劳动报酬。第五条规定，最低工资标准一般采取月最低工资标准和小时最低工资标准的形式。月最低工资标准适用于全日制就业劳动者,小时最低工资标准适用于非全日制就业劳动者。

专栏 5-2 最低工资标准测算方法

一、确定最低工资应考虑的因素

确定最低工资标准一般考虑城镇居民生活费用支出、职工个人缴纳社会保险费、住房公积金、职工平均工资、失业率、经济发展水平等因素。可用公式表示为:

$$M=f(C、S、A、U、E、a)$$

注:M 为最低工资标准;C 为城镇居民人均生活费用;S 为职工个人缴纳社会保险费、住房公积金;A 为职工平均工资;U 为失业率;E 为经济发展水平;a 为调整因素。

二、确定最低工资标准的通用方法

(1)比重法。比重法是指根据城镇居民家计调查资料,确定一定比例的最低人均收入户为贫困户,统计出贫困户的人均生活费用支出水平,乘以每一就业者的赡养系数,再加上一个调整数。

(2)恩格尔系数法。恩格尔系数法是指根据国家营养学会提供的年度标准食物谱及标准食物摄取量,结合标准食物的市场价格,计算出最低食物支出标准,除以恩格尔系数,得出最低生活费用标准,再乘以就业者的赡养系数,再加上一个调整数。

(二)国外最低工资法律规定

19世纪末,资本的垄断形成卖方市场,工人工资下降,劳资冲突愈演愈烈。一些资本主义国家开始制定最低工资标准,逐渐发展成为最低工资保障制度。最早建立最低工资标准的国家是新西兰(1894年)和澳大利亚(1896年),实施范围主要限于劳动强度大、工作环境恶劣的行业以及低工资行业。美国于1913年开始实施最低工资标准,其适用范围仅限于女工和童工。1924年,英国颁布了《农业工资法》,为农业工人建立了最低工资标准。美国于1938年颁布了《公平劳动基准法》,将最低工资保障范围扩大到全部劳动者。1944年,国际劳工组织通过的《费城宣言》中提出,以工资收入、劳动时间和其他劳动条件的政策,来保障对所有人公平分配进步成果。20世纪80年代以来,资本主义国家经济增长乏力,各国对最低工资采取了审慎态度,调整频度和增长幅度缩小,甚至出现了取消最低工资的呼声。以美国为例,从1938年至1981年共上调16次最低工资,平均每2.7年一次;从1981年至1993年,只上调3次最低工资,平均每4年一次,可见频度减低。

1970年国际劳工组织颁布了《确定最低工资公约》和《确定最低工资建议书》，明确提出在确定最低工资时应考虑以下因素：工人及其家庭的需要；社会总工资水平；生活费用及其变动情况；社会保障津贴；其他社会阶层的相应生产标准；经济方面的因素，包括经济发展需要、生产率水平、实现并保持高就业率的愿望等。世界上多数国家在确定最低工资时，除了考虑上述因素外，还要考虑雇主的支付能力。

三、社会平均工资法律制度

社会平均工资也称人均工资，是指在一定时期内的在职工人均工资额，是表明一定时期内职工工资水平的主要指标。社会平均工资具有宏观、中观和微观的经济功能和社会功能。首先，全国范围的社会平均工资属于宏观数据，可以显示劳动报酬在国内生产总值（GDP）中的比例和国家财富的分配状况，显示居民消费能力与社会生产能力的关系，进行行业、地区的薪酬水平比较；其次，行业平均工资属于中观数据，可以比较不同行业之间的工资水平，特别是公共部门和私营部门，具有社会管理功能；最后，企业平均工资属于微观数据，不同企业之间的平均工资比较，可以验证企业薪酬水平和人力资源竞争力，影响企业的劳务成本。

专栏 5-3　法国 2021 年每小时平均工资与 2019 年平均全职等效月薪工资[①]

法国国家统计与经济研究所（INSEE）公布了 2021 年法国国民收入的相关调查数据，数据显示，2021 年最低跨专业增长工资的每小时总金额为 10.31 欧元，该指标自 1990 年以来，增长了 130%，大约是物价涨幅的两倍。

2019 年，法国平均全职等效工资月薪（EQTP，全年转换为全职工作工资）按不同收入群体如下：（1）私营部门的平均全职等效工资月薪为 2 420 欧元，扣除缴款和社会保障缴款。以固定欧元计算，即经通货膨胀修正后，自 2014 年以来平均每年增长 0.8%。在规模末端，1/10 的私营部门雇员每月收入不到 1 320 欧元，1/10 的雇员超过 3 840 欧元。女性的工资平均比男性低 16.0%。（2）公共部门就业/公职人员（依照公法聘用的受行政法约束）的平均全职等效工资月薪为 2 320 欧元。自 2014 年以来，按固定欧元计算，工资平均每年增长 0.2%。（3）不包括农业，传统个体经营者（不包括微型企业家）平均每月从个体经营活动中赚取 3 830 欧元。

[①] https://www.insee.fr/fr/outil-interactif/5367857/tableau/50_MTS/53_SRA，查询日期：2022-6-14.

规范社会平均工资的统计和公布是政府的责任，具体统计和公布机构可以是非政府组织，统计周期包括年、半年、季度、月、日和小时。企业会计准则应当规范社会平均工资的统计口径。实践中的统计口径包括：某一地区或国家一定时期内（通常为一年）全部职工工资总额除以这一时期内在职职工人数后所得的平均工资值；全职职工工资或者某行业职工工资的中位数；不同档次职工工资的平均值。

第四节　劳动契约法律制度

劳动契约是指在劳动力市场中协调劳动关系的各类契约，属于软法范畴。这类契约主要包括劳动合同（形成劳动关系的法律事实）、集体协议（劳动关系法律和劳动标准的延伸）和社会公约（社会不同利益相关人之间就共同问题达成协议）。劳动契约法律制度的意义在于：通过对话、协商和谈判，制定协调个体劳动关系和集体劳动关系的社会公约，由此形成规范劳动关系和职业关系的软法，有利于协调各方的利害关系；执行成本低，进一步保护劳动者的合法权利，如实现工资保障、抵制不公正辞退等。

一、劳动合同法律制度

劳动合同是指雇主和雇员之间建立劳动关系的法律事实，是明确各自权利和义务的合意，包括书面合同和基于口头合同形成的事实合同。劳动合同的主要内容包括：

（1）主体涉及用人单位和劳动者，以及用人单位组织（雇主协会）和劳动者组织（工会）。劳动合同主体具有不可替代性，签约的用人单位和劳动者均不得以任何理由让他人代替自己履行合同义务。

（2）内容涉及劳动关系（如抵制非正当解雇）、劳动标准（如劳动保护和劳动报酬）。劳动合同内容具有不完善性，属于不完善合同类，合同内容和履行合同的情形和方式将伴随就业环境的变化而改变。

（3）客体是特定的劳动关系，具有个性化。与集体协议和社会合作契约比较，劳动合同是建立个人劳动关系和规定个人就业权利和义务的契约，具有协调劳动关系，保护劳动者利益的功能。

在我国计划经济体制下，国家对新生劳动力实行"统包统配"政策。1986年7月，国务院颁布《国营企业实行劳动合同制暂行规定》，劳动者就业开始实行劳动合同制。

1994年7月,《中华人民共和国劳动法》颁布,劳动合同制进入规范发展阶段。2007年,《中华人民共和国劳动合同法》颁布,进一步规范了劳动合同制度。

《中华人民共和国劳动法》第三章是劳动合同和集体合同。该法第十六条规定,建立劳动关系应当订立劳动合同。第十七条规定,订立和变更劳动合同,应当遵循平等自愿、协商一致的原则,不得违反法律、行政法规的规定。劳动合同依法订立即具有法律约束力,当事人必须履行劳动合同规定的义务。

《中华人民共和国劳动合同法》自2008年1月1日起施行。该法第十七条规定,劳动合同应当具备以下条款:(1)用人单位的名称、住所和法定代表人或者主要负责人;(2)劳动者的姓名、住址和居民身份证或者其他有效身份证件号码;(3)劳动合同期限;(4)工作内容和工作地点;(5)工作时间和休息休假;(6)劳动报酬;(7)社会保险;(8)劳动保护、劳动条件和职业危害防护;(9)法律、法规规定应当纳入劳动合同的其他事项。

劳动关系双方当事人的权利包括:雇主有权提出岗位要求和考核标准,规定试用期,制订薪酬计划,实施生产经营和人力资源的管理;雇员有权择业择岗,参与决策薪酬、福利,要求改善劳动条件,抵制非正当解雇,参加和组织工会等。

劳动关系双方当事人的义务包括:雇主有义务提供工作岗位,保障劳动安全,支付工资福利,提供相关信息;雇员有义务履行劳动任务,遵守劳动纪律,保守雇主经营秘密等。

订立合法有效的劳动合同,是保护劳动者法定权利的基本手段,要做到劳动合同主体合法、内容合法和程序合法,劳动合同必须具备法定条款,以明确当事人责任和权利,从而维护劳动关系。

《中华人民共和国劳动合同法》规定了辞退补偿制度。用人单位在辞退劳动者时,应当根据该法第四十七条规定向劳动者支付经济补偿:经济补偿按照劳动者在本单位工作的年限,每满一年支付一个月工资的标准向劳动者支付。6个月以上不满一年的,按一年计算;不满6个月的,向劳动者支付半个月工资的经济补偿。劳动者月工资高于用人单位所在直辖市、设区的市级人民政府公布的本地区上年度职工月平均工资3倍的,向其支付经济补偿的标准按职工月平均工资3倍的数额支付,向其支付经济补偿的年限最高不超过12年。这里所称月工资是指劳动者在劳动合同解除或者终止前12个月的平均工资。

二、集体协议法律制度

集体协议（collective agreement），又称团体协约[①]，是工会或雇员代表与雇主或雇主组织之间签订的，以改进劳动组织、改善劳动条件和生活条件、协调劳动关系为主要内容的协议。集体协议不同于劳动合同，不产生特定的劳动关系，而是劳动法律法规的延伸。

（一）集体协议的主要内容和法律特征

劳动基准是集体协议的主要内容之一，是涉及劳动条件和劳动待遇的规定，如工资、工作时间、社会保险等。劳动基准规定是对雇员权利的保护和雇主义务的强化，个体劳动合同只能等于或高于集体协议的劳动基准，不得低于这个基准。

劳动关系是集体协议的另一重要内容，主要涉及协调雇主和雇员关系的规定，如裁员程序、抵制不公正裁员、在协议有效期内雇员不得罢工和雇主不得闭厂的要求等。集体协议包括实体性规定和程序性规定，例如，在协议有效期内雇员不得罢工即实体性规定，而雇主进行集体裁员之前必须提前30日（或更多）通知雇员即程序性规定。

集体协议的法律特征主要包括如下4个方面：

（1）适用于劳动者群体，其主体一方为工会，另一方为雇主（用人单位）或者雇主组织。用人单位可以是法人，可以是个体工商户，也可以是团体。《中华人民共和国劳动法》规定，没有建立工会的企业可以由职工推举的代表与用人单位签订集体协议。

（2）是劳动法律法规的延伸和补充，包括在劳工标准、劳动者权益等方面的内容。

（3）协调企业内部或者行业内部劳动关系，是连结国家法令和个体劳动合同的纽带。

（4）内容广泛，覆盖劳动基准和劳动关系的各个方面。

（二）《集体合同规定》的主要内容

我国立法上将集体协议称为集体合同，是个习惯用法，不够准确。2004年，劳动和社会保障部根据《中华人民共和国劳动法》制定了《集体合同规定》。《集体合同规定》

[①] 本章集体协议即我国有关立法沿用的"集体合同"。根据英文原意使用集体协议一词，意在区分集体协议和劳动合同的法律意思表示，agreement（协议）和contract（合同）在法律上有区别。集体协议是国家法律法规的补充，并不产生劳动关系。

第八条规定，集体协商双方可以就下列多项或某项内容进行集体协商，签订集体合同或专项集体合同：（1）劳动报酬；（2）工作时间；（3）休息休假；（4）劳动安全与卫生；（5）补充保险和福利；（6）女职工和未成年工特殊保护；（7）职业技能培训；（8）劳动合同管理；（9）奖惩；（10）裁员；（11）集体合同期限；（12）变更、解除集体合同的程序；（13）履行集体合同发生争议时的协商处理办法；（14）违反集体合同的责任；（15）双方认为应当协商的其他内容。

《集体合同规定》第三十二条规定，集体协商任何一方均可就签订集体合同或专项集体合同以及相关事宜，以书面形式向对方提出协商要求。一方提出进行集体协商要求的，另一方应当在收到集体协商要求之日起20日内以书面形式给予回应，无正当理由不得拒绝进行集体协商。用人单位与职工个人签订劳动合同约定的劳动条件和劳动报酬等标准，不得低于集体合同或专项集体合同的规定。

除上述专门规定外，集体合同在《中华人民共和国劳动法》《中华人民共和国工会法》《中华人民共和国公司法》和《中华人民共和国职业病防治法》等体现雇主责任与劳动合同制度相关章节条款项中也有所体现：

（1）《中华人民共和国劳动法》第三十三条规定，企业职工一方与企业可以就劳动报酬、工作时间、休息休假、劳动安全卫生、保险福利等事项，签订集体合同。集体合同草案应当提交职工代表大会或者全体职工讨论通过。集体合同由工会代表职工与企业签订；没有建立工会的企业，由职工推举的代表与企业签订。第三十四条规定，集体合同签订后应当报送劳动行政部门；劳动行政部门自收到集体合同文本之日起15日内未提出异议的，集体合同即行生效。第三十五条规定，依法签订的集体合同对企业和企业全体职工具有约束力。职工个人与企业订立的劳动合同中劳动条件和劳动报酬等标准不得低于集体合同的规定。

（2）相关法律在条款中强调集体合同签约的主体责任。《中华人民共和国工会法》第二十一条规定，工会帮助、指导职工与企业、实行企业化管理的事业单位、社会组织签订劳动合同。《中华人民共和国公司法》规定，公司工会代表职工就职工的劳动报酬、工作时间、福利、保险和劳动安全卫生等事项依法与公司签订集体合同。

（3）其他法律中的集体合同。《中华人民共和国职业病防治法》中强调，工会组织依法代表劳动者与用人单位签订劳动安全卫生专项集体合同，与用人单位就劳动者反映的有关职业病防治的问题进行协调并督促解决。

三、社会公约

社会公约是指在政府、雇主组织和雇员组织之间就社会政策和劳动权益问题经过社会对话与协商，达成一致意见后签订的共同遵守的约定。社会对话，即在政府、雇主（或雇主组织）和雇员组织之间进行的非对抗性的信息交流与核心问题协商。在社会对话中，政府是公共利益的代表。

这类协议属于社会法范畴，可以依据国家法律法规制定具体实施细则，或就某些社会政策问题规定处理办法。例如，德国工会组织与雇主组织和政府之间经过对话达成了"缩减工时、创造就业机会"的合作协议。又如，"法国团结协议"规定了自愿提前退休和减少工时（每周2小时）的条件，法国财政预测中心估计，根据这个协议可以创造7万个工作岗位，是全部就业岗位的0.5%。

专栏5-4　法国社会保障和家庭津贴征收联盟的高效合作合同

法国社会保障和家庭津贴征收联盟在全国有105个工作站，负责社会保障费的征收和管理。该联盟是私营机构，与政府、雇主组织和工会依法建立承包合同关系，确保社会保障费征缴和收支平衡；与银行和邮局建立了高效合作合同关系，银行和邮局向其提供优先服务，以保证每日收支工作高效进行，进而保障该机构向法国政府提供优质服务。

第五节　劳动安全法律制度

劳动安全是指劳动者健康保护和工作地安全设施及其职业卫生保护。劳动安全法律制度是指调整劳动安全领域发生的社会关系的法律规范的总称，意义在于消除工作场所和工作规则中的不利于劳动者健康的风险隐患，保护劳动者健康，支持劳动者进行职业选择和提高就业能力。工业化必然带来比农业生产和手工业生产更多的危险和危害。在工业化初期，职业伤害的后果由工人自己承担。直到19世纪80年代，早期工业国家开始建立强调"雇主责任"的工作地劳动安全法律制度。国际劳工组织在1919—1999年通过的公约和建议书中，有近一半涉及劳动安全保护问题。

一、劳动风险和安全保障

劳动风险是指工作条件和职业环境对劳动者健康的威胁和由此导致的经济损害。劳动风险的主要危害类型包括：（1）生产过程中的危害，如高温、噪声、不正常气压等。（2）生产管理中的危害，如过长的工作时间和过强的体力劳动等。（3）生产场所中的危害，如通风、取暖和照明等。劳动风险主要特征有3个方面：一是以工作地为主，兼顾各类情况；二是可以适度抑制的风险；三是会产生多重伤害，即健康损失、劳动能力损失和经济损失等。

《中华人民共和国宪法》第四十二条规定，国家通过各种途径，创造劳动就业条件，加强劳动保护，改善劳动条件并在发展生产的基础上，提高劳动报酬和福利待遇。第四十三条规定，中华人民共和国劳动者有休息的权利。国家发展劳动者休息和休养的设施，规定职工的工作时间和休假制度。

1956年国务院颁布了工业生产的三大规程，即《工厂安全卫生规程》《建筑安装工程安全技术规程》和《工人职员伤亡事故报告规程》。根据《工厂安全卫生规程》，国家制定了一系列专门规定，如《国务院关于防止厂、矿企业中矽尘危害的规定》《工业企业设计卫生标准》《国务院关于加强防尘防毒工作的决定》《劳动保护防护用品监督管理规定》等。1992年全国人大颁布实施了《中华人民共和国矿山安全法》，1994年通过的《中华人民共和国劳动法》第六章专章规定劳动安全卫生，2003年国务院颁布实施了《工伤保险条例》。

二、劳动安全法律法规

劳动安全保护是指改善劳动条件、保护劳动者安全和健康，包括劳动安全与卫生、伤亡事故报告和处理、工作时间和特殊保护等。劳动安全法律法规是调整劳动保护领域发生的社会关系的法律规范的总称，其法律特征有3个方面：一是目标在于促进安全生产，保护劳动者健康；二是强调雇主责任，包括建立健全劳动安全卫生制度的责任，严格按照操作规程组织生产的责任，做好职工教育和培训工作的责任，对妇女儿童劳动者给予特别照顾的责任等；三是及时处理工伤事故和救助遇到伤害的劳动者。

（一）劳动安全卫生制度

劳动安全卫生制度包含劳动安全技术规程、劳动卫生规程、企业安全生产管理制度等。

劳动安全技术规程是指防止和消除生产过程中的伤亡事故，保障劳动者生命安全和减轻繁重体力劳动，维护生产设备的制度安排。其主要内容包括：（1）技术措施，如机器设备、电气设备、动力锅炉的安全装置，厂房、矿山及其道路、建筑的安全技术措施；（2）组织管理措施，即安全技术管理机构的设置、人员的配置和训练以及工作计划和制度。

劳动卫生规程是指防止和消除生产过程中的职业危害，保障劳动者健康的制度安排，包括各种行业生产卫生、医疗预防、健康检查等技术和组织管理措施的规定。2001年，我国颁布了《中华人民共和国职业病防治法》并先后4次修正，立法宗旨即预防、控制和消除职业病危害，防治职业病，保护劳动者健康及其相关权益，促进经济社会发展。职业病是指企业、事业单位和个体经济组织等用人单位的劳动者在职业活动中，因接触粉尘、放射性物质和其他有毒、有害因素而引起的疾病。职业病的分类和目录由国务院卫生行政部门会同国务院劳动保障行政部门制定、调整并公布。劳动者依法享有职业卫生保护的权利，用人单位应当为劳动者创造符合国家职业卫生标准和卫生要求的工作环境和条件，并采取措施保障劳动者获得职业卫生保护。工会组织依法对职业病防治工作进行监督，维护劳动者的合法权益。

企业安全生产管理制度是企业安全与卫生管理制度的总和，主要包括企业管理者、职能部门、技术人员和岗位职工的安全生产责任制度、安全技术措施计划管理制度、安全生产教育制度、安全生产检查制度、重大事故隐患管理制度、安全卫生认证制度等。

（二）伤亡事故报告和处理制度

伤亡事故报告和处理制度是指生产过程中发生的伤亡事故的报告、登记、调查、处理、统计和分析制度。伤亡事故发生后，应当立即直接或逐级报告企业负责人，然后报告企业主管部门、当地应急管理部门、公安部门、劳动保障行政部门、人民检察部门和工会。一般伤亡事故是指一次造成3人以下死亡，或者10人以下重伤的事故，应上报至设区的市级人民政府应急管理部门和负有安全生产监督管理职责的有关部门；较大伤亡事故（造成3人以上10人以下死亡，或者10人以上50人以下重伤）逐级上报至省级有关部门；重大伤亡事故（造成10人以上30人以下死亡，或50人以上100人以下重伤）、特别重大伤亡事故（30人以上死亡，或者100人以上重伤）应逐级上报国务院有关部门。对伤亡事故要查明事故原因，分清事故责任，提出处理措施和改进措施；由企业主管部门或者企业按照国家有关规定，对企业负责人或直接负责人员给予行政处分；构成犯罪的，由司法机关依法追究刑事责任。

（三）劳动时间制度

劳动时间是指劳动者在用人单位工作和生产的时间。劳动时间立法是实施劳动权利和义务的必要条件，同时是保护劳动者健康的必要手段。世界上第一部劳动立法——《英国学徒健康和道德法》就是关于限定童工劳动时间的规定。每日工作8小时，是现代科学对劳动时间的最佳限定。

劳动时间制度的主要内容包括：（1）建立标准工作时间制度，包括标准工作时间、缩短工作时间、计件工作时间、综合计算工作时间、不定时工作时间等；（2）建立延长工作时间制度，1994年劳动部颁布实施的《工资支付暂行规定》第十三条规定了延长工作时间的工资支付标准和办法；（3）休息和休假制度，即指法定带薪休息和休假制度。

相关法律法规：

《中华人民共和国劳动法》第三十六条 国家实行劳动者每日工作时间不超过八小时、平均每周工作时间不超过四十四小时的工时制度。

第三十七条 对实行计件工作的劳动者，用人单位应当根据本法第三十六条规定的工时制度合理确定其劳动定额和计件报酬标准。

第三十八条 用人单位应当保证劳动者每周至少休息一日。

第三十九条 企业因生产特点不能实行本法第三十六条、第三十八条规定的，经劳动行政部门批准，可以实行其他工作和休息办法。

第四十条 用人单位在下列节日期间应当依法安排劳动者休假：

（一）元旦；

（二）春节；

（三）国际劳动节；

（四）国庆节；

（五）法律、法规规定的其他休假和节日。

（四）特殊保护制度

特殊保护制度是指对特殊劳动者群体实施保护的法律规范的总称。被特殊保护的对象包括女职工和未成年工等。

1992年，我国颁布了《中华人民共和国妇女权益保障法》，2012年颁布了《女职工劳动保护特别规定》。

特殊保护制度中关于女职工保护的主要内容包括：（1）禁止安排女职工从事不利于身体健康的工作，如矿山井下作业，Ⅳ级体力劳动强度的作业，每小时负重6次以上、每次负重超过20公斤的作业等；（2）女职工生理机能变化期的特殊保护，如经期、孕期、产期和哺乳期的保护；（3）对女职工特殊保护设施的规定，如浴室、哺乳室等。

1984年我国批准了国际劳工组织《确定准许使用儿童于工业工作的最低年龄公约》（第59号），允许企业招收16~18岁的未成年工人。1994年，劳动部颁发了《未成年工特殊保护规定》。

特殊保护制度中关于未成年工保护的主要内容包括：（1）最低就业年龄规定；（2）未成年工禁忌从事的工作岗位，如有毒、有害、高温、Ⅳ级强度劳动等17个方面；（3）未成年工体检制度；（4）使用未成年工登记制度。

第六节　工伤保险法律制度

工伤，顾名思义，是指因工作受到的伤害。工伤保险是指国家立法实施的，通过用人单位缴费筹资形成基金，对职工因工作原因遭受事故伤害或者患职业病的，给予职工及其近亲属相应待遇的一项社会保险制度。工伤保险法律制度是调整工伤保险领域发生的法律关系的法律规范的总称，意义在于减少工伤事故给劳动者健康、经济和职业选择及其就业带来的损失，同时帮助雇主分担责任。

工伤保险的法律特征表现为两点：（1）伤害补偿。对职工因工作原因受到事故伤害或者患职业病，且经工伤认定的给予补偿。（2）雇主责任。职工参加工伤保险由雇主缴费；雇主不参加工伤保险的，工伤补偿的全部费用由雇主承担；即使是在劳动者违反操作规程的条件下，同样由雇主承担责任。

建立社会工伤保险计划具有双重意义，即保护劳动者健康和分担雇主经济负担。

一、我国工伤保险法律制度的主要内容

（一）工伤保险缴费的法律规定

工伤保险缴费实行雇主责任制，职工不缴费。《中华人民共和国社会保险法》第

三十三条规定，职工应当参加工伤保险，由用人单位缴纳工伤保险费，职工不缴纳工伤保险费。第三十四条规定，国家根据不同行业的工伤风险程度确定行业的差别费率，并根据使用工伤保险基金、工伤发生率等情况在每个行业内确定费率档次。行业差别费率和行业内费率档次由国务院社会保险行政部门制定，报国务院批准后公布施行。社会保险经办机构根据用人单位使用工伤保险基金、工伤发生率和所属行业费率档次等情况，确定用人单位缴费费率。

工伤保险的缴费费率的确定不同于养老、医疗等其他社会保险，实行行业差别费率及用人单位差别缴费费率，目的是使用人单位的缴费与所属行业的风险程度和用人单位防范风险的具体情况挂钩。差别费率是指国家根据不同行业的工伤风险程度确定的行业费率标准，在行业之间有差异，在不同工伤风险水平的行业有不同费率。

（二）工伤认定的法律规定

《中华人民共和国社会保险法》第三十六条规定，职工因工作原因受到事故伤害或者患职业病，且经工伤认定的，享受工伤保险待遇；其中，经劳动能力鉴定丧失劳动能力的，享受伤残待遇。工伤认定和劳动能力鉴定应当简捷、方便。在实践中，不能以职工违规操作为由，拒绝进行工伤认定。

2003年颁布的《工伤保险条例》第十四条规定，职工有下列情形之一的，应当认定为工伤：（1）在工作时间和工作场所内，因工作原因受到事故伤害的；（2）工作时间前后在工作场所内，从事与工作有关的预备性或者收尾性工作受到事故伤害的；（3）在工作时间和工作场所内，因履行工作职责受到暴力等意外伤害的；（4）患职业病的；（5）因工外出期间，由于工作原因受到伤害或者发生事故下落不明的；（6）在上下班途中，受到机动车事故伤害的；（7）法律、行政法规规定应当认定为工伤的其他情形。第十五条规定，职工有下列情形之一的，视同工伤：（1）在工作时间和工作岗位，突发疾病死亡或者在48小时之内经抢救无效死亡的；（2）在抢险救灾等维护国家利益、公共利益活动中受到伤害的；（3）职工原在军队服役，因战、因公负伤致残，已取得革命伤残军人证，到用人单位后旧伤复发的。职工有上述第（1）项、第（2）项情形的，按照本条例的有关规定享受工伤保险待遇；职工有前款第（3）项情形的，按照本条例的有关规定享受除一次性伤残补助金以外的工伤保险待遇。

2010年12月20日国务院常务会通过《工伤保险条例》的修订案，扩大了上下班途中的工伤认定范围，除现行规定的机动车事故以外，职工在上下班途中受到非本人主要责任的非机动车交通事故或者城市轨道交通、客运轮渡、火车事故伤害的，也应当认定为工伤。

（三）伤残鉴定的法律规定

《工伤保险条例》第二十一条规定，职工发生工伤，经治疗伤情相对稳定后存在残疾、影响劳动能力的，应当进行劳动能力鉴定。劳动能力鉴定是由劳动能力鉴定委员会根据用人单位、工伤职工或其直系亲属的申请，组织劳动能力鉴定医学专家，根据国家制定的标准，运用医学科学技术的方法和手段，确定劳动者劳动功能障碍程度和生活自理障碍程度的一种综合评定的制度。职工发生工伤，经治疗伤情相对稳定后存在残疾、影响劳动能力的，应当进行劳动能力鉴定，经劳动能力鉴定丧失劳动能力的可以享受伤残待遇，伤残待遇水平根据劳动能力鉴定结果而定。

案例5-1　王某为什么没有领到一次性伤残补助金？

　　王某是某公司办公室工作人员。某日，王某在为公司搬运办公用品时不慎从楼梯摔下，造成小腿粉碎性骨折。王某所在公司参加了工伤保险，当地社会保险行政部门经调查取证后认定王某是工伤。王某在医院治疗后回家休息了3个月，伤情基本恢复后，认为自己应当得到补偿，便向当地社会保险经办机构申领一次性伤残补助金。社会保险经办机构让王某先去有关部门进行劳动能力鉴定，确定伤残等级后才能按照伤残等级计发一次性待遇。王某很不理解。

　　按时接受治疗和进行劳动能力鉴定是工伤职工享受伤残待遇的条件，也是受益人的义务，当地社会保险经办机构的做法是正确的。

（四）工伤保险待遇的法律规定

工伤保险待遇的内容主要包括5个方面：一是医疗待遇，职工治疗工伤应当在签订服务协议的医疗机构就医，情况紧急时可以先到就近的医疗机构急救，所需费用符合工伤保险诊疗项目目录、工伤保险药品目录、工伤保险住院服务标准的，从工伤保险基金支付；二是在停工治疗期内，原工资福利待遇不变；三是护理待遇，生活不能自理的工伤职工在停工留薪期需要护理的，由所在单位负责；生活护理费标准分别为统筹地区上年度职工月平均工资的50%、40%或者30%；四是伤残抚恤，职工因工致残需鉴定伤残等级（一级至十级），酌情享受一次性伤残补助金、月伤残津贴；五是伤亡抚恤金，职工因工死亡，其近亲属按规定从工伤保险基金领取丧葬补助金、供养亲属抚恤金和一次性工亡补助金。

工伤康复服务是指工伤职工在伤病治疗结束后,恢复劳动能力和生活能力的治疗性服务,可以促使工伤职工恢复健康和劳动能力,回归家庭、回归就业和回归社会。例如,广州市国家工伤康复基地向工伤治疗期结束后的劳动者提供包括身心健康和能力恢复等综合性治疗服务,伤残一级至四级收治者的再就业率达到34%,五级、六级收治者的再就业率为78%,七级至十级收治者的再就业率为98%。

二、国外工伤保险法律制度的主要内容

(一)国际劳工组织的最低保障标准

1981年,国际劳工组织通过的《职业安全和卫生及工作环境公约》第一条规定,本公约适用于经济活动的各个部门。第十六条规定:(1)应要求雇主在合理可行的范围内保证其控制下的工作场所、机器、设备和工作程序安全,不会对健康产生危害;(2)应要求雇主在合理可行的范围内保证其控制下的化学、物理和生物物质与制剂,在采取适当保护措施后,不会对健康产生危害;(3)应要求雇主在必要时提供适当的保护服装和保护用品,以便在合理可行的范围内,预防事故危险或对健康的不利影响。

(二)部分国家的职业伤害保障法律制度

经济合作与发展组织国家实施职业伤害保障法律制度,其适应范围和人员均比工伤保险更加广泛。例如,儿童被幼儿园的设施(如卫生用品柜等)砸伤,也属于职业伤害,要依法追究家具商和幼儿园的相应责任。

国外职业伤害保障制度有不同的分类方法。例如,1908年,美国颁布的《联邦雇员工伤赔偿法》覆盖了300多万联邦政府雇员和邮政雇员,包括工资补偿、医疗救治、医疗康复、职业康复等一揽子补偿和服务。1918年,加拿大颁布实施《劳工赔偿法》,政府雇员同私人部门雇员执行同样的职业伤害保险制度,省级工伤赔偿委员会代表加拿大联邦政府,负责裁决公务员工伤赔偿诉求和工伤赔偿待遇,最后由人力资源和社会发展部的经办机构负责报销相关费用。此外,在英国、德国、日本、韩国等国家,公务员和企业职工分别执行不同的职业伤害保障制度。

第七节　失业保险法律制度

失业是指非本人意愿失去工作的情形，这将导致当事人及其家庭失去经济来源。失业保险法律制度是国家抵御公民失业风险，做到各尽其能、劳有所得、失业有所养的社会保障制度安排之一。失业保险的应保人群是全体职工乃至全体劳动者，用人单位和职工均具有履行缴费义务的责任。

失业保险法律制度是调整失业保险领域发生的社会关系的法律规范的总称，意义在于保障失业人员和家庭的基本生活，促进其再就业，并减少因失业带给劳动者及其家庭的经济损害。

失业保险的法律特征主要表现为4个方面：（1）以保障民生和促进就业为目标，不是消极的保障民生，而是严格失业人员的认定条件，鼓励就业；（2）失业保险金支付有限期，且包含就业培训费用，以促进失业人员求职；（3）建立失业保险基金，对失业者实施救助，以保障其本人和家庭的基本生活不至于陷入贫困，帮助失业者再就业，提供求职服务和转业培训等，在经济危机中帮助用工单位渡过难关，维持生产能力和用工能力，创造就业岗位；（4）支持其他具有促进就业价值的积极的活动。

一、我国失业保险法律制度的主要内容

我国失业保险法律制度经历了3个发展阶段：第一个阶段为1954—1986年，禁止企业裁员；第二个阶段为1986—1993年，实行"待业保障"和"下岗服务"；第三个阶段为1993年以后，制定《失业保险暂行条例》和建立了失业保险基金，1999年制定《失业保险条例》。

（一）失业保险法的适用范围

《中华人民共和国社会保险法》第四十四条规定，职工应当参加失业保险，由用人单位和职工按照国家规定共同缴纳失业保险费。"应当"在法律中属于命令性规范，体现了强制性原则。我国失业保险覆盖范围限于城镇区域内的企业事业单位和职工，没有排除机关公务员；不包括求职未果的毕业生，即意味着未将失业保险的范围覆盖到全体劳动者；农村居民不在失业保险覆盖范围之内，但在城镇企业事业单位工作的农民工是失业保险的覆盖对象。

1988年国际劳工组织通过的《关于促进就业和失业保险的公约》(第168号)规定,失业保险对象应扩大到公务员、独立劳动者、临时工、季节工、农业工人、家庭工人和家庭佣人,以及不曾有过职业的毕业学生和失业青年等。

> **案例 5-2　高校及其教师是否参加失业保险?**
>
> 某天,某高校劳资处收到当地社会保险经办机构发出的"失业保险催缴通知单"。通知单中列明了该高校自去年以来欠缴的失业保险金和滞纳金总额。该校认为,学校是事业单位,教师一般不存在失业问题,即使出现失业教师,也得不到失业保险待遇,因此不愿意履行参保和缴纳失业保险费的义务。
>
> 《中华人民共和国社会保险法》第四十四条规定的职工包括事业单位全体职工,高校应当参加失业保险,并履行缴费义务。伴随事业单位聘用制的实施,失业现象常有发生,应当建立健全事业单位职工失业保险金支付制度,这是事业单位职工的权利。

(二)失业保险基金的筹资和管理

失业保险基金的构成包括4个部分:(1)城镇企业事业单位及其职工缴纳的失业保险费;(2)失业保险基金的利息收入;(3)财政补贴;(4)依法纳入失业保险基金的其他资金。我国《失业保险条例》规定,城镇企业事业单位按照本单位工资总额的2%缴纳失业保险费。城镇企业事业单位职工按照本人工资的1%缴纳失业保险费。城镇企业事业单位招用的农民合同制工人本人不缴纳失业保险费。有些地方建立了激励机制,失业保险缴费实行"多缴多得"原则。

失业保险基金管理包括两个方面:一是市级统筹,直辖市和设区的市实行全市统筹,实行统筹的同级政府是确保失业保险基金收支平衡的责任人;其他地区的统筹层次由省、自治区人民政府规定;省、自治区可以建立失业保险调剂金;统筹地区的失业保险基金不敷使用时,由失业保险调剂金调剂、地方财政补贴。二是收支平衡,根据经济发展周期和就业状况建立周期性收支平衡基金,在就业高峰期筹集资金,在遇到经济波动和金融危机时利用失业保险基金帮助企业和职工渡过难关。

(三)失业保险基金的支付范围

《失业保险条例》第十条规定,失业保险基金用于下列支出:(1)失业保险金;(2)领取失业保险金期间的医疗补助金;(3)领取失业保险金期间死亡的失业人员的丧葬补助金和其供养的配偶、直系亲属的抚恤金;(4)领取失业保险金期间接受职业培训、职业介绍的补贴,补贴的办法和标准由省、自治区、直辖市人民政府规定;(5)国务院规定或者批准的与失业保险有关的其他费用。

国际劳工组织第168号公约规定的失业保险基金使用范围包括:(1)向失业者提供津贴,包括生育津贴、家属津贴、医疗津贴以及达到退休年龄前的生活津贴;(2)培训、进修津贴以及调动工作的收入差额津贴;(3)提供在职业流动和地区流动时的搬家费、旅费、装备费、分居补贴和安置津贴,还应帮助失业者自己创办企业。

(四)失业保险待遇支付

1. 失业登记

失业登记是确认失业法律事实和失业者身份,以及开始领取失业保险金的必要程序。用人单位应及时为失业人员出具终止或者解除劳动关系的证明,告知其按照规定享受失业保险待遇的权利,并将失业人员名单自终止或者解除劳动关系之日起7日内报社会保险经办机构备案。职工失业后,应当持本单位为其出具的终止或者解除劳动关系的证明,及时到指定的社会保险经办机构办理失业登记。失业保险金自办理失业登记之日起计算。失业保险金由社会保险经办机构按月发放。社会保险经办机构为失业人员开具领取失业保险金的单证,失业人员凭单证到指定银行领取失业保险金。

2. 失业保险待遇

失业保险待遇主要内容包括救济金、医疗补助金,以及失业人员在领取失业保险金期间死亡的,参照当地对在职职工的规定,对其家属一次性发放的丧葬补助金和抚恤金。失业人员符合城市居民最低生活保障条件的,按照规定享受城市居民最低生活保障待遇。失业保险金的标准,按照低于当地最低工资标准、高于城市居民最低生活保障标准的水平,由省、自治区、直辖市人民政府确定。国际劳工组织《社会保障最低标准公约》(第102号)提出,失业保险金替代率应为失业前工资50%。目前,美国为50%,西班牙为75%,埃及为60%,越南为60%,一些北欧国家更高,如丹麦达到90%。失业保险金替代率是失业保险制度安排的关键环节,不是越高越好,而需要在保障生活和促进就业之间建立失业保险待遇的调节机制,在避免失业人员生活陷入贫困的同时,避免发生失业保险金对就业愿望的挤出效应。

3. 领取条件和退出条件

根据《失业保险条例》的规定,具备下列条件的失业人员,可以领取失业保险金:(1)按照规定参加失业保险,所在单位和本人已按照规定履行缴费义务满1年的;

（2）非因本人意愿中断就业的；（3）已办理失业登记，并有求职要求的。失业人员在领取失业保险金期间，按照规定同时享受其他失业保险待遇。失业人员在领取失业保险金期间有下列情形之一的，停止领取失业保险金，并同时停止享受其他失业保险待遇：（1）重新就业的；（2）应征服兵役的；（3）移居境外的；（4）享受基本养老保险待遇的；（5）被判刑收监执行或者被劳动教养的；（6）无正当理由，拒不接受当地人民政府指定的部门或者机构介绍的工作的；（7）有法律、行政法规规定的其他情形的。

4. 支付期限

失业人员失业前所在单位和本人按照规定累计缴费时间满1年不足5年的，领取失业保险金的期限最长为12个月；累计缴费时间满5年不足10年的，领取失业保险金的期限最长为18个月；累计缴费时间10年以上的，领取失业保险金的期限最长为24个月。重新就业后，再次失业的，缴费时间重新计算。再次失业领取失业保险金的期限可以与前次失业应领取而尚未领取的失业保险金的期限合并计算，但最长不得超过24个月。例如，王某在原单位缴纳3年半失业保险费后失业，在领取失业保险金3个月后，又重新就业。但王某在新单位缴纳失业保险费未满1年后再次失业，当地社会保险经办人员对王某说，他可以再次申领失业保险金，但只能领取9个月。城镇企业事业单位成建制跨统筹地区转移、失业人员跨统筹地区流动的，失业保险关系随之转迁。

5. 失业人员的相关待遇

《中华人民共和国社会保险法》第四十八条规定，失业人员在领取失业保险金期间，参加职工基本医疗保险，享受基本医疗保险待遇。失业人员应当缴纳的基本医疗保险费从失业保险基金中支付，个人不缴纳基本医疗保险费。第四十九条规定，失业人员在领取失业保险金期间死亡的，参照当地对在职职工死亡的规定，向其遗属发给一次性丧葬补助金和抚恤金。所需资金从失业保险基金中支付。个人死亡同时符合领取基本养老保险丧葬补助金、工伤保险丧葬补助金和失业保险丧葬补助金条件的，其遗属只能选择领取其中的一项。《失业保险条例》规定，失业人员符合城市居民最低生活保障条件的，按照规定享受城市居民最低生活保障待遇。

二、国外失业保险法律制度的主要内容

1905年，挪威首先颁布了《失业保险法》，当时属于自愿计划。强制性失业保险

始于1911年英国颁布的《国家保险法》。世界上有60多个国家和地区，以立法形式建立了失业保险法律制度，其主要类型有三种：一是非强制性计划，如丹麦；二是强制性计划，如我国的失业保险法律制度；三是求职津贴，如英国。失业救助的主要类型有两种：一种是建立失业保险基金，以美国和欧洲国家为主；另一种是建立政府失业救助基金或者雇主裁员补偿责任制，以亚洲国家为主。

20世纪70年代以后，许多国家开始实行积极的劳动力市场政策，以避免失业率过高，缩短失业周期。美国的一项研究表明，如果美国在1976年停止实行失业保险计划，失业者当年的失业时间会从4.3个月下降到2.8个月，而失业保险对工资的替代率每上升10个百分点，失业时间会增加一周左右。因此，许多国家立法宗旨由保障失业人员的基本生活，转变为鼓励企业招用失业人员，促进对失业人员的培训，提高再就业率。这一显著的变化在法律名称上也有所反映，例如，1974年日本以《雇佣保险法》取代了《失业保险法》，1995年英国以《求职者津贴法》取代了《失业保险法》。1980年，经济合作与发展组织巴黎会议发表了《福利国家在危机中》的研究报告，提出了"福利国家危机"的警告，许多国家福利改革措施之一，即将失业保险转向就业援助。

专栏5-5　部分国家的就业援助计划

英国职业辅导中心。英国人力资源委员会在全国设立和直接管理1 000多个职业辅导中心。职业辅导中心设有计算机网络终端，与人力资源委员会的主机、其他社区行政部门的终端机联网。求职者的个人资料存入网络后，职业辅导中心每月两次自动提供劳动市场的最新资料、求职机会以及申请办法。对经过就业培训的失业人员，劳动就业服务机构积极地开展中介服务工作，根据劳动力市场的需求及失业人员本身的技能、专长及爱好，进行介绍推荐，组织供求双方见面洽谈、相互选择。

韩国创业培训计划。韩国对1万名40～50岁的白领失业者实施创业培训计划，并在全国求职者集中的城市设立"人力银行"。同时，增加地方劳动行政部门的办事人员，建立起失业救济、择业、咨询一条龙服务体系。

瑞典重新创建企业计划。瑞典为失业经理制定了"重新创建企业计划"。要求参加计划培训的失业经理在6个月的培训中积极提出自己的经营思想和建议，从而检验其工作能力和经营思想的可行性。6个月结束后，经营成功的企业就可以独立出去，股本归经理和雇员所有。

深度阅读

1. 田思路. 外国劳动法[M]. 北京：北京大学出版社，2019.

本书从比较法视角揭示了各国劳动法的历史演变，深入分析了劳动法在不同社会经济背景下的适用与影响，为读者提供了一个多维度、跨文化的理论框架。本书主要介绍了大陆法系的法国、德国、日本以及英美法系的英国、美国等经济发达国家的劳动法，每一部分主要以个别劳动关系法、集体劳动关系法以及劳动争议处理法为基本框架。鉴于美国劳动法的特殊性，还增加了反歧视法的部分。本书不仅简明系统地介绍了上述5个国家的劳动立法和国际劳动立法，还吸收了国外研究成果和立法规定，并介绍了当前劳动法学科发展的理论和现实问题。

2. 黎建飞. 劳动与社会保障法教程[M]. 5版. 北京：中国人民大学出版社，2019.

本书从基本原理入手，系统分析了劳动与社会保障法的各项制度内容，包括劳动法的调整对象、劳动者的权利义务以及国家、用人单位和工会在劳动关系中的职责。详尽阐述了劳动就业法、劳动合同法、劳动条件法、劳动保护法、劳动争议处理法、劳动监察法等劳动法的子系统，以及社会保险法、社会救济法、社会优抚法、社会福利法的内容。

本章小结

1. 分析了职业属性和公民职业风险的内涵和社会影响，由此决定职业保障的内容和意义。

2. 职业保障是更加人性的就业保障，有利于提高人类发展指数；职业安全保障法律体系由就业促进、劳动报酬、劳动契约、劳动安全、工伤保险、失业保险等多种法律制度构成。上述法律制度均为抵御公民就业风险的积极措施，从提供劳动者人力资本和择业能力入手促进就业；从劳动合同、集体协议和社会公约入手协调劳动关系；从工作地安全设施和工作时间规范入手保护劳动者健康，从而降低劳动者的职业风险和提高劳动者抵御职业风险的能力。

3. 工伤保险和失业保险法律制度，是在发生职业风险之后，可以降低人们遭受的损害的法律制度，因此，需要对工伤和失业的法律事实进行认定，然后根据损害程度提供补偿。在21世纪，工伤保险和失业保障法律制度逐渐覆盖各类灵活就业人员。

第五章 职业安全保障法

重要概念

职业风险 职业保障 就业优先

思考题

1. 阅读国务院《"十四五"就业促进规划》中针对数字经济发展以及灵活就业和新业态就业提出的要求，谈谈对新业态就业及其职业保障的立法展望。

2. 1999年，国际劳工组织第87届国际劳工大会首次提出"体面劳动"的概念，并将其纳入当代国际社会劳动法律政策体系的核心目标。2021年，国务院印发的《"十四五"就业促进规划》中第八条明确提出，优化劳动者就业环境，提升劳动者收入和权益保障水平。提高劳动者工作待遇，加强劳动者权益保障，提升劳动者获得感和满意度，让广大劳动者实现体面劳动、全面发展。在我国城镇化过程中，如何实现"体面劳动"？职业保障立法的宗旨是什么？

第六章
住房保障法

教学目标：掌握住房保障是国家抵御公民基本生活风险和保障公民基本生活安全的制度安排的基本理论；熟悉住房保障立法的研究对象、社会基础以及各项住房保障法律制度的调整对象和主要内容；了解本领域的发展趋势和主要挑战。

本章主要内容：

- 住房风险与住房保障制度
- 保障性住房法律制度
- 购房融资法律制度

第一节 住房风险与住房保障制度

一、住房风险

住有所居即指人人享有保障基本生活需求的居住面积和生活设施。人类祖先居住山洞和建造围墙的行动，是对群体成员一种安居保护，这是国家的雏形。农耕时代农户可以在自家土地上安排宅基地，人们的居住风险并不十分明显。英国圈地运动以后，伴随城镇化进程，失去土地的人们居住风险日益突出。城镇土地资源的有限性和建造房屋的成本决定了居民购买、维护或者租赁自住房屋是有风险的，流离失所和位于山坡上的穷人居住棚户区现象在发展中国家处处可见。

住房风险是指人们无力满足住房需求从而危及基本生活安全导致的损害和不确定性问题。住房风险有两个主要特征：一是买不起房和租不起房；二是住房和居住环境不安全。购房是个人家庭支出的最大项目之一，占终生收入的很大一部分，按照个人财务生命周期理论，购房者应当在职业生涯的前20年完成购房计划，用剩余20年的收入余额投资健康和养老。在一般情况下，用尽个人职业生涯 2/3 的结余仍然无力购房者，应当属于租房人群。

房价收入比（housing price-to-income ratio，HPIR）是指房价与收入的比例。国际上通用的房价收入比的计算方式，是以住宅套价的中值，除以家庭年收入的中值，以判断居民的住房购买能力、价格合理性和房地产市场健康状况。在城镇化条件下，土地要承受生产、居住、公共场所和投资工具四大功能，土地价值不断上升带动购房成本不断增加，成为城市治理的大问题，房价收入比是建设住房保障制度的重要指标。不同国家房价收入比的离散程度相当大，联合国 1998 年对 96 个国家的统计结果显示：房价收入比区间为 0.8~30，平均值为 8.4，中位数为 6.4。健康房地产市场的房价收入比应该在 2~6，而较高的值可能反映了房地产泡沫。中国社科院 2010 年《经济蓝皮书》认为，房价收入比应当在 3~6，超过 6 时居民即难以负担。2021 年我国全国新建商品住宅房价收入比为 9.1，相比 2020 年的 9.2 小幅回落（见图 6-1）。

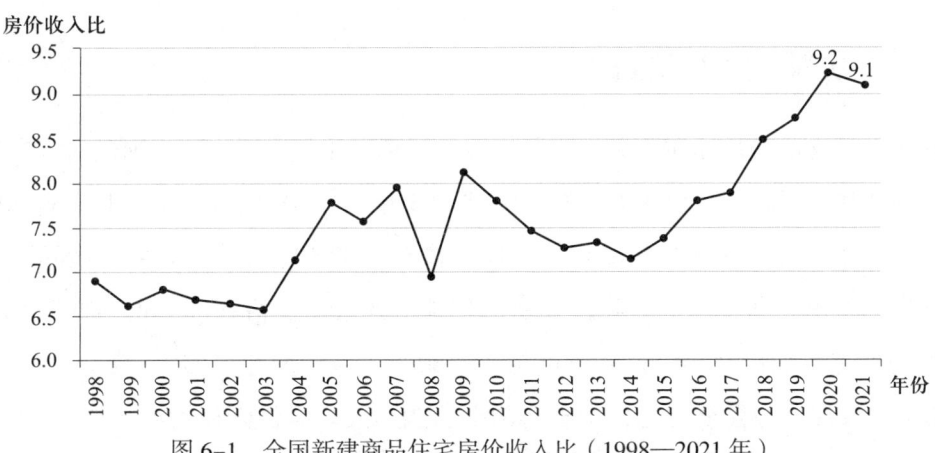

图 6-1　全国新建商品住宅房价收入比（1998—2021 年）

资料来源：上海易居房地产研究院《2021 年全国房价收入比报告》。

专栏 6-1　改革开放以来住房保障制度变迁

1978—2018 年，中国 GDP 年均增速 9.5%，同期中国城镇化率从 17.9% 增至 59.6%。根据"七普"数据，2020 年，中国已经有近 50 个城市城镇化率超过 70%，其中 26 个城市达到 80%。1978 年，中国城镇居民人均居住面积仅有 3.6 平方米，缺房户达 869 万户，占城镇总户数的 47.5%，近一半城镇居民无房可住。2020 年，中国人均住房面积已高达 40.8 平方米，套户比高达 1.13。改革开放以来，从筒子楼、石库门到家属院、住宅区,从福利分房时代进入市场经济的商品房时代。2020年,中国人民银行发布的《2019年中国城镇居民家庭资产负债情况调查》显示,在我国城镇居民家庭资产配置中,房地产配置占比达到59.1%（见图6-2）。

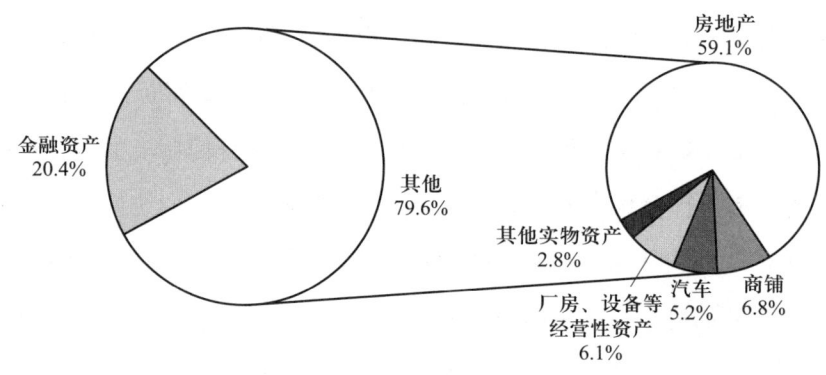

图6-2 2019年我国城镇居民家庭资产配置情况

资源来源：蔡真，崔玉，黄志强，等．中国住房金融发展报告（2021）[M]．北京：社会科学文献出版社，2021．

二、住房保障立法的目标

住房保障立法的目标在于保障公民住房权，实现住有所居，防止国民居住房产被金融化。为此住房保障立法包含如下制度安排：（1）人均拥有的居住面积和设施标准，包括廉租房、限价房的居住条件和标准。广义住有所居还应当涉及居住环境问题，如采光、间距、抗噪声等。（2）保障性住房的用地、建设、价格和准入退出规则。（3）保障性住房价格发现机制。1961年国际劳工组织《工人住房建议书》（第115号）提出，让100%工人拥有一套全功能住房。何谓全功能和人均居住面积均需要根据国情而定。2007年，中国建设部等七部门发布的《经济适用住房管理办法》第十五条规定，经济适用住房小套住房面积控制在60平方米左右。

世界上中等收入以上的国家大多已实现了住有所居的社会保障目标。在住房保障政策方面，一般分为直接支持"强保障"模式和间接支持"弱保障"模式。英国2009年数据显示：67%的人口拥有自有房，其余的为租赁住房，租凭住房的人群中，17%从政府租赁公有住房，16%租赁私人房屋。瑞士自有住房率为31%，瑞典为42%，意大利为66%，日本为59.8%，欧盟成员国的平均水平为56%。但自有住房的产权政策和土地政策有所不同。各国均对保障住房支出及其财政支出进行动态调整，以实现住房保障与经济社会发展平衡。直接支持模式常对应"强保障"经济体，保障住房支出占财政支出比重高。但在不同发展阶段，两种模式常常被切换，在住房缺口较大时，多采用直接支持模式，短缺缓解后转化为间接支持模式。例如，1949—1968 年，美国推行大规模公屋建设计划，1990 年后转为住房建设税收减免计划。我国住房保障体系一直以直接支持模式为主，政府是建设主体，从 2007 年后的保障住房供给量来看，属于"强保障"经济体。根据国际货币基金组织 2015 年数据，"强保障"经济体，如新加坡等，住房与社区环境支出占财政支出的比重为 4.6%，我国住房与社区环境支出占财政支出的 8.2%，明显高于新加坡，保障力度较大。而间接支持模式常对应"弱保障"经济体，例如，2015 年，德国、英国、美国和日本住房与社区环境支出占财政支出比重仅分别为 0.9%、1.1%、1.4% 和 1.8%。

专栏 6–2　德国多元住房保障的法律制度

第二次世界大战后，德国住房极为短缺，住房租金价格大幅上扬，政府不得不颁布一系列法律和采取有效措施抑制住房租金价格，同时大力推进住宅建设。德国住房保障法律制度主要包括 4 种。（1）社会福利房。德国《住房扶持法》规定，因经济收入低、某一民族、信仰某一宗教或孩子太多等原因导致无房子居住的家庭，政府有提供公共住宅供其租住的职责；凡收入超过规定标准的应退出福利住宅，否则将收取市场租金。目前约 14% 的福利房租住家庭已经按照市场租金缴纳房租。（2）住房合作社。住房合作社社员在入社时，须缴纳入社资金，国家给予等量资金资助，并可争取银行等量的低息贷款。社员按入社时间先后申请分配租房，合作社所收房租用以偿还贷款本息，组织房屋维修运营，如有赢利则分配于入社股东。（3）住房互助储蓄信贷银行。这是一种定向为储户购建房服务的"互助契约储蓄系统"。德国住宅储蓄制度有两大支柱：一是固定利率、低息互助。住宅储蓄制度是一种封闭运转的融资系统，存贷款利率不受资本市场供求关系、通货膨胀等利率变动因素的影响，住宅储蓄利率一直保持在 6% 以下。二是政府住宅储蓄奖励。对于低收入居民来说，参加住宅储蓄可以得到政府奖励，是促使他们参加住宅储蓄的一个重要原因。住宅储蓄奖励分为两种：一种是储蓄奖励，即任何 16 周岁以上、年收入 5 万马克以下的单身家庭，每月 1 000 马克以下部分的住宅储蓄，政府每月奖励储蓄最高 100 马克（10%）；年收入 10 万马克以下的单身家庭，每月 2 000 马克以下部分的住宅储蓄，政府月奖励储蓄最高 200 马克（10%）。另一种是购房奖励，即用住房储蓄建房的，政府给予占贷款总额 14% 的贷款补助。（4）房租补贴，即根据家庭人口、收入及房租支出情况给予适当补贴。德国《租房补助金法》规定，家庭承担的租金一般按照家庭收入的 25% 确定，政府房租补贴的资金由联邦政府和州政府各承担 50%。德国住房保障相关法律包括《住房建设法》《租房补助金法》《住房扶持法》《德国民法典》等。

三、住房保障的政府责任

城市土地资源的有限性和多功能性决定城市土地资源应当有效使用，市场的资源配置功能无法顾及全局，存在失灵可能，政府介入是必要的。政府对住房问题的规范、调控和保障责任表现为：（1）制定住房保障法律，就住房保障的对象、标准、产权和准入退出规制等问题达成社会共识；（2）完善土地使用规划，协调土地使用的功能；（3）规范保障性住房价格机制，分类建设满足不同需求的住宅，包括廉租房、限价房、公寓房，以及用于投资的商品房，依法规范不同类别房产的定价机制（见图6-3）；（4）住房一旦纳入社会保障范畴，国家即应当对住房保障提供一定的财政支持，列入公共财政预算，实行规范化管理。世界各国一般以住房保障资金占GDP的比例作为衡量政府在住房保障中作用的指标，发达国家约为1%。同时，这需要多级政府共同参与，仅仅依靠中央财政或者地方财政都难以实现政策目标。在美国，83%的保障性住房支出由联邦政府承担，其余部分由州政府和市政府承担。多数欧盟国家住房补贴是由中央政府和地方政府共同承担的。

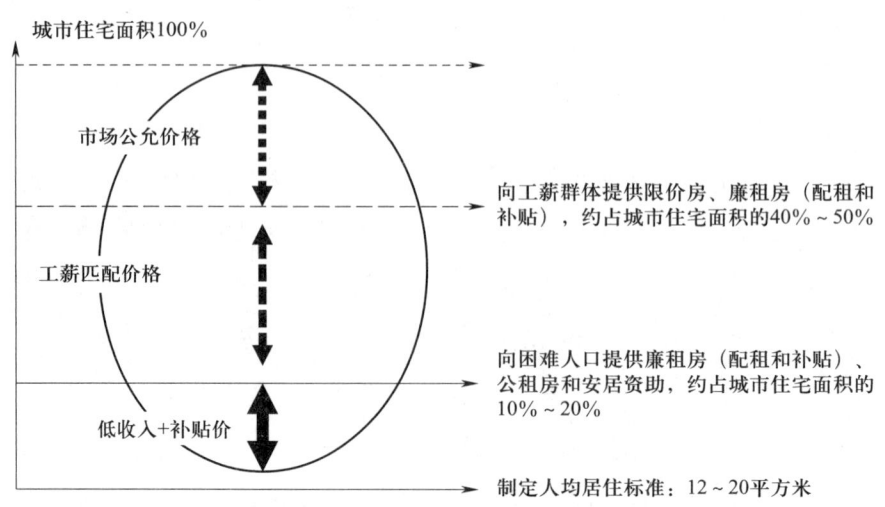

图6-3 不同类别房产的定价机制

住房保障一旦进入城市发展规划、土地使用规划、民生和社会保障规划，除生产性建房外，可以依法制定如下指标：（1）保障性建房占城市住宅用地的合理比例；（2）廉租房、公租房占城市住宅用地的合理比例；（3）限价房占城市住宅用地的合理比例。这些指标的引导价值有两个方面：一是城市居民收入越好，廉租房的占比越小，本城市的土地经济开发价值越高，由此形成良性的经济社会发展状态；二是工薪群体收入越高，限价房价格越高，城市土地的经济价值越高。

专栏6–3　新加坡住房保障法律制度

新加坡地狭人稠，受国土面积限制，解决居民住房问题相当棘手。1959年，新加坡实现自治之初，只有9%居民能够住上标准住宅，84%家庭只能住在店铺和棚户中。1960年，新加坡成立了建屋发展局（政府机构），并颁布了《住房法》，国家依法提供土地，政府提供资金补助，每5年制订一次建屋计划，建造了约14万个单元政府津贴房，这就是所谓的"组屋"。个人和雇主向公积金个人账户缴费，首先用于购房，目前新加坡约有80%人口住在政府津贴的组屋中。

新加坡居民结婚后即可到建屋发展局申请购房，两年内就可拥有一套政府津贴房，如果个人无力支付购房款，可以将直系亲属的公积金账户存款集合起来共同支付。新加坡居民根据收入状况决定租房或买房，组屋的申请标准见表6–1。

表6–1　　　　　　　　　　　新加坡组屋的申请标准

组屋类型	平均面积/平方米	租金/价格/新元	申请标准
租住组屋	33（1房式）	26~33	新加坡公民，大于21岁，月收入低于800新元，组建家庭；无私有房产
	45（2房式）	44~75	
购买组屋	65~70（3房式） 90~100（4房式） 110~120（5房式） 140（公寓式）	时价	新加坡公民，大于21岁，月收入低于800新元，组建家庭，家庭月总收入低于8 000新元；无私有房产，未购买过组屋和享受过政府补贴

新加坡是一个市场经济国家，但在住房分配上坚持"政府干预辅之以市场调节"，实行严格的收入调查制度，低收入者可租住廉价的组屋，中等收入者可购买组屋，高收入者可购买豪华住宅。

四、住房保障法的基本原则

住房保障法是调整住房保障领域发生的社会关系的法律规范的总称。住房保障涉及资源配置和房产分配问题,必须考虑国家经济发展水平、人均土地面积等因素,坚持公平、公开、公正进行资源分配的基本原则,具体包含5个方面内容:一是合理制定保障性住房标准,一般为人均最低标准;二是保障全体居民住有所居,合理调整租房人群和购房人群的比例;三是坚持个人自理为主、国家帮助为辅的积极保障原则,实现人人住有所居;四是住房融资促进和保障性购房的分配实行公平、公开和公正原则;五是因地制宜、量力而行,将住房保障与城市建设、市民服务、国家社会经济发展规划结合起来。

一般情况下,住房保障仅仅解决公民住有所居的基本需求,与房屋产权的制度安排并不关联。但是,在将社会保障制度安排视为战略投资的国家,则将住房保障与房屋产权关联起来。例如,目前英国居民中有近70%的居民拥有自有住房产权,另外30%的居民租赁住房。租凭住房人群中,20%的居民从当地政府租赁公有住房,10%的居民租住私人房屋。保障性住房的产权有3种制度安排:一是产权归属政府,住户一般不得处理房产,包括出售和出租;二是产权部分归属政府而其他部分归属购房者,购房者可出售个人产权部分,但政府具有优先回购权;三是产权全部归属购房者,购房者有权处理属于自己的房产,但需要根据有关法律退回政府补贴,包括土地占用和税收减免等。又如,新加坡公积金计划成员可以购房,并获得产权,从而实现新加坡政府稳定国家和公民关系的战略安排。

五、住房保障法律体系

住房保障法律体系由一系列法律制度构成,包括住房融资促进和保障性住房建设及其分配等制度。通过住房融资促进制度,从多种渠道提高居民购房能力,可以实现个人自理为主的积极住房保障原则;通过保障性住房建设,可保障中低收入家庭居住的基本要求。例如:经济适用住房适用于中低收入的工薪群体,廉租房适用于没有稳定收入的贫困家庭,公房租赁是针对特殊群体的临时性措施。

住房保障与保障性住房的含义不同,前者属于制度安排,后者属于制度措施。住房保障法律体系主要包括需方促进(补人头)和供方建设(补砖头)两个方面。

六、我国住房保障制度的历史沿革

我国尚未颁行住房保障相关法律,住房保障不在《中华人民共和国社会保险法》的规范范围之内,现行住房保障法律主要是国务院行政法规或部门规章,另外依据于一些党和国家的政策性文件。2021年8月,国务院发布的白皮书《全面建成小康社会:中国人权事业发展的光辉篇章》提到，我国已累计建设各类保障性住房和棚改安置住房8 000多万套，帮助2亿多困难群众改善了住房条件，低保、低收入住房困难家庭基本实现应保尽保，中等偏下收入家庭住房条件明显改善，我国已建成中国特色住房保障体系。2017年5月，国务院常务会议提出的2018—2020年棚改1 500万套的总目标目前基本完成。2021年7月，《国务院办公厅关于加快发展保障性租赁住房的意见》正式明确国家层面住房保障体系的顶层设计，即国家的住房保障体系以公共租赁住房、保障性租赁住房和共有产权住房为主体，保障性住房正式接过棚改安置住房的接力棒，开始成为我国住房保障体系（见图6-4）的建设核心。

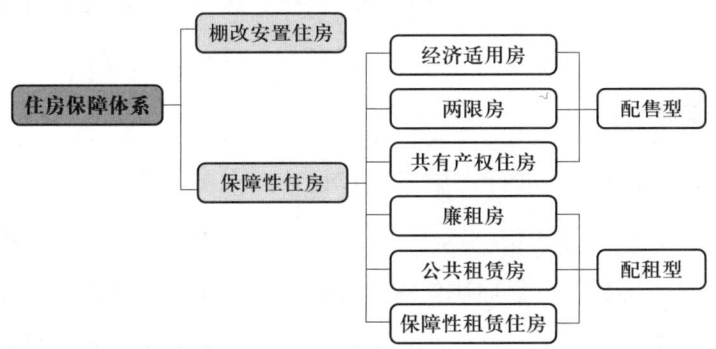

图6-4　我国住房保障体系
资源来源：中华人民共和国住房和城乡建设部网站。

我国住房保障制度改革经历了从以计划经济为基础的住房福利政策制度，逐渐发展到改革开放时期进行的补贴售卖公有住房政策，从以配售方式为主的经济适用住房到以配租方式为主的保障性租赁住房，直至进入了综合治理的住房保障时期。

（一）福利租房时期

这一时期，我国政府以集中建设和出租公房为重点，实行大力促进住宅建设、增加政府和国有单位住房供应的政策，对于解决住房问题起到了重要作用。1978年以前，我国政府和国有单位大量建设公房，城镇职工可以从工作单位分配到廉租住房，租金仅占工资的1%左右。廉租住房分配水平与职工的职务职称、工龄、家庭人口挂钩，住房面积伴随职务职称晋升而增加。此外，农村居民在宅基地上建房。

（二）货币售房时期

1980年，我国开始出售公房，但政府和市民都没有做好准备：一方面，出售规制不健全，出现公共资产流失；另一方面，大多数市民没有购房资金。1985年出售公房的改革暂时停止。在1986—1990年，我国开始大幅提高住房租金和对职工支付住房补贴。1988年《中华人民共和国宪法修正案》中，"禁止土地出租"被改为"土地使用权可以依照法律规定转让"，随后《中华人民共和国土地管理法》也作出相应修改。1990年，上海市出台房改方案，开始建立住房公积金制度。1991年，住房信贷业务起步。1991—1993年，我国再次出售公房，即以售代租。1994—1998年，我国开始实行全面的住房制度改革，即住房货币化和市场化。1998年，发布《国务院关于进一步深化城镇住房制度改革加快住房建设的通知》，我国逐步停止住房实物分配，实行住房分配货币化。以北京市为例，当时首批出售的公房每平方米售价约为400元。此后，由于政府对廉租房、限价房和房产投资产品的定价机制、土地供给和房产分配缺乏治理，导致房价普遍上升。

（三）住房保障时期

从1995年起，政府大量进行安居工程建设，向中低收入群体提供经济适用住房。1998年，经济适用住房和廉租房纳入中低收入家庭住房保障制度。1998年，《国务院关于进一步深化城镇住房制度改革加快住房建设的通知》中明确提出，建立和完善以经济适用住房为主的住房供应体系：最低收入家庭租赁由政府或单位提供的廉租住房；中低收入家庭购买经济适用住房；其他收入高的家庭购买、租赁商品住房。1998—1999年，我国尝试建立职工住房公积金计划。1999年4月，国务院颁布实施了《住房公积金管理条例》。2001年，建设廉租房向低收入群体提供住房，探索规范房屋二级市场和租赁市场。2004年，建设部颁布了《城镇最低收入家庭廉租房管理办法》。为稳定房价，加强市场调节和住房保障的制度建设，2008年在建设部内设立了住房保障司。2010年，党中央将住房保障纳入地方政府主要领导者的业绩考核指标体系。《国民经济和社会发展第十个五年规划纲要》规定，未来五年建设保障性住房、棚户区改造住房3 600万套，其中，2011年开工建设1 000万套，大规模推行保障性安居工程。

1. 公共租赁住房政策

2010年，住房和城乡建设部等七部门发布《关于加快发展公共租赁住房的指导意见》，提出大力发展公共租赁住房。根据《国务院批转发展改革委关于2013年深化经济体制改革重点工作意见的通知》和《国务院办公厅关于保障性安居工程建设和管理的指导意见》等文件精神，从2014年起，各地公共租赁住房和廉租住房并轨运行，并轨后统称为公共租赁住房。2014年，住房和城乡建设部等六部门发布的《关于试点城市发展共有产权性质政策性商品住房的指导意见》中，明确规范了共有产权住房建设和管理，以满足人民基本住房需求。2020年10月，党的十九届五中全会通过的《中共中央关于制定国民经济和社会发展第十四个五年规划和二〇三五年远景目标的建议》中提出，要有效增加保障性住房供给，完善土地出让收入分配机制，探索支持和利用集体建设用地按照规划建设租赁住房，完善长租房政策，扩大保障性租赁住房供给。

2. 地方性法规和地方政府规章

《广州市共有产权住房管理办法》《北京市共有产权住房管理暂行办法》等对住房保障的相关内容进行规范，但地区差异非常大。我国亟待制定《住房保障法》，以规范土地成本在保障房建设成本中的比重，制裁圈地不建、"捂盘惜售"、哄抬房价等违法违规行为，加大管控监督力度；规范保障房的运营机制，明确政府和市场的各自责任，引导具有微利综合经营理念和经营能力的企业进入保障住房市场；规范信贷市场，对个人首套住房贷款给予利率政策支持，对于投资性、投机性购房贷款则要严格控制。

3. 保障住房的社会管理

一是要建立经济状况调查制度。在欧美国家，福利性、保障性政策多与经济状况调查（mean-test）相结合，只在收入或财产状况满足一定条件时方可享受政府保障。住房保障同样与家庭收入相关联，如只有收入满足一定条件，方可申请廉租房，因此需要建立住房保障受益人资格的动态管理，建立居民征信制度。二是公开保障性住房分配过程，严格资格审查和复查制度，避免"搭便车"、欺诈和商业机构"钻空子"等现象，实现公民分享国家居住资源均等化。三是抑制房屋空置。房屋空置造成土地闲置和社会资源浪费，政府有责任通过征收房屋闲置税，在执行机构、社区物业和业主之间建立有效的协调机制，建立强有力的执行机构和执行措施，抑制投机性购房和商品房的土地占用率。欧美国家已经采取严厉措施降低空房率，如荷兰允许人们进住空置一年以上的房屋，法国政府向空房一年以上的业主征缴罚金税且逐年提高等。

第二节　保障性住房法律制度

保障性住房是指国家向工薪层和中低收入群体提供的，具有限价、廉租和公房租赁特征的居民第一套住房。我国尚未制定《住房保障法》，现行住房保障改革依据国务院相关条例和政策。

一、限价房的制度安排

限价房是指通过控制房价和规格,保障工薪层和中低收入群体买得起住房的制度安排。其主要特征包含5个方面:一是根据家庭人口和人均需求规定建筑面积,一般为30~60平方米;二是通过政府补贴将房价限制在中低收入家庭买得起的水平,基于个人财务生命周期原理,应当保障工薪层在20年内完成保障性住房购房计划;三是限价房可以由政府建设和管理,也可以由政府委托房地产开发商按照有关规定建设和管理;四是建立受益人资格审查和公示制度,做到公开、公正和公平;五是房屋出售部分产权,保留政府补贴部分的公产权,受益人出售限价房,应当补缴政府补贴部分的价格。

> **专栏 6-4　中国澳门特别行政区限价房的价格**
>
> 　　中国澳门特别行政区《经济房屋法》第八条规定,经济适用住房价格按照年租20倍标准确定。假设某一相似条件的商品房年租价为2.4万元(月租2 000元,从北京市的实践看应属中等标准住房),则经济适用住房售价的最高限额是48万元,从而为经济适用住房售价限制提供了较为可行的方案。

我国的经济适用住房属于限价房范畴。2007年,建设部等七部门发布了《经济适用住房管理办法》(以下简称《管理办法》)。

(一)覆盖对象

《管理办法》第二条规定,经济适用住房是面向城市低收入住房困难家庭供应,具有保障性质的政策性住房。

> **专栏 6-5　厦门市高、中低、最低家庭收入标准划分**
>
> 　　根据《厦门市高、中低、最低家庭收入标准划分试行办法》有关规定,本市双职工年家庭收入为上年度人均年工资水平6倍以上的,用4年的家庭收入能购买一套建筑面积为80平方米的中高档商品住房的,为高收入职工家庭;低于市政府规定的上年度最低工资标准计算的双职工家庭收入的,为最低收入职工家庭;介于高收入职工家庭和最低收入职工家庭之间的为中低收入职工家庭。

(二)建设主体

《管理办法》第十六条规定,经济适用住房建设按照政府组织协调、市场运作的原则,可以采取项目法人招标的方式,选择具有相应资质和良好社会责任的房地产开发企业实施;也可以由市、县人民政府确定的经济适用住房管理实施机构直接组织建设。

(三) 价格控制

《管理办法》第二十条规定,确定经济适用住房的价格应当以保本微利为原则。其销售基准价格及浮动幅度,由有定价权的价格主管部门会同经济适用住房主管部门,依据经济适用住房价格管理的有关规定,在综合考虑建设、管理成本和利润的基础上确定并向社会公布。房地产开发企业实施的经济适用住房项目利润率按不高于3%核定;市、县人民政府直接组织建设的经济适用住房只能按成本价销售,不得有利润。第二十一条规定,经济适用住房销售应当实行明码标价,销售价格不得高于基准价格及上浮幅度,不得在标价之外收取任何未予标明的费用。

(四) 准入退出规制

准入是指购买经济适用住房的申请、资格审查和批准。经济适用住房的准入条件为:具有当地城镇户口;家庭收入符合市、县人民政府划定的低收入家庭收入标准;无房或现住房面积低于市、县人民政府规定的住房困难标准。退出是指退还和转移经济适用住房。经济适用住房的退出有以下3种情况:一是受益人按照有关规定将经济适用住房卖给政府;二是在政府允许的条件下,补缴政府补贴部分的费用后,以市场价出售他人;三是补缴政府补贴部分后,购买限价房的全部产权。

(五) 产权规制

《管理办法》第三十条规定,经济适用住房购房人拥有有限产权。购买经济适用住房不满5年,不得直接上市交易,购房人因特殊原因确需转让经济适用住房的,由政府按照原价格并考虑折旧和物价水平等因素进行回购。购买经济适用住房满5年,购房人上市转让经济适用住房的,应按照届时同地段普通商品住房与经济适用住房差价的一定比例向政府交纳土地收益等相关价款;购房人也可按政府所定的标准向政府交纳土地收益等相关价款后,取得完全产权。

二、共有产权住房的制度安排

共有产权住房是指政府提供政策支持,组织建设单位建设,销售价格低于同地段、同品质商品住房价格水平,并限制使用范围和处分权利,实行政府与购房人按份共有产权的政策性商品住房。2017年9月,《北京市共有产权住房管理暂行办法》(以下简称

《暂行办法》）规范了公有产权住房规划建设、审核配售、共有产权约定等。

（一）规划建设

《暂行办法》第五条规定，各区人民政府根据共有产权住房需求等情况合理安排共有产权住房用地，用于满足本区符合条件的居民家庭及重点人才居住需求。其中，满足在本区工作的非本市户籍家庭住房需求的房源应不少于30%。第七条规定，共有产权住房建设用地可采取"限房价、竞地价""综合招标"等多种出让方式。第八条明确，共有产权房户型以中小套型为主，套型设计功能应布局合理，能有效满足居住需求。

（二）审核配售

申请购买北京市共有产权住房的家庭为：（1）申请人应具有完全民事行为能力，申请家庭成员包括夫妻双方及未成年子女。单身家庭申请购买的，申请人应当年满30周岁。（2）申请家庭应符合本市住房限购条件且家庭成员在本市均无住房，一个家庭只能购买一套共有产权住房。第十条规定，申请家庭承租公共租赁住房、公有住房（含直管和自管公房等）后又购买共有产权住房的，应在购房合同网签前书面承诺腾退所租住房屋。

（三）共有产权约定

《暂行办法》第十七条规定，共有产权住房项目的销售均价，应低于同地段、同品质普通商品住房的价格，以项目开发建设成本和适当利润为基础，并考虑家庭购房承受能力等因素综合确定。第十八条规定，购房人产权份额，参照项目销售均价占同地段、同品质普通商品住房价格的比例确定；政府产权份额，原则上由项目所在地区级代持机构持有，也可由市级代持机构持有。

《暂行办法》第二十五条规定，共有产权住房购房人取得不动产权证满5年的，可按市场价格转让所购房屋产权份额。购房人向原分配区住房城乡建设委（房管局）提交转让申请，明确转让价格。同等价格条件下，代持机构可优先购买。代持机构放弃优先购买权的，购房人可在代持机构建立的网络服务平台发布转让所购房屋产权份额信息，转让对象应为其他符合共有产权住房购买条件的家庭。新购房人获得房屋产权性质仍为"共有产权住房"，所占房屋产权份额比例不变。

《暂行办法》第二十七条规范了共有产权购房人使用房屋限制，即共有产权住房的购房人和同住人应当按照本市房屋管理有关规定和房屋销售合同约定使用房屋。共有产权住房购房人和代持机构,不得将拥有的产权份额分割转让给他人;不得违反本办法规定,擅自转让、出租、出借共有产权住房。购房人、同住人违反购房合同约定,有擅自转让、出租、出借或超过份额抵押共有产权住房等行为的,代持机构可以按照合同约定,要求其改正,并追究其违约责任。

三、廉租住房的制度安排

廉租住房是指通过低租保障低收入群体和贫困家庭住有所居的制度安排,实行货币补贴和实物配租等相结合的方式,其称谓包括福利房、政府公房等。廉租住房主要特征有4点:一是根据家庭人口和人均需求规定最低居住面积和建筑面积;二是政府提供租金补贴和建设公房,制定出租规则;三是建立受益人资格审查和公示制度,做到公开、公正和公平;四是受益人收入状况改善的,即取消租住资格。

2007年,国务院颁布了《廉租住房保障办法》。

(一)覆盖人群

城市低收入住房困难家庭,是指市、县人民政府所在地的镇范围内,家庭收入、住房状况等符合市、县人民政府规定条件的家庭。

(二)建设主体

国务院建设主管部门指导和监督全国廉租住房保障工作。县级以上地方人民政府建设(住房保障)主管部门负责本行政区域内廉租住房保障管理工作。廉租住房建设用地,应当在土地供应计划中优先安排,并在申报年度用地指标时单独列出,采取划拨方式,保证供应。

(三)资金来源和实物配租房源

廉租住房保障资金来源包括年度财政预算安排的廉租住房保障资金,提取贷款风险准备金和管理费用后的住房公积金增值收益余额,土地出让净收益中安排的廉租住房保障资金,政府的廉租住房租金收入、社会捐赠及其他方式筹集的资金等。土地出让净收益用于廉租住房保障资金的比例不得低于10%。实物配租房源主要包括政府新建、收购的住房,腾退的公有住房,社会捐赠的住房,以及其他渠道筹集的住房等。

(四)保障方式

廉租住房保障方式实行货币补贴和实物配租等相结合。货币补贴是指县级以上地方人民政府向申请廉租住房保障的城市低收入住房困难家庭发放租赁住房补贴,由其自行承租住房。实物配租是指县级以上地方人民政府向申请廉租住房保障的城市低收入住房困难家庭提供住房,并按照规定标准收取租金。实施廉租住房保障,主要通过发放租赁补贴,增强城市低收入住房困难家庭承租住房的能力。廉租住房紧缺的城市,应当通过新建和收购等方式,增加廉租住房实物配租的房源。采取货币补贴方式的,补贴额度按照城市低收入住房困难家庭现住房面积与保障面积标准的差额、每平方米租赁住房补贴标准确定;采取实物配租方式的,配租面积为城市低收入住房困难家庭现住房面积与保障面积标准的差额。

(五)申请与核准

申请廉租住房应提供下列材料,家庭收入情况证明材料,家庭住房状况证明材料,家庭成员身份证和户口簿,市、县人民政府规定的其他证明材料。由户主向户口所在地街道办事处或者镇人民政府提出书面申请,街道办事处或者镇人民政府应当自受理申请之日起30日内进行审核,提出初审意见并张榜公布,将初审意见和申请材料一并报送市(区)、县人民政府建设(住房保障)主管部门。

(六)廉租住房租赁合同

廉租住房租赁合同的主要内容包括:(1)房屋的位置、朝向、面积、结构、附属设施和设备状况;(2)租金及其支付方式;(3)房屋用途和使用要求;(4)租赁期限;(5)房屋维修责任;(6)停止实物配租的情形,包括承租人已不符合规定条件的,将所承租的廉租住房转借、转租或者改变用途,无正当理由连续6个月以上未在所承租的廉租住房居住或者未交纳廉租住房租金等;(7)违约责任及争议解决办法,包括退回廉租住房、调整租金、依照有关法律法规规定处理等;(8)其他约定。

第三节 住房融资法律制度

住房融资是指居民为购买自住房筹集资金。住房融资法律制度是指提高居民购房和租房融资能力的制度安排的总和,包括住房公积金、购房贷款优惠、住房补贴、旧房换保障、土地换保障等。

一、住房公积金

住房公积金是指自储公助的购房储金。《住房公积金管理条例》规定,住房公积金是指国家机关、国有企业、城镇集体企业、外商投资企业、城镇私营企业及其他城镇企业、事业单位、民办非企业单位、社会团体及其在职职工缴存的长期住房储金。直辖市和省、自治区人民政府所在地的市以及其他设区的市（地、州、盟）应当设立住房公积金管理委员会，负责住房公积金的管理运作。

截至2022年年末，全国共设有住房公积金管理中心341个，全国住房公积金服务网点3 628个，受委托商业银行主要为中国工商银行、中国农业银行、中国银行、中国建设银行、交通银行等。《全国住房公积金2022年年度报告》显示，2022年，全国住房公积金缴存额31 935.05亿元，提取额21 363.27亿元，发放个人住房贷款11 841.85亿元。截至2022年年末，全国缴存余额92 454.82亿元。

我国住房公积金制度的发展分为4个阶段：一是试点阶段（1991—1993年），以《上海市住房制度改革实施方案》为标志，针对福利分房制度建立了国家、单位和个人共同负担住房建设基金的制度；二是推广阶段（1994—1998年），伴随城镇住房制度改革，提高购房能力；三是确立阶段（1999—2014年），出台了《住房公积金管理条例》，旨在强化管理，维护缴存者权益；四是完善阶段（2015年至今），对《住房公积金管理条例》进行修订（2002年、2019年先后两次修订）。

（一）缴存住房公积金

单位录用职工的，应当自录用之日起30日内向住房公积金管理中心办理缴存登记，职工开始成为住房公积金计划的成员，然后持住房公积金管理中心的审核文件，到受托银行办理职工住房公积金账户的设立或者转移手续。职工住房公积金的月缴存额为职工本人上一年度月平均工资乘以职工住房公积金缴存比例，单位为职工缴存的住房公积金的月缴存额为职工本人上一年度月平均工资乘以单位住房公积金缴存比例。职工和单位住房公积金的缴存比例均不得低于职工上一年度月平均工资的5%；有条件的城市，可以适当提高缴存比例。具体缴存比例由住房公积金管理委员会拟订，经本级人民政府审核后，报省、自治区、直辖市人民政府批准。单位和个人基于职工个人工资总额，按照单一基数和同样比例缴费，费率在5%~12%，缴费公式如下：

职工住房公积金的月缴存额＝职工本人上一年度月平均工资 $\times$（5%~12%）$\times 2$

单位为职工缴存的住房公积金，按照下列规定列支：（1）机关在预算中列支；（2）事业单位由财政部门核定收支后，在预算或者费用中列支；（3）企业在成本中列支。

（二）住房公积金管理

住房公积金管理委员会为住房公积金管理的决策机构。住房公积金管理委员会的成员中，人民政府负责人和建设、财政、人民银行等有关部门负责人以及有关专家占1/3，工会代表和职工代表占1/3，单位代表占1/3。住房公积金管理委员会主任应当由具有社会公信力的人士担任。住房公积金管理委员会在住房公积金管理方面履行职责见《住房公积金管理条例》的规定。

住房公积金采取个人账户与集中托管相结合的管理模式。职工个人缴存的住房公积金和职工所在单位为职工缴存的住房公积金，属于职工个人所有。住房公积金的管理实行住房公积金管理委员会决策、住房公积金管理中心运作、银行专户存储、财政监督的原则。

（三）住房公积金提取与使用

职工有下列情形之一的，可以提取职工住房公积金账户内的存储余额：（1）购买、建造、翻建、大修自住住房的；（2）离休、退休的；（3）完全丧失劳动能力，并与单位终止劳动关系的；（4）出境定居的；（5）偿还购房贷款本息的；（6）房租超出家庭工资收入的规定比例的。职工死亡或者被宣告死亡的，职工的继承人、受遗赠人可以提取职工住房公积金账户内的存储余额；无继承人也无受遗赠人的，职工住房公积金账户内的存储余额纳入住房公积金的增值收益。缴存住房公积金的职工，在购买、建造、翻建、大修自住住房时，可以向住房公积金管理中心申请住房公积金贷款。2022年部分类型住房公积金提取情况见表6-2。

表6-2 2022年部分类型住房公积金提取情况

类型	提取原因	提取人数/万人	占比/%	提取金额/亿元	占比/%
住房消费类	购买、建造、翻建、大修自住住房	601.90	8.87	4 157.95	19.46
	偿还购房贷款本息	3 643.36	53.72	11 128.86	52.09
	租赁住房	1 537.87	22.67	1 521.37	7.12
	老旧小区改造	1.07	0.02	5.01	0.02
	其他	102.27	1.51	103.77	0.49
非住房消费类	离退休	259.34	3.82	3 141.74	14.71
	丧失劳动能力，与单位终止劳动关系	213.53	3.15	347.13	1.62
	出境定居或户口迁移	47.22	0.70	86.61	0.41
	死亡或宣告死亡	12.10	0.18	85.74	0.40
	其他	363.96	5.36	785.09	3.68
合计		6 782.62	100.00	21 363.27	100.00

根据《住房公积金管理条例》规定，计划成员可以将账户资金一直保留到退休时点，然后将储存额一次性取出用于养老；可以利用住房公积金贷款买房，享受优惠利率；也可以在退休时用已购住房按"以房养老"方式获得养老的现金流。

（四）住房公积金的基金管理

住房公积金管理中心在保证住房公积金提取和贷款的前提下，经住房公积金管理委员会批准，可以将住房公积金用于购买国债。住房公积金管理中心不得向他人提供担保。

住房公积金的增值收益应当存入住房公积金管理中心在受委托银行开立的住房公积金增值收益专户，用于建立住房公积金贷款风险准备金、住房公积金管理中心的管理费用和建设城市廉租住房的补充资金。住房公积金管理中心的管理费用，由住房公积金管理中心按照规定的标准编制全年预算支出总额，报本级人民政府财政部门批准后，从住房公积金增值收益中上交本级财政，由本级财政拨付。

地方有关人民政府财政部门应当加强对本行政区域内住房公积金归集、提取和使用情况的监督，并向本级人民政府的住房公积金管理委员会通报。住房公积金管理中心在编制住房公积金归集、使用计划时，应当征求财政部门的意见。住房公积金管理委员会在审批住房公积金归集、使用计划和计划执行情况的报告时，必须有财政部门参加。

住房公积金管理中心编制的住房公积金年度预算、决算，应当经财政部门审核后，提交住房公积金管理委员会审议。住房公积金管理中心应当每年定期向财政部门和住房公积金管理委员会报送财务报告，并将财务报告向社会公布。住房公积金管理中心应当依法接受审计部门的审计监督。

二、购房贷款优惠

购房贷款优惠是指为购买首套住房（如经济适用住房）提供的优惠贷款，包括在按揭比例、贷款利率和还贷期限等方面优越于一般商业贷款的政策和措施。在购房贷款优惠中，住房公积金扮演着很重要的角色，而向购房者提供抵押贷款是银行的一项重要业务。

假设：一对北京的夫妻，两人年工资收入均为 50 415 元，公积金缴存额为 32 265.6 元（50 415 × 16% × 4，即单位和个人的缴存比例都是 8%，缴存 2 年），欲在朝阳区某小区购置一套 80 平方米的首套住房，总价值为 208 万元人民币，首付为 40 万元，申请贷款年限为30年，信用等级为AAA级。按照北京市住房公积金的现行规定，他们可申请公积金贷款最高额度为104万元，采用等额均还的还款方式，每月还款额为5 519.56元，还款总额为1 987 041.6元。如果采用商业贷款，则每月还款额为6 947.11元，还款总额为2 500 958.48元，比公积金贷款高出50多万元。

> **专栏6-6　英国住房贷款优惠政策**
>
> 　　20世纪90年代中期之前，英国各地有众多住房信贷合作社，为参加住房信贷储蓄的居民提供贷款（目前已改为住房信贷银行，可以从事多种银行业务）。购房者通常可贷到房价90%的购房款，有的还能贷到100%的购房款，贷款额为年工资的3~3.5倍；还款期一般为20~25年，特殊情况下可为30~35年；还款方式有固定利率，也有浮动利率。在还本付息期间，如申请抵押贷款的购房者发生失业等特殊情况而不能按时付款时，银行并不以处置抵押房产为主要手段，一般都给予一定的还款宽限期，在此期限内可只付息不还本。另外，政府和银行都鼓励贷款者购买贷款保险（失业与疾病保险），当其暂无还款能力时，保险公司可以帮助居民还款。

三、住房补贴

（一）购房补贴

购房补贴是指为购买首套住房者提供货币补贴的制度安排。例如，河北省邢台市、湖南省长沙市和株洲市、辽宁省本溪市等地方政府都较早出台了住房补贴政策，但政策差异较大。在补贴对象方面，邢台市为"中低收入标准线以下且自有产权人均住房面积20平方米以下的住房困难户"，长沙市为"符合经济适用住房申购条件的保障对象"，株洲市为"低收入标准线以下、无房或危房户或人均居住面积15平方米以下的住房困难户"。在补贴标准方面，邢台市为"经济适用住房用地出让净收益金加其他政策性优惠资金"，长沙市为"定额补贴（低收入无房家庭每户8万元，其他每户5万元）"。住房保障立法应当规范低收入群体的住房补贴政策，并授权地方政府根据实际情况制定实施细则，继而授权用人单位依法将购房补贴纳入员工福利计划。

（二）租房补贴

租房补贴是指为租赁首套住房者（公租房、廉租房）提供租金补贴的制度安排。租房补贴的主要受益对象是青年群体和低收入家庭。租房补贴在政策中归属于地方性城镇保障性安居工程中的住房租赁补贴部分。租房补贴包括廉租住房租房补贴、经济租赁住房租房补贴、廉租住房实物配租补贴等，一般采取各类人才分层次保障。

公租住房解决基础性人才（住房困难家庭）住房保障，申请公租住房的家庭上年度人均可支配收入标准低于相关标准，即可申请受理。各地采取实物配租到实物配租和货币补贴并举，提高了保障效率与房源选择自由度。以杭州市为例，公租住房货币补贴标准从2017年每月每平方米12元提升至2022年每月每平方米24元，杭州市本级公租住房套内装修标准从每平方米200元提高到每平方米不低于800元。

人才专项租赁住房重点解决中高层次人才住房困难，主要针对新就业大学毕业生和创业人员，对符合条件的应届全日制本科（含）以上大学毕业生，每年给予一定租房补贴并持续3年。

租房补贴还表现为单位为新招聘的人员特别是工作骨干提供职工宿舍。例如，我国一些大学从海外招聘人才，提供限期住房（如2年），亦称周转房，通常免租或者低租金。

> **专栏6-7　山东省城镇保障家庭租赁补贴政策**
>
> 2019年4月，山东省住房和城乡建设厅公布了《关于进一步推进城镇住房保障家庭租赁补贴工作的指导意见》，拟将符合住房保障条件的城镇中等偏下收入住房困难家庭、新就业无房职工、稳定就业外来务工人员纳入住房租赁补贴的保障范围，以家庭为单位实施保障。保障方式方面，要求各地要结合保障对象实际需求，分类确定保障方式：原则上符合条件的特殊困难家庭应采取实物保障；城市低保住房困难家庭、低收入住房困难家庭以实物保障为主，住房租赁补贴保障为辅；城镇中等偏下收入住房困难家庭、新就业无房职工、城镇稳定就业外来务工人员以住房租赁补贴保障为主，实物保障为辅。同时，各地也可结合公共租赁住房房源空置情况和保障对象意愿，灵活落实保障措施：特困家庭采取实物保障；城市低保住房困难家庭、低收入住房困难家庭以实物保障为主，住房租赁补贴保障为辅等；新就业无房职工累计保障期限原则上不超过36个月。

可见，制定住房保障法律法规时，应当规范针对上述人群的租房补贴政策，并授权地方政府根据实际情况制定实施细则，继而授权用人单位依法将租房补贴纳入员工福利计划。

（三）建房补贴

建房补贴是指政府为建造自住房提供补贴的制度安排，该类政策在城镇棚户区安居工程、城镇老旧小区改造工程、农村危房改造、地震高烈度设防地区农房抗震改造中被普遍使用。

2020年7月，《国务院办公厅关于全面推进城镇老旧小区改造工作的指导意见》中明确指出，城镇老旧小区是指城市或县城（城关镇）建成年代较早、失养失修失管、市政配套设施不完善、社区服务设施不健全、居民改造意愿强烈的住宅小区（含单栋住宅楼），同时确定了基础类、完善类、提升类三大类改造方案。"十四五"时期，我国将基本完成2000年年底前建成的21.9万个城镇老旧小区改造。老旧小区改造资金由中央、地方政府与居民、责任企业和责任（产权）单位、社会力量合理承担。

农村危房改造项目中针对农村建档立卡贫困户，只要村民的住房符合危房改造标准和审核分级后，根据不同的标准采取修缮加固改造、拆除重建、选址新建或统建农村集体公租房等方式解决住房安全问题。我国遵循"安全为本、因地制宜、农户主体、提升质量"的原则，在全国范围内的农村实施危房改造和地震高烈度设防地区农房抗震改造工作，并且也在逐步建立健全农村低收入群体住房安全保障长效机制。

四、旧房换保障

旧房换保障是指在拆迁和征用土地时，根据旧房的市场价值（产权）加增值收益（再分配），折算首套住房（经济适用住房或其他）提供的货币补偿。旧房换保障制度的主要受益对象是城乡居民因拆迁和征地失去旧房的群体。

在城乡，建立各类因拆迁和征地原因导致居民失去旧房，通过等价和加价获得住房保障的制度，有利于社会经济发展规划和城乡建设。旧房换保障的制度安排应当坚持"谁征用谁补偿，辅助政府补贴"的原则，由国家制定申请、定价、支付程序的法律法规，由专门机构严格依法执行。首先，坚持"谁征用谁补偿"原则，将补偿金纳入征用成本，符合公平原则；其次，政府因建设项目的性质决定如何提供补贴，主要补贴公益项目；最后，建立评估、定价和支付补贴的专门机构，制定申请、审批和执行的法律法规，严格依法执行，杜绝权力寻租和营私舞弊、侵犯居民权益的行为。

五、土地换保障

土地换保障是指根据征用土地的市场价值加增值收益，折算失地农民首套住房（经济适用住房或者其他)的货币性补偿。土地换保障包括就业促进、最低生活保障、医疗保障、教育保障、住房保障等一系列内容,住房保障是其中一项,仅限于旧房换保障的补充作用。土地换保障制度的主要受益对象是失地农民群体和拆迁移民群体,用于补充旧房换保障的不足部分,具体计算方法按国务院有关规定执行。

土地包括宅基地和承包经营土地,这里主要指宅基地。土地换保障应当坚持"谁征用谁补偿,辅助政府补贴"的原则,国家制定申请、定价、支付程序的法律法规,由专门机构严格依法执行。

深度阅读

杜文.发达国家住房保障制度建设的基本经验[J].经济体制改革,2005(3):140-143.

本文分析了发达国家住房保障制度建设基本经验后,提出以下6点观点:(1)政府应作为构建和实施主体,在维护市场机制的基础上干预住房市场,为住房保障制度的实施提供法律依据和保障;(2)明确住房保障的目标范围,根据住房发展所处阶段决定保障方式;(3)注意住房保障的层次性;(4)大力提高财政支付能力和发展住房金融;(5)住房保障实施手段从"砖头补贴"向"人头补贴"转变;(6)建立动态调节机制。

本章小结

1. 分析了居民住房面临的"购房能力"和"居住安全"的风险特征以及住房保障的原则和目标。

2. 界定了实现国家住房保障目标的政府责任,具体包括住房保障规划责任,土地使用规范责任,规范房地产业健康发展的责任,以及相应的指标及其作用。

3. 归纳了我国住房保障的制度安排的制度体系,包括廉租房、限价房和购房融资的法律制度。

重要概念

住房风险　保障性住房　价格机制

> 思考题

1. 分析居民住房风险的主要特征。
2. 分析界定住房保障中的政府责任。
3. 归纳廉租房法律制度的主要内容和执行问题。
4. 归纳限价房法律制度的主要内容和执行问题。
5. 分析住房公积金法律制度的功能和作用。
6. 讨论我国住房保障法律制度建设的主要挑战，区别"购买居住房"和"投资房产"，思考"房子是用来住的"与"共同富裕发展目标"之间的关系。

第七章
养老保障法

教学目标：掌握国家抵御公民老年风险和实现老有所养目标的制度安排的基本理论；熟悉老年风险、老年赡养负担以及相应的养老保障制度安排及其立法的研究对象和主要内容；了解本领域的发展趋势和主要挑战。

本章主要内容：
- 老年风险与养老保障
- 养老金法律制度
- 养老服务法律制度

第一节 老年风险与养老保障

一、老年风险

老年风险是指伴随人们的年老衰退，在收入、健康、居住与照护等方面的不确定性的权益损害。老年风险的主要特征有3个方面：一是风险的必然性，人们都将进入老年并逐渐丧失劳动能力、就业机会和生活自理能力，即出现劳动力折旧现象；二是风险的相对可预测性，人们可以提前积累养老金，确定退休时点或年龄，根据生命表预测退休后的余命和运用精算技术对养老金进行损益处理，以应对老年风险；三是多数人具有风险承受能力，职业稳定和收入持续增加的人群具有良好的养老金积累能力，能够适应终生平滑消费型的制度安排。养老金制度、社区医疗和照护经济是应对老年风险的制度安排。

人口学意义上的老年风险来自人口结构。人口老龄化趋势意味着老龄人口占比增加，老年赡养负担不断加重，现收现付制养老金计划的支出风险不断增加。人口老龄化是指60岁及以上人口超过总人口的10%，65岁及以上人口超过总人口的7%；深度人口老龄化是指老年赡养负担达到或超过50%。从1990年到2030年，全世界老年人口占人口总数比例将从9%增长到16%。

二、养老模式

养老模式（见图7-1）包括家庭养老、居家养老+社区服务、机构养老3种。

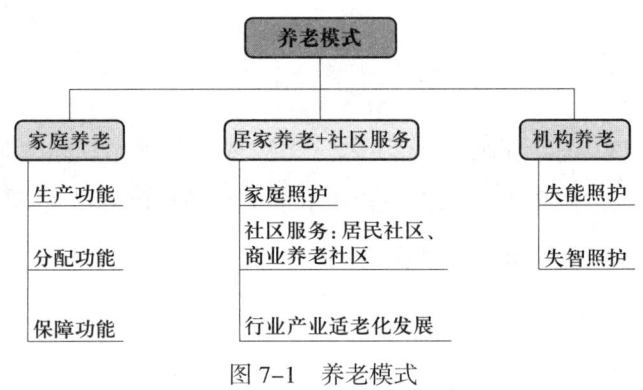

图7-1 养老模式

（一）家庭养老

家庭养老是指由家庭承担赡养老年人的全部功能。在自给自足的个体农业经济时代，一般都是由三代同堂大家庭承担生产、分配、保障3个功能，俗称"养儿防老"。

（二）居家养老+社区服务

居家养老是指老年人留在家中度过晚年，包括三代家庭、两代家庭、老人家庭（也称空巢家庭）、孤寡老人家庭等。显然，日益小型化的家庭已经不能满足养老需求，特别是高龄老人失能失智照护的刚性需求。随着城镇化、家庭结构小型化和居民社区化，居家养老成为主流。伴随这个现象出现了另一个社会现象，即社会化养老服务的发展，出现了养老服务专业、行业、产业、企业和事业等，即事业、产业、行业的适老化发展。养老服务需要有"家"的味道，以"餐饮、急救、照护"等刚性需求为中心形成产业链，将服务嵌入社区、家庭和老年人的身心生活。养老服务和医养融合成为现代社区服务的功能和文化，需要配置相关基础设施。

（三）机构养老

机构养老是指提供失能失智照护和临终关怀服务的专业机构。例如：包括老年护理院、临终医院、院外康复服务机构等提供的养老服务；社区康护驿站和家庭病床等医护机构指导建设或直接提供的养老服务。

三、养老保障要素和目标

(一)养老保障要素

1. 养老金

养老金是指维持老年人日常开支的现金流和生存年金。养老金相当于家庭人均消费支出的50%~80%和在职职工平均工资的30%~60%,以保障老年人日常支出,消除老年贫困。广义养老金还包括支付高龄照护服务的资金。

2. 老年医护

老年医护包括社区基本保健和医院急性治疗,以及分担80%以上的医疗费用的医疗保险计划。

3. 老年居住与照护

老年居住一般需要人均12~20平方米的居住空间和相关配套设施,自住房不用缴纳房租。高龄失能失智的家庭照护和专业机构的照护属于广义医护范畴。

多元养老保障体系结构如图7-2所示。

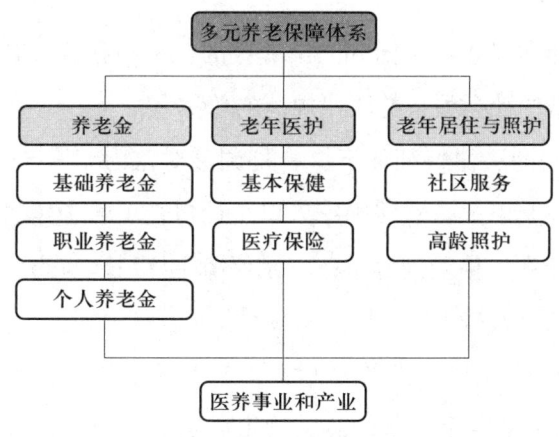

图7-2 多元养老保障体系结构

(二)养老保障目标

1. 克服老年贫困

国家制定养老金、老年医护、老年居住与照护的贫困线,并提供相关帮助,以保障老年人生活水平不至于低于贫困线。例如,2007年,北京市政府开始为贫困老人支付养老补贴每人每月200元人民币;2005年,陕西省榆林市的神木县开始运行十大民生保障工程，将老年人作为重点保障对象，具体制度安排包括孤寡老人供养（300元）计划、保障性住房计划等。

2. 改善老年生活

改善老年生活包括两个方面，一是维持老年生活计划，是指国家制定基础养老金、老年医护、老年居住与照护的基本保障线，并提供相关帮助，如国民年金（或基础养老金）、限价房和老年公寓、养老服务、老年人基本医疗计划等，以保障老年人生活稳定无忧。二是实现个人终生平滑消费计划，是指国家制定养老储蓄、住房保障和医疗保障的法律和政策，通过强制和鼓励的方式建立个人养老规划，包括纳税、缴费和储蓄，实现个人收入一生平滑消费和效用最大化。《贝弗利奇报告：社会保险和相关服务》中一再强调，不要忽略公民个人的能力。例如，新加坡公积金就是由政府干预、个人积累的，通过终生平滑消费保障老年生活无忧的计划。此外，老年人口作为消费群体可以创造老年人口红利，维持经济社会稳定持续发展。

四、老年人权益保障法

（一）老年人权益保障原则

老年人权益是老年居民基本生活和人格尊重的权利和利益。老年人权益保障法是调整老年人权益保护领域的社会关系的法律规范的总称。

老年人权益保障法的法律特征如下：一是调整对象为年满55~60岁（中国国内人口统计口径）、65岁及其以上（欧美国家人口统计口径）的老年居民；二是保障目标是老年人口基本生活安全和人格受到尊重；三是保障主体以政府为主导，建立社会合作机制和氛围，鼓励和辅助个人努力。

为保障老年人的合法权益，我国大力发展老年事业和弘扬敬老养老的美德，根据《中华人民共和国宪法》第四十五条的有关规定制定了《中华人民共和国老年人权益保障法》。

我国有31个省（自治区、直辖市）出台了保障老年人权益的地方性法规。2012年以来，我国一方面修订《中华人民共和国老年人权益保障法》，另一方面出台了《国务院关于加快发展养老服务业的若干意见》《"十四五"国家老龄事业发展和养老服务体系规划》等70多项政策文件，为维护老年人权益奠定了政策基础。全国各省份相应出台了老年人社会优待政策，不断丰富老年人的文化生活和社会参与，全国共有各类老年大学7.6万所。截至2022年年底，全国各地均已建立高龄津贴制度、老年人服务补贴制度、老年人护理补贴制度等，各类津补贴惠及老年人。

（二）《中华人民共和国老年人权益保障法》的主要内容

1. 总则

老年人有从国家和社会获得物质帮助的权利，有享受社会服务和社会优待的权利，有参与社会发展和共享发展成果的权利。依法禁止歧视、侮辱、虐待或者遗弃老年人。

2. 家庭赡养与扶养

赡养人应当履行对老年人经济上供养、生活上照料和精神上慰藉的义务，照顾老年人的特殊需要。赡养人的配偶应当协助赡养人履行赡养义务。赡养内容包括尊重、照料等，还要尊重老年人婚姻、财产处置权等。保护老年人财产权益至关重要。发达国家的经验证明，保护老年人的房产和宅基地需要特别保护措施，特别是对失能失智老人而言，财产是其维护尊严和购买服务的资金。

3. 社会保障

国家通过基本医疗保险制度，保障老年人的基本医疗需要。享受最低生活保障的老年人和符合条件的低收入家庭中的老年人参加新型农村合作医疗和城镇居民基本医疗保险所需个人缴费部分，由政府给予补贴。有关部门制定医疗保险办法，应当对老年人给予照顾。国家逐步开展长期护理保险工作，保障老年人的护理需求。

4. 社会服务

地方各级人民政府和有关部门应当采取措施，发展城乡社区养老服务，鼓励、扶持专业服务机构、组织和个人，为居家老人提供生活照料、紧急救援、医疗护理、精神慰藉、心理咨询等多种形式的服务。对经济困难的老年人，地方各级人民政府应当逐步给予养老服务补贴。

5. 社会优待

各级人民政府和有关部门应当为老年人及时、便利地领取养老金、结算医疗费和享受其他物质帮助提供条件。各级人民政府和有关部门办理房屋权属关系变更、户口迁移等涉及老年人权益的重大事项时，应当就办理事项是否为老年人的真实意思表示进行询问，并依法优先办理。老年人因其合法权益受侵害提起诉讼缴纳诉讼费确有困难的，可以缓缴、减缴或者免缴；需要获得律师帮助但无力支付律师费用的，可以获得法律援助。鼓励律师事务所、公证处、基层法律服务所和其他法律服务机构为经济困难的老年人提供免费或者优惠服务。医疗机构应当为老年人就医提供方便，对老年人就医予以优先。有条件的地方，可以为老年人设立家庭病床，开展巡回医疗、护理、康复、免费体检等服务。

6. 宜居环境

国家采取措施，推进宜居环境建设，为老年人提供安全、便利和舒适的环境。建设老年友好型城市和社会，方便更多老年人能够维持自理生活。

7. 参与社会发展

国家和社会应当重视、珍惜老年人的知识、技能、经验和优良品德，发挥老年人的专长和作用，保障老年人参与经济、政治、文化和社会生活。老年人可以通过老年人组织，开展有益身心健康的活动。具有中国特色的老年大学在我国非常普及。

（三）家庭养老及其法律责任

1. 家庭养老的赡养人及义务

赡养人是指老年人的子女以及其他依法负有赡养义务的人，赡养人的配偶应当协助赡养人履行赡养义务。

赡养人法定义务包括如下内容：使患病的老年人及时得到治疗和护理；对生活不能自理的老年人，赡养人应当承担照料责任，不能亲自照料的，可以按照老年人的意愿委托他人或者养老机构等照料；安排老年人的住房，老年人自有或者承租的住房，子女或者其他亲属不得侵占，不得擅自改变产权关系或者租赁关系；老年人承包的田地委托他人照管的，收益归老年人所有；关心老年人的精神需求，不得忽视、冷落老年人；与老年人分开居住的家庭成员，应当经常看望或者问候老年人；用人单位应当按照国家有关规定保障赡养人探亲休假的权利；赡养人不得以放弃继承权或者其他理由，拒绝履行赡养义务；赡养人不履行赡养义务，老年人有要求赡养人付给赡养费等权利；不得要求老年人承担力不能及的劳动；基层群众性自治组织、老年人组织或者赡养人、扶养人所在单位应当督促其履行。

2. 家庭养老的法律责任

禁止对老年人实施家庭暴力。任何组织、个人及其家庭成员侵犯老年人利益的，应当受到法律制裁，并承担相应的法律责任。老年人与家庭成员因赡养、扶养或者住房、财产等发生纠纷，可以申请人民调解委员会或者其他有关组织进行调解，也可以直接向人民法院提起诉讼。人民调解委员会或者其他有关组织调解上述纠纷时，应当通过说服、疏导等方式化解矛盾和纠纷；对有过错的家庭成员，应当给予批评教育。人民法院对老年人追索赡养费或者扶养费的申请，可以依法裁定先予执行。干涉老年人婚姻自由，对老年人负有赡养、扶养义务而拒绝赡养、扶养，虐待老年人、遗弃老年人或对老年人实施家庭暴力的，由有关单位给予批评教育；构成违反治安管理行为的，依法给予治安管理处罚；构成犯罪的，依法追究刑事责任。家庭成员有盗窃、诈骗、抢夺、勒索、故意毁坏老年人财物，情节较轻的，依照治安管理处罚条例的有关规定处罚；构成犯罪的，依法追究刑事责任。

> **案例 7-1 遗弃老年人属于犯罪行为**
>
> 2003 年 8 月 23 日早晨，王母轮到在二儿子王某家吃饭，途中与马某（王某妻子）相遇，马某便对婆婆进行辱骂，不准其进屋，并将王母推倒在地。8 月 25 日傍晚，王母到王某家，见二儿子和几个孩子正在吃饭，便哀求二儿子给点饭吃。王某未予理睬，王母便自盛了一碗饭，马某见状便恶语相加，并冲上去把碗抢下，随后又将王母打了一顿，赶出门外。8 月 27 日，王母忍无可忍，当众诉冤，之后因生活无着，被迫含愤服毒而死。
>
> 【争议】对此案定性有两种意见：第一种意见认为，对被告人王某、马某的行为应认定为虐待罪，二者行为符合"没有独立生活能力的家庭成员；应当赡养而不赡养，且情节恶劣；具有赡养义务和赡养能力；且属于故意所为"的虐待罪的构成要件。第二种意见认为应认定为遗弃罪。
>
> 所谓遗弃罪，是指对于年老、年幼、患病或者其他没有独立生活能力的人，负有赡养义务而拒绝赡养，情节恶劣的行为。本罪构成要件：（1）行为人的行为侵犯了被害人在家庭中受赡养的权利；（2）行为人的行为在客观方面表现为对年老而没有独立生活能力的家庭成员，应当赡养而拒绝履行赡养义务；（3）行为人在主观上须出于故意，既明知自己应当履行扶养义务，有赡养能力，且明知自己不履行赡养义务会侵害被告害人的合法权益，但拒不赡养；（4）行为人须是对被害人负有法律上的赡养义务且具有赡养能力的人。

（四）社会养老及制度安排

2021 年 11 月，《中共中央 国务院关于加强新时代老龄工作的意见》中提到，建立以居家养老为基础，提升社区养老服务能力，建立专业机构服务向社区、家庭延伸的养老服务体系。按照该意见提出的指导思想、工作原则和保障措施，应从需求和供给两个方面构成一个"三三制"社会养老服务体系，如图7-3所示。一是根据养老服务需求，促进支持居家养老、社区服务和机构养老的行业、产业和企业适老化发展；二是根据支付能力提供3类服务，即兜底型服务（针对贫困家庭）、普惠型服务（针对社会大众）和个性化服务（针对高收入人群），从而实现老有所为、老有所养、老有所医、老有所居、老有所学、老有所帮6个目标。

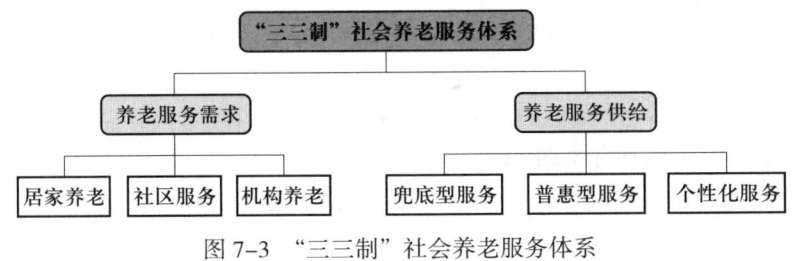

图7-3 "三三制"社会养老服务体系

打造具有中国特色的养老服务体系，一个值得关注的问题是在城镇化过程中，被征地农民的养老服务问题，这需要统筹考虑、从长计议。

专栏7-1 某市失地农民的城镇化养老

某市全市社会养老保险参保率、医疗保险参保率均保持在99%以上，城乡老年人养老保障享受率达到100%。取得这样的成绩，该市的经验可以总结为四个方面。第一，对被征地农民实行一揽子的"土地换保障"政策，与城镇职工养老保险接轨，按征地时间将被征地农民划分为：16周岁以下；女16至35周岁，男16至45周岁；女36至49周岁，男46至59周岁；女50周岁及以上、男60周岁及以上4个年龄段。对第二个年龄段以上人员，改变过去将征地补偿费、劳力安置费一次性直接结算支付给本人的做法，统一为他们一次性置换15年城镇养老保险。置换后，第二个和第三个年龄段人员在用人单位就业的，由用人单位为其续保；属自由职业者身份的，按灵活就业人员缴费标准自行续保；第四个年龄段人员参照城镇养老保险规定直接计发养老金。第二，对失水内河渔民实行参保扶持。2005年出台了《关于促进内河渔民持续增收的意见》，凡列入保障对象的内河渔民，女年满36~54周岁、男年满46~59周岁，统一纳入社会养老保险，根据地方政策享受养老补贴，资金全部由市财政扶持。第三，制定了医疗保障待遇"四个倾斜"（向基层倾斜、向老年人倾斜、向低收入群体倾斜、向特殊病人倾斜）政策，最大限度地发挥医疗保障惠及民生的效应。此后又推出了医疗费用高支出人群的医疗再保险机制。

第二节 养老金法律制度

一、养老金法律概述

(一) 养老金的定义

养老金是保障老年人日常支出的现金流和生存年金，具有安全性、保值性和生存性。国家养老金法律即调整养老金领域社会关系的法律规范的总称。国家养老金法律体系包括基本养老金法律、企业（职业）养老金法律和个人养老金法律，由此决定养老金包括公共品、准公共产品和私人产品。

(二) 养老金立法的基本原则

养老金是社会保障制度的重要组成部分，养老金立法应当坚持以下3个基本原则。

1. 公平性

国家基本养老金计划坚持全覆盖、保基本的原则，覆盖全体就业者和退休者，乃至全体国民，不同身份和职业的人养老金待遇差距不宜过大。企业（职业）年金计划应当覆盖全体职工，雇主供款相对公平。鼓励个人建立养老金计划。

2. 效率性

第一，养老金增长率要高于通货膨胀率，确保养老金购买力不降低，低于工资增长率，以支持就业优先的政策；第二，养老基金投资运行机制要确保安全性，法人信托机制必须完善，坚持长期主义进行资产配置和获取稳健受益。

3. 可持续性

在国家基本养老金计划的替代率持续下降的条件下，完善基本养老金、企业（职业）年金和个人养老金的国家养老金体系已经成为全球共识，建立三个养老金计划此消彼长的运行机制，共同维持较高水平的养老金替代率。

(三) 养老金法律关系

养老金法律关系的主体、内容和客体如下。

1. 三个主体

政府是基本养老金计划的责任主体；用人单位是企业（职业）年金计划的发起者和供款者；个人是个人养老金计划的责任主体。因此，大多数国家均分别制定三类养老金法律。养老金受益人是参保缴费并达到法定年龄的职工和居民。国家可以授权当事人选择领取全额基本养老金的时点，建立早减晚增的领取调整机制。

2. 内容涉及三类养老金计划

既要规范政府担保的基本养老金制度，也要规范雇主和个人养老金计划以及养老金受托人制度，最终形成一个三个来源、三个账户的运行机制。三个来源包括个人缴费、用人单位缴费和政府税收让利，三个账户即社会统筹账户、职业（企业）年金账户以及个人养老金账户。对于小企业和灵活就业人员而言，只有两个账户，即社会统筹账户和个人养老金账户。

3. 客体都是养老金

个人养老金权益包括各个养老金计划对退休前工资的替代率和总和替代率。

二、国家养老金体系

在全球出现人口老龄化以后，各国养老金制度结构发生了变化，其责任主体、运行模式和制度目标的法律规范也随之改变，在普遍提高退休年龄的基础上修订养老金相关立法，朝着国家保基本、雇主补充、个人储蓄的制度结构发展。

2010年颁布的《中华人民共和国社会保险法》第二章规范了我国养老金制度框架，包括城镇职工基本养老保险和城乡居民基本养老保险。《中华人民共和国社会保险法》是继《中华人民共和国劳动法》《中华人民共和国劳动合同法》《中华人民共和国就业促进法》《中华人民共和国劳动争议调解仲裁法》之后，在社会法领域出台的一部龙头法，是细化我国宪法中社会保障原则的一部法律。2021年11月，《中共中央 国务院关于加强新时代老龄工作的意见》中提出，完善多层次养老保障体系。扩大养老保险覆盖面，逐步实现基本养老保险法定人员全覆盖。尽快实现企业职工基本养老保险全国统筹。健全基本养老保险待遇调整机制，保障领取待遇人员基本生活。大力发展企业（职业）年金，促进和规范发展第三支柱养老保险。探索通过资产收益扶持制度等增加农村老年人收入。1997年，我国刚刚进入人口老龄化社会，首先推出了职工社会养老保险计划，此后与时俱进地推出企业（职业）年金计划、个人养老金计划，逐步完善了国家养老金体系架构（见图7-4）。

2021年，我国基本养老保险参保人超过10亿人；企业职工月人均养老金约2 900元，替代率为43.6%；企业（职业）年金参保职工人数为2 837.1万人，覆盖基本养老保险参保职工的5.6%。数据显示，目前我国养老金三支柱体系下的结构绩效不够均衡，第

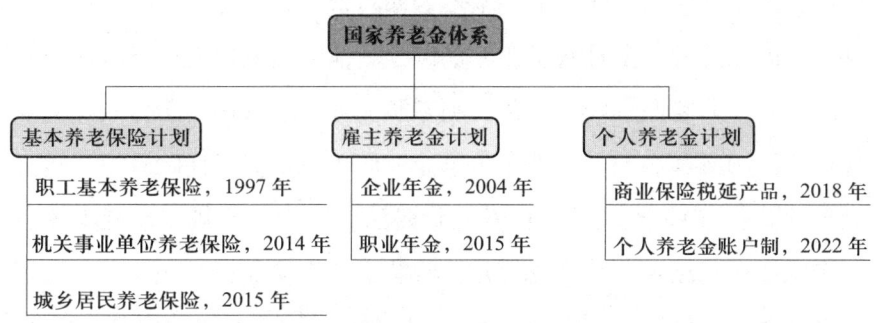

图 7-4 我国国家养老金体系架构

一支柱大，企业年金计划发展不足，个人养老金计划刚刚起步。如果持续这种状况，将导致养老金发展不充分问题。

先行发达国家的经验显示，在进入人口老龄化的初级阶段，国家需要完善基本养老金计划，实现全覆盖、保基本的目标；在进入人口老龄化的中级阶段，国家需要完善基本养老金结构，实现结构合理、三项养老金计划互补，实现养老金替代率不降低的目标；在进入人口老龄化的高级阶段，国家需要深化养老金制度改革，确保基本养老金计划能够与时俱进，同时大力发展个人养老金计划，实现养老金计划可持续发展目标。综上所述，我国在进入人口老龄化社会的初级阶段应完善基本养老保险计划，在进入中级人口老龄化社会初期要构建国家养老金体系。今后的主要挑战和工作是完善养老金制度结构，实现企业（职业）年金计划增量发展，大力发展个人养老金计划。

三、我国养老金体系建设和法律制度

（一）基本养老保险法律制度

基本养老金属于第一支柱，应当坚持全覆盖、保基本的原则，在进入人口老龄化的初级阶段完成。我国基本养老金由城镇职工基本养老保险（含机关事业单位）和城乡居民基本养老保险两个计划构成。截至2022年年底，全国基本养老保险参保人数105 307万人，其中职工参保人50 355万人、居民参保人54 952万人。

1. 企业职工基本养老保险计划

根据1997年发布的《国务院关于建立统一的企业职工基本养老保险制度的决定》和2005年发布的《国务院关于完善企业职工基本养老保险制度的决定》，我国完成了企业退休金制度向社会养老保险制度的转型。

（1）覆盖人群。《中华人民共和国社会保险法》第十条规定，职工应当参加基本养

老保险，由用人单位和职工共同缴纳基本养老保险费。无雇工的个体工商户、未在用人单位参加基本养老保险的非全日制从业人员以及其他灵活就业人员可以参加基本养老保险，由个人缴纳基本养老保险费。公务员和参照公务员法管理的工作人员养老保险的办法由国务院规定。2014年，机关事业单位与企业职工基本养老保险政策并轨。

（2）制度模式。《中华人民共和国社会保险法》第十一条规定，基本养老保险实行社会统筹与个人账户相结合。社会统筹是统收统支的制度安排。用人单位缴费为工资总额的16%（2020年以前费率为20%），计入社会统筹基金，初期由县市统筹，2020年实现省级统筹，2022年实现全国统筹，用于支付基础养老金，含支付中人（改革前有工龄）视同缴费年限的养老金。个人账户是职工个人缴费账户，费率为个人工资总额的8%，用于支付个人养老金。

（3）待遇计发政策。《中华人民共和国社会保险法》第十五条规定，基本养老金根据个人累计缴费年限、缴费工资、当地职工平均工资、个人账户金额、城镇人口平均预期寿命等因素确定，属于缴费与待遇关联的多因素指数。基本养老保险待遇的计发公式如下：

$$基本养老金 = \frac{当地上年度在岗职工月平均工资 + 本人指数化月平均缴费工资}{2} \times [缴费年限（含视同缴费年限，最低15年）\times 1\%] + 个人账户储存额 + 过渡性养老金$$

其中，基础养老金（统筹养老金）以当地上年度在岗职工月平均工资乘以本人指数化月平均缴费工资（个人缴费基数与地方在职职工平均缴费基数的比值），形成基数，除以2（实现社会互济），乘以缴费年限，每满1年计发1%，起付年限为15年。

例如，当地上年度在岗职工月平均工资为5 000元人民币，某职工月平均缴费指数为2，缴费年限为20年（含视同缴费），其基础养老金计发公式如下：

$$\frac{5\,000+5\,000 \times 2}{2} \times 20 \times 1\% = 1\,500（元/月）$$

退休年龄与基础养老金计发月数对照表见表7-1，则该职工个人账户储存额（本息相加）为100 500元，年满60岁退休计发月数为139个月，其个人养老金计发公式如下：

$$100\,500/139 = 723.02（元/月）$$

假如地方过渡性养老金（对制度中人的补偿等）为400元/月，则该职工三项相加的基本养老金计发公式如下：

$$基本养老金 = 1\,500元/月 + 723.02元/月 + 400元/月 = 2\,623.02元/月$$

该职工养老金替代率为当地在职职工平均工资的 52.46%。

表 7-1　　　　　　　　　　　退休年龄与基础养老金计发月数对照表

退休年龄	计发月数	退休年龄	计发月数	退休年龄	计发月数
40	233	51	190	62	125
41	230	52	185	63	117
42	226	53	180	64	109
43	223	54	175	65	101
44	220	55	170	66	93
45	216	56	164	67	84
46	212	57	158	68	75
47	208	58	152	69	65
48	204	59	145	70	56
49	199	60	139		
50	195	61	132		

（4）制度风险。职工基本养老保险制度存在三个风险因素：一是制度中的"以往工龄视同缴费"，实为空账。二是个人账户计发月数远远低于 2022 年的国民平均预期寿命（78.2 岁）。以 60 岁退休为例，139 个月只能支付 11.58 年，即 71.58 岁。如果继续支付则属于空账运行，该政策亟待根据国民平均预期寿命进行调整。三是受人口老龄化和灵活就业的影响，参保缴费人数增长率下降，制度内赡养负担趋重。可借鉴的国际经验有两个：一是在德国，经过社会对话最终通过法律，在养老金计发公式中加入了赡养负担这个参数，伴随缴费人数减少和领取人数增多，养老金待遇水平自动下降；二是在美国，建立早减晚增领取全额养老金的法定年龄，由个人决定何时停止缴费、何时领取养老金。早于法定年龄领取的养老金酌情扣减，晚于法定年龄领取的养老金有所增加。

2. 机关事业单位基本养老保险计划

2014 年，机关事业单位基本养老保险政策与企业职工基本养老险保险并轨，机关和事业单位及职工开始缴费，养老保险基金独立收支和运营，2022 年覆盖面达到各类用人单位和职工的 90% 以上。

3. 城乡居民基本养老保险计划

我国农村居民基本养老保险试点始于 1992 年。2009 年，国务院发布了《关于开展新型农村社会养老保险试点的指导意见》。《中华人民共和国社会保险法》第二十二条规定，省、自治区、直辖市人民政府根据实际情况，可以将城镇居民社会养老保险和新型农村社会养老保险合并实施。2011年,国务院发布了《关于开展城镇居民社会养老保险试点的指导意见》。2015年,开始实施城乡居民基本养老保险并轨。

(1)制度模式。借鉴城镇职工基本养老保险的经验,城乡居民基本养老保险实行社会统筹与个人账户相结合的模式。社会统筹由政府补贴和集体经济缴费构成。

(2)待遇计发政策。居民年满60岁开始计发基本养老金,计发公式如下:

居民基本养老金总额=75元/月(个人账户储存额/计发月数)+政府补贴55元/月+
集体经济补贴50元/月=180元/月

2009年,北京市、长沙市、郑州市、绍兴市等城市先后出台了《城乡居民养老保险办法》,为农村60岁及以上的老年人和城市非从业居民提供养老金计划。长沙市各级财政第一年即增加支出4.8亿元。其中,市本级财政增加支出2.5亿元。北京市城乡居民均按年缴费,最低缴费标准为上一年度农村居民人均纯收入的9%,最高缴费标准为上一年度城镇居民人均可支配收入的30%。统一了基础养老金标准,每人每月280元,所需资金列入区(县)财政预算。个人账户可以开设在北京商业银行和北京农村商业银行。

专栏7-2 让"保护圈"外的200万居民老有所养

《绍兴市城乡居民社会养老保险办法(试行)》规定,只要符合相关条件都能获得社会化管理的养老金。2008年,市区个人缴费和财政补贴标准为:农村户籍参保人员个人缴费标准为830元/年;市财政补贴标准为522元/年,其中用于建立参保人员补贴账户标准为418元/年。非农户籍参保人员可选择的个人缴费标准分别为830元/年和1 530元/年;市财政补贴标准相应为522元/年和959元/年,其中用于建立参保人员补贴账户标准相应为418元/年和768元/年。领取条件为参保人员年满60周岁且缴费年限满15年。据测算,假如某一非农户籍人员2008年年满60周岁,在缴费期内按非农户籍一次性缴费标准(1 530元/年)缴足15年,缴费总额为22 950元,60周岁后每月约可领取养老金220元。据相关部门统计,全市符合条件的参保人员共有200余万人,这些人员原本被挡在养老金制度安排的门槛之外,只能靠传统的家庭养老、土地养老解决晚年生活,现如今可全部纳入养老保险覆盖范围。

(二)企业(职业)年金法律制度

1. 企业年金计划

1994年颁布的《中华人民共和国劳动法》第七十五条规定,国家鼓励用人单位根据本单位实际情况为劳动者建立补充保险。根据《中华人民共和国劳动法》制定的《企业年金试行办法》于2004年5月1日起执行，2017年《企业年金办法》颁布实施。截至2022年年底，3 010万职工参加了企业年金计划。

2017年12月18日公布的《企业年金办法》的主要内容如下：

（1）适用范围。企业及其职工在依法参加基本养老保险的基础上，通过集体协商自主建立的补充养老保险制度。适用于企业及其职工，机关事业单位和职工另有规定。

（2）管理模式。实行完全积累，为每个参加企业年金的职工建立企业年金个人账户。职工企业年金个人账户下设企业缴费子账户和个人缴费子账户，分别记录企业缴费分配给个人的部分及其投资收益，以及本人缴费及其投资收益。企业年金基金按照国家有关规定进行投资运营，投资运营收益并入企业年金基金。

（3）条件程序。企业和职工一方通过集体协商确定建立企业年金，而后制定企业年金方案。企业年金方案应当提交职工大会或者职工代表大会讨论通过，并报送所在地县级以上人力资源社会保障行政部门。遵循信托法原则选定企业年金受托人，由企业代表委托人与受托人签订受托管理合同。受托人应当委托具有企业年金管理资格的账户管理人、投资管理人和托管人，负责企业年金基金的账户管理、投资运营和托管。企业年金基金管理人按照国家规定分工协作，共同实现企业年金基金保值增值。

（4）方案内容。包括参加人员、资金筹集与分配的比例和办法、账户管理、权益归属、基金管理、待遇计发和支付方式、方案的变更和终止、组织管理和监督方式、双方约定的其他事项等内容。企业年金所需费用由企业和职工个人共同缴纳。企业缴费每年不超过本企业职工工资的8%，企业和职工个人缴费合计不超过本企业职工工资总额的12%。具体所需费用，由企业和职工一方协商确定。企业缴费应当按照企业年金方案确定的比例和办法计入职工企业年金个人账户，职工个人缴费计入本人企业年金个人账户。企业可以根据职工岗位、责任和贡献等不同，在分配企业缴费时存在一定的区别，体现企业年金的激励作用；同时也应兼顾公平、控制差距，企业当期缴费计入职工企业年金个人账户的最高额不得超过平均额的5倍。企业在经营亏损、重组并购等情况下，经与职工一方协商，可以中止缴费。不能继续缴费的情况消失后，企业和职工恢复缴费，并可以根据本企业实际情况，按照中止缴费时的企业年金方案予以补缴，补缴的年限和金额不得超过实际中止的年限和金额。

（5）归属问题。企业与职工一方协商，可以规定职工企业年金个人账户中的企业缴费及其投资收益自始归属于职工个人，也可以规定随着职工在本企业工作年限的增加逐步归属于职工个人，全部归属于职工的期限不超过8年，并明确了几种例外情形。

（6）账户转移。职工变动工作单位时，新就业单位已经建立企业（职业）年金的，原企业年金个人账户权益应当随同转入新就业单位企业（职业）年金；职工新就业单位没有建立企业（职业）年金的，原企业年金个人账户可以暂时由原管理机构管理，也可以由法人受托机构发起的集合计划设置的保留账户暂时管理。

（7）领取待遇。职工在达到国家规定的退休年龄、完全丧失劳动能力、出国（境）定居时，可以领取企业年金；职工或者退休人员死亡后，其企业年金个人账户余额可以继承。领取方式包括按月领取、分次领取、一次性领取3种方式。

2. 职业年金计划

2015年，国务院办公厅印发《机关事业单位职业年金办法》。个人缴费实行实账积累，每月从个人工资中扣缴缴费基数的4%，实行复利相加与个人储存。用人单位原则上应当缴纳缴费基数的8%。职业年金由各级社会保险经办机构管理，基金独立运营，委托具有专业资质的机构进行资产托管、账户管理和投资运营。

（三）个人养老金计划

2022年印发的《国务院办公厅关于推动个人养老金发展的意见》，标志着我国养老金体系架构更加完善。在我国境内参加城镇职工基本养老保险或者城乡居民基本养老保险的劳动者，可以参加个人养老金制度。

1. 个人账户开设与管理

（1）开立规则。通过全国统一线上服务入口或者商业银行渠道，在信息平台开立个人养老金账户，其他个人养老金产品销售机构可以通过商业银行渠道，协助参加人在信息平台在线开立个人养老金账户。参加人可以选择一家商业银行开立或者指定本人唯一的个人养老金资金账户，也可以通过其他符合规定的个人养老金产品销售机构指定。参加人可以在不同商业银行之间变更其个人养老金资金账户。参加人办理个人养老金资金账户变更时，应向原商业银行提出，经信息平台确认后，在新商业银行开立新的个人养老金资金账户。信息平台向原商业银行提供新的个人养老金资金账户及开户行信息，向新商业银行提供参加人当年剩余缴费额度信息。参与金融机构按照参加人的要求和相关业务规则，为参加人办理原账户内资金划转及所持有个人养老金产品转移等手续。

（2）管理规则。个人养老金账户用于登记和管理个人身份信息，并与基本养老保险关系关联，记录个人养老金缴费、投资、领取、抵扣和缴纳个人所得税等信息，是参加人参加个人养老金、享受税收优惠政策的基础。个人养老金资金账户作为特殊专用资金账户，参照个人人民币银行结算账户项下Ⅱ类户进行管理。个人养老金资金账户与个人养老金账户绑定，为参加人提供资金缴存、缴费额度登记、个人养老金产品投资、个人养老金支付、个人所得税税款支付、资金与相关权益信息查询等服务。参加人自主决定个人养老金资金账户的投资计划，包括个人养老金产品的投资品种、投资金额等。

2. 缴费、投资与待遇领取

（1）参加人每年缴纳个人养老金的上限为12 000元。人力资源社会保障部、财政部根据经济社会发展水平和多层次、多支柱养老保险体系发展情况等因素适时调整缴费上限。国家制定税收优惠政策，鼓励符合条件的人员参加个人养老金制度并依规领取个人养老金。

（2）个人养老金投资。购买符合规定的银行理财、储蓄存款、商业养老保险、公募基金等运作安全、成熟稳定、标的规范、侧重长期保值的满足不同投资者偏好的金融产品，参加人可自主选择。参与个人养老金运行的金融机构和金融产品由相关金融监管部门确定，并通过信息平台和金融行业平台向社会发布。

（3）个人养老金领取。参加人达到领取基本养老金年龄、完全丧失劳动能力、出国（境）定居或者具有其他符合国家规定的情形，经信息平台核验领取条件后，可以按月、分次或者一次性领取个人养老金，领取方式一经确定不得更改。领取时，应将个人养老金由个人养老金资金账户转入本人社会保障卡银行账户。参加人死亡后，其个人养老金资金账户中的资产可以继承。

3. 监管与信息平台

个人养老金监管与信息平台由人力资源社会保障部组织建设，与符合规定的商业银行以及相关金融行业平台对接，归集相关信息，与财政、税务等部门共享相关信息，为参加人提供个人养老金账户管理、缴费管理、信息查询等服务，支持参加人享受税收优惠政策，为个人养老金运行提供信息核验和综合监管支撑，为相关金融监管部门、参与个人养老金运行的金融机构提供相关信息服务。不断提升信息平台的规范化、信息化、专业化管理水平，运用"互联网+"创新服务方式，为参加人提供方便快捷的服务。人力资源社会保障部、财政部对个人养老金发展进行宏观指导，根据职责对个人养老金的账户设置、缴费上限、待遇领取、税收优惠等制定具体政策并进行运行监管，定期向社会披露相关信息。税务部门依法对个人养老金实施税收征管。相关金融监管部门根据各自职责，依法依规对参与个人养老金运行金融机构的经营活动进行监管，督促相关金融机构优化产品和服务，做好产品风险提示，对产品的风险性进行监管，加强对投资者的教育。

综上所述，我国养老金体系建设的主要法律依据为《中华人民共和国宪法》、党中央决策和《中华人民共和国社会保险法》的相关内容，其余均为国务院规范性文件、国务院部门规章和地方法规，我国将养老金立法提上议事日程主要面临以下任务和挑战。

一是夯实基本养老金计划。规范全国统筹基本养老保险，明确中央政府的事权、中央政府和地方政府（省级）的协同事权、基层政府（县市区）的公共服务责任，确保缴费基准、待遇清单、公共服务、监督监控的一致性，给地方发展留有适当的空间；完善计发政策、稳定养老金费率（24%以下）和替代率（40%左右），逐步缩小企业职工和机关事业单位的待遇差距，建立早减晚增的养老金领取机制，确保基本养老保险可持续发展，确保退休人员基本生活安全。为灵活就业人员建立合理的费率和方便可及、具有灵活性的参保缴费方式。

二是扩大企业年金计划。截至2021年年底，参加企业年金计划的职工不足6%，且以国有企业为主。但是，发展企业年金的黄金时期已经过去。我国需要坚持存量改革的原则，争取实现帕累托改进的政策绩效。如打通住房公积金（企业和个人合计费率的24%）和企业/职工年金计划，在住房公积金计划成员完成购房计划后，住房公积金计划降费率（合计12%）并入企业年金，由此实现职工早买房、多存养老金，以降低企业成本、增加年金覆盖率，提高福利资源使用效率等一举多得的公共选择。同时，依法满足大量小微企业和灵活就业人员的需要。可以借鉴国外经验，实现企业年金和个人养老金的对接。在企业年金单一计划、集合计划的基础上，建立雇主供款计划，允许小微企业雇主采取灵活、便捷的方式为雇员提供雇主养老金，不参与具体的年金计划管理，在行业协会内将此作为先进雇主的评价条件之一。这笔资金可以参照集合计划实施管理，也可以考虑直接记入雇员开立的个人养老金账户，单列雇主年金供款项目，实行专项管理，遵守相关法律法规和享有相关税优待遇。

三是大力发展个人养老金。我国人均GDP超过1万美元，城镇化率逐渐达到70%，缴纳个人所得税人口有望超过1亿人。在企业年金的带动下，延期征税的税式改革、政府综合信息平台建设，以及银行账管、养老金受托人、养老金投资管理等市场治理模式逐渐成熟。上述条件决定了我国具备大力发展个人养老金的时机，伴随乡村振兴的发展，将有越来越多的农村居民加入个人养老金计划，这个积极举措的影响将是深远且有意义的。

第三节　养老服务法律制度

《中共中央　国务院关于加强新时代老龄工作的意见》提出，把积极老龄观、健康老龄化理念融入经济社会发展全过程，加快建立健全相关政策体系和制度框架，大力弘扬中华民族孝亲敬老传统美德，促进老年人养老服务、健康服务、社会保障、社会参与、权益保障等统筹发展，推动老龄事业高质量发展，走出一条中国特色积极应对人口老龄化道路。该意见细化了《中华人民共和国老年人权益保障法》的相关规定。

一、开拓"养儿防老"孝道文化新内容

"养儿防老"的孝道文化永不过时。更多家庭从全面赡养老年人到扶助老年人，包括给予亲情和排忧解难等。伴随城镇化、家庭结构小型化和家庭成员中老年人占比增加等的实际情况，子女全面赡养老年人的传统家庭养老模式变得难以持续，但是越来越多的老年人拥有养老金和医疗保险等福利待遇。《中华人民共和国老年人权益保障法》第十五条第二款规定，对生活不能自理的老年人，赡养人应当承担照料责任；不能亲自照料的，可以按照老年人的意愿委托他人或者养老机构等照料。总之，赡养老年人的义务虽然增加了购买服务，但是孝敬与关爱一点都不能少。新加坡相关法律规定，公民因客观原因不能服兵役的，可以去照顾孤独老人，以履行国家赋予的相关义务；子女在距离父母家2.5公里以内处购买住房的，政府给予经济奖励，以"一碗汤"的距离实现扶助老年人的义务。在我国，伴随家庭购买养老服务需求的不断增加，行业和产业适老化发展的机会也不断增加，需要国家制定发展战略，也需要行业、产业和企业制定适应社会老龄化发展的规划和行动计划。在一个人口老龄化社会中，不仅要关爱自家老年人，也要关爱所有的老年人，国家、政府、企业、社会和个人要共同打造老年友好型社会。

二、坚持"家"的味道打造现代社区

养老服务业的发展始终围绕一个"家"字。一是基础设施的"家"味道。有一位高知老年人在寻找老年社区时说出了老年人的心愿：一间房、两张床是病房，有厕所、没厨房不是家。在养老社区设置30平方米小公寓，生活设施俱全应当是标配。二是服务

风格的"家"味道。养老社区实施居民式管理，设小管家岗位，称呼"阿姨、叔叔"等。

居家养老需要医养结合及其"最后一公里"的急救。《中华人民共和国老年人权益保障法》第十五条第一款规定，赡养人应当使患病的老年人及时得到治疗和护理；对经济困难的老年人，应当提供医疗费用。国家和政府的责任是帮助赡养人实现医养结合的愿望。一是大力发展"1+X=3"的家庭医师团队，由一个全科医师组团，聘请专职医务社工，引入公共卫生医师、药剂师、中医师、康复师甚至专科医师的服务，提供基本公共卫生、基本保健和健康促进的服务，管理好居民的健康档案和病案，为实现整合式医护奠定基础。国家应当以连年续签和代际同签作为绩效考核与奖励的指标之一。二是城区县域紧密型医疗共同体应当赋能基层，健全急诊急救网络，向老年人提供康复护理服务，指导家庭病床的相关服务。在互联网社会，要坚持"家"味道，打造具备家政服务、老年人社交、基本保健功能的社区，实现居民社区化。

三、满足"刚需"打造照护机构产业链

《中华人民共和国老年人权益保障法》第十五条规定，可以按照老年人的意愿委托他人或者养老机构等照料。这反映了高龄老年人的"刚需"，为养老机构立法和养老产业发展奠定了基础。养老机构和养老产业都需要以"刚需"为核心起步和发展，满足高龄老年人失能失智和临终的照护需求，这也被称为"广义医护"。打造照护经济，包括发展银发制造业和规范照护就业，是实现积极人口老龄化的必由之路。

国际老年痴呆协会中国委员会相关数据显示，我国65岁及以上老年人痴呆患病率为6.6%，且患病率每5年约增长1倍以上，80岁以上超过22%。广义医护是针对高龄老年人失能失智照护需求而产生的，不属于狭义医护范畴，没有临床路径和住院日要求，但有器械依赖和带药生活之需。大多数家庭难以独立承担失能失智老年人的照护，需要专业机构指导或者送至专业机构实施照护。国家应当依法规划兜底型、普惠型和个性化三类养老服务产品的生产机构、定价机制和供给方式；应当鼓励人们在意识清醒时，对自己去世方式作出制度安排，并建立监督和执行机制；应当大力发展临终医院，为老年人和病残者有尊严、健康地去世创造条件。

> **专栏 7-3 美国康护 PACE 模式**
>
> 美国康护 PACE（the program of all inclusive care for elderly）模式始于1971年，是一种包括全科医师、专科医师、护士、药剂师、康复师、理疗师、营养师、家庭

护理助手、社工、司机等在内的多专业综合小组为会员老人提供全面医疗、健康管理和生活服务的"打包式"服务模式。

PACE模式起源于旧金山中国城里的一间长者日间照护中心,由瑞士裔社工安萨克女士和华裔牙医纪·威廉共同发起。PACE发起团队认为,对有长期照护需要的长者及其家属而言,令长者感到幸福,同时也较好的照护方法是,尽可能让长者住在自己熟悉的环境和社区中持续地接受服务。基于这个出发点,PACE发起团队以英国的日间医院为典范,从老年人需求出发,将机构和社会提供的养老服务资源进行整合,为居家养老的老年人提供服务,成功地将老年人的短期医疗与长期照护服务结合起来,使高龄患病老年人能够更长时间在社区中生活。目前全美国共有118家PACE机构,服务超过35 000名老年人。

四、长期照护保险立法展望

(一)长期照护需求

高龄老年人失能失智照护需求(包括低龄人口的失能失智照护),包括照料和护理。商业照护保险产品覆盖照料和护理,服务内容比较宽泛。社会保险主要覆盖护理,按照项目清单支付定额费用或者按预定比例分担费用。有数据显示,欧洲国家80岁及以上有照护需求的老年人占比为20%,其中70%老年人在家庭病床接受照护,30%老年人在专业机构接受照护。20世纪90年代之后,德国实施非正规照护保险计划,日本实施老年介护保险计划。

专栏7-4 日本老年介护保险法律制度

2000年4月,日本开始强制实行《老年介护保险法》,覆盖对象无论身体状况好坏均要参加。老年介护保险的购买服务资金来源是多样的,一半来自保险费,另一半来自国家、都道府县、市町村三级政府。老年介护保险支付方式,以服务给付为主,现金给付为辅。被保险人需要护理服务时,首先向市町村保险接待窗口提交医师诊断意见书和护理主管人家庭访问调查报告,由护理认定审查委员会认定是否需要照护服务。经过专门机构审查认定后,介护保险管理机关将根据病人实际身体状况提供相应内容、相应等级的护理服务。护理服务包括家庭服务、上门看护、日间服务、日托护理、居家疗养管理指导、短期入住服务、照顾宠物、收费的老人公寓等。护理服务费用个人负担的上限金额（根据不同服务等级设定）为10%，包括居家护理服务计划费、设施护理服务费（特别养护老人之家、老人护理保健设施、疗养型护理医疗设施等费用，不包括饮食费）。

（二）老年照护立法展望

民政部、住房城乡建设部、国家发展改革委等部门联合批准发布了《老年社会福利机构基本规范》《老年养护院建设标准》《社区老年人日间照料中心建设标准》《养老护理员国家职业技能标准》等，对城镇老龄基础设施的规划布局、选址、室内外环境、功能设施，以及人员培训和上岗要求等做了基本规定，为加强和规范老年人服务基础设施建设提供重要依据，是实施《中华人民共和国老年人权益保障法》的具体措施，为我国长期护理保险立法奠定了基础。

综上所述，我国老年照护立法的发展趋势如下：一是通过社会护理保险立法，提供最低水平的护理费用支付或者护理费用分担；二是通过商业照护保险立法，促进商业照护保险市场的发展；三是制订社会保险与商业保险对接支付计划，支持普惠型老年人照护服务的发展。

深度阅读

［美］彼得·德鲁克.养老金革命［M］.刘伟，译.北京：东方出版社，2009.

本书是理解养老金法律制度和养老服务法律制度演变的必读之作，帮助理解老年风险与养老保障的基本概念，以及养老金改革对个人、企业乃至整个社会结构的深远影响。德鲁克通过对养老金制度的历史沿革、现状分析以及未来发展趋势的全面论述，分析了养老金制度如何成为国家抵御公民老年风险、实现老有所养目标的关键制度安排。

本章小结

1. 老年风险是指伴随人们的年老衰退，在收入、健康、居住与照护等方面的不确定性和权益损害。将老年生活的三大风险要素（养老金、老年居住和护理、老年医疗保健）和不可逆转的人口老龄化，作为养老保障立法的社会背景。

2.《中华人民共和国老年人权益保障法》几经修订，与时俱进，内容包括：总则、家庭赡养与扶养、社会保障、社会服务、社会优待、宜居环境、参与社会发展、法律责任、附则等9个方面和法律责任。

3. 2013—2021年，我国按照以居家养老为基础，提升社区养老服务能力，建立专业机构服务向社区、家庭延伸的思路构建了养老服务体系。从需求和供给两个方面构成一个"三三制"的社会养老服务体系。一是根据养老服务需求，促进支持居家养老、社区服务和机构养老的行业、产业和企业适老化发展。二是根据支付能力提供三类服务，即兜底型服务（针对贫困家庭）、普惠型服务（针对社会大众）、个性化服务（针对高收入人群）。

4. 21世纪的养老金法律关系有三个主体，即政府、用人单位和个人；内容涉及三类养老金计划，既要规范政府担保的基本养老金制度，也要规范雇主和个人养老金计划以及养老金受托人制度，最终形成一个三个来源、三个账户的运行机制。三个来源包括个人缴费、用人单位缴费和政府税收让利，三个账户即社会统筹账户、企业（职业）年金账户和个人养老金账户。对于小微企业和灵活就业人员来说，只有两个账户，即社会统筹账户和个人养老金账户。客体都是养老金，由各个养老金计划形成一个总和替代率。

5. 完善国家养老金体系，我国面临实现基本养老保险全国统筹、做大企业年金、大力发展个人养老金的3个挑战。

重要概念

长寿风险　老年安全　照护经济

思考题

1. 谈谈养老保障立法中养老金、老年居住（含照护）、基本保健三大要素的社会背景和各国具体做法。

2. 我国提出医养结合的需要，并非医院办养老机构、养老机构办医疗，谈谈如何在实践中探索实现医养结合。

3. 请分析我国职工基本养老保险计划潜在的风险，并谈谈如何应对。

4. 我国如何通过政策和法律的支持实现企业年金增量发展？

5. 参考阅读《英国养老金法》，了解英国个人养老金计划的管理体制和运行机制。

第八章
基本生活保障法

教学目标：掌握基本生活保障是国家抵御公民基本生活风险和保障公民基本生活安全的制度安排的基本理论；能够界定"贫"和"困"，熟悉最低生活保障、社会救助以及赈灾救济的标准体系和法律制度的主要内容；了解本领域的发展趋势和挑战。

本章主要内容：

- 基本生活风险与基本生活保障
- 最低生活保障法律制度
- 社会救助法律制度

第一节 基本生活风险与基本生活保障

一、基本生活风险

基本生活风险是指危害公民基本生活安全并导致贫困事件和损害损失的风险。贫困即因贫致困和因困致贫。对贫困建立社会救助制度，要研究贫的内涵，即定性研究；也要研究困的程度，即定量研究。

（一）对"贫"的认识

"贫"是指资源、能力和机会的缺失，这种缺失可能导致生产能力和抗风险能力的损失，以致生活陷入贫困。导致上述缺失现象的原因主要有两类：一类是灾害事件，如地震、传染病等；另一类是个人和家庭遇到的社会风险，如年老、疾病、失业、工伤等。鉴于此，由国家决定社会救助的对象和政策内容。

2019年，诺贝尔经济学奖授予阿比吉特·班纳吉、埃斯特·迪弗洛和迈克尔·克雷默三位经济学家，以表彰他们为缓解全球贫困所作出的突出贡献。《贫穷的本质：我们为什么摆脱不了贫困》[①]自始至终在讨论，通过什么方法可以让穷人改善他们的生活？在这方面他们遇到了哪些障碍？原因又是什么？本书最终揭示了穷人的生活及他们相应的选择，对于消除全球贫穷具有一定的启发意义。

（二）对"困"的评估

全球就贫困识别问题已达成共识，具体有两种方式：一种是二分法，将贫困分为绝对贫困和相对贫困。前者是将各种经济收入合计不足以满足个人的衣食住行等最基本的生存需要，生命的延续受到威胁的人口界定为绝对贫困人口；后者是将一个国家或地区的20%的最低收入阶层或收入水平低于社会平均生活水平1/2的群体作为相对贫困人口。另一种是三分法，将贫困人口的实情分为贫困、赤贫和极度贫困。贫困是指缺乏收入来源，赤贫是指缺乏劳动能力，极度贫困是指一无所有。

贫困线，是指衡量贫困的标准，实施社会救助的起点。常用贫困的度量方法有4种：（1）预算标准法。预先列出社会公认的、维持基本生活的必需品清单，根据市场价格计算清单物品的总价，即贫困线。（2）恩格尔系数法。食品支出占总收入的比例。例如，联合国认可标准为恩格尔系数在60%及以上为绝对贫困，50%~60%为一般贫困，40%~50%为小康水平，30%~40%为富裕，30%以下为最富裕。（3）国际贫困线标准法。即收入比例法。例如，经济合作与发展组织以一个国家或地区平均收入的50%~60%作为当地贫困线。（4）生活状态法。也称排除指标法，是指预先制定贫困生活状态，辅之以排除项（如购买高档物品、宴请等）来设定贫困线。

（三）贫困的识别方法

贫困的识别方法伴随公共管理的进步而发展。现今有3种主要方法：第一种是本人申请法，即经过登记和审核，确认资格；第二种是实地调查法，即通过入户调研、居民监督等方法，核实贫困状况；第三种是技术监测法，即使用银行卡、医疗保障卡和社会保障卡等工具时时监控贫困情况。在实践中可以综合运用上述手段。就贫困线的国家标准而言，贫困人口发生在发展中国家的属于绝对贫困，发生在发达国家的属于相对贫困。

[①] 阿比吉特·班纳吉，埃斯特·迪弗洛．贫穷的本质：我们为什么摆脱不了贫困[M]．景芳，译．北京：中信出版社，2013．

二、基本生活保障

公民基本生活安全是指劳动收入和日常开支，以及在教育、健康和居住等方面的基本安全状态。公民基本生活保障是指国家抵御公民（可能含合法居住的、取得工作签证的外籍居民）基本生活风险，包括在维持日常开支方面的持续收入，如制定最低工资标准；住有所居，如制定人均居住面积和设施标准；基础教育和基本医疗等方面的制度安排和服务体系等。基本生活保障的含义比最低生活保障更广泛，后者仅为基本生活保障中的最低标准保障。

国家抵御贫困现象和保障公民基本生活安全的目标，从消灾、济贫到维持基本生活，是一个不断进步的过程。消灾是指国家举办赈灾救济项目，帮助灾民渡过难关的临时项目性制度安排，它历史悠久，历代王朝均有所作为。济贫是指国家制定贫困线，对低于贫困线的家庭实施救助的长期计划性制度安排，源于1601年英国《济贫法》。消灾、济贫虽然具有抵御贫困的作用，但不能全面克服贫困，而基本生活保障的目标在于全面克服贫困。

1948年，英国政府宣布英国进入福利国家，这是一个公民基本生活保障的蓝图。但是，后来英国推出了一系列脱离经济发展规律而不断上升的福利待遇，大多已经超出贫困线和超越基本生活保障的原则和范畴，这使福利国家最终陷入了困境。

2020年，我国人均GDP超过1万美元，全面建成小康社会，实现第一个百年奋斗目标。改革开放以来，我国已有近8亿人口摆脱贫困，农村贫困发生率从1978年的97.5%降至2019年的1.7%，人均收入同期增长20倍。自联合国开发计划署引入人类发展指数以来，我国是世界上唯一一个从"低人类发展水平"跃升至"高人类发展水平"的国家，创造了人类减贫史奇迹。2020年之后，我国减贫计划进入精细化发展阶段。

第二节 最低生活保障法律制度

最低生活保障是国家抵御公民基本生活风险和克服社会贫困的制度安排，属于生存性福利范畴。最低生活保障法律制度是调整最低生活保障社会关系的法律规范的总称，包括城市居民最低生活保障法律制度和农村居民最低生活保障法律制度。

最低生活保障法律的特征有三点：一是以克服贫困为目标制定最低保障标准，按照家庭成员实行差额待遇；二是坚持国家保障、社会帮扶、劳动自救相结合的基本原则，以财政预算和行政给付为主，鼓励公民劳动自救，尊重穷人、不养懒人；三是覆盖经济困难和就业困难的家庭，政府享有对困难家庭经济状况的知情权和进行经济状况调查的权力。

一、我国《城市居民最低生活保障条例》的主要内容

《中华人民共和国宪法》第十四条明确了国家保障公民基本生活安全的责任，据此制定的《城市居民最低生活保障条例》（以下简称《城居低保条例》），于1999年9月28日颁布，同年10月1日开始施行。本条例共17条，属于社会救助法范畴。

（一）城市居民最低生活保障对象

持有非农业户口的城市居民，凡共同生活的家庭成员人均收入低于当地城市居民最低生活保障标准的，均有从当地人民政府获得基本生活物质帮助的权利。主要是以下三类人员：（1）无生活来源、无劳动能力又无法定赡养人、扶养人或者抚养人的城市居民；（2）领取失业救济金期间或失业救济期满仍未能重新就业，家庭人均收入低于最低生活保障标准的城市居民；（3）在职人员和下岗人员在领取工资或最低工资、基本生活费后，以及退休人员领取退休金后，其家庭人均收入仍低于最低生活保障标准的城市居民。

前文所称收入，是指共同生活的家庭成员的全部货币收入和实物收入，包括法定赡养人、扶养人或者抚养人应给付的赡养费、扶养费，不包括优抚对象按照国家规定享受的抚恤金、补助金。

申请享受城市居民最低生活保障待遇，由户主向户籍所在地的街道办事处或者镇人民政府提出书面申请，并出具有关证明材料，填写"城市居民最低生活保障待遇审批表"，由其所在地的街道办事处或者镇人民政府初审，并将有关材料和初审意见报送县级人民政府民政部门审批。

管理审批机关为审批城市居民最低生活保障待遇的需要，可以通过入户调查、邻里访问以及信函索证等方式对申请人的家庭经济状况和实际生活水平进行调查核实。申请人及有关单位、组织或者个人应当接受调查，如实提供有关情况。

（二）城市居民最低生活保障资金和待遇

城市居民最低生活保障所需资金，由地方人民政府列入财政预算，纳入社会救济专项资金支出项目，专项管理，专款专用。国家鼓励社会组织和个人为城市居民最低生活

保障提供捐赠、资助；所提供的捐赠、资助，全部纳入当地城市居民最低生活保障资金。

城市居民最低生活保障标准，按照当地维持城市居民基本生活所必需的衣、食、住费用，并适当考虑水电燃煤（燃气）费用以及未成年人的义务教育费用确定。直辖市、设区的市的城市居民最低生活保障标准，由市人民政府民政部门会同财政、统计、物价等部门制定，报本级人民政府批准并公布执行；县（县级市）的城市居民最低生活保障标准，由县（县级市）人民政府部门会同财政、统计、物价等部门制定，报本级人民政府批准并报上一级人民政府备案后公布执行。截至2022年年底，我国城市居民最低生活保障统计数据见表8-1。城市居民最低生活保障标准需要提高时，依照前文规定重新核定。

表8-1　　　　我国城市居民最低生活保障统计数据（截至2022年年底）

项目	总计
城市居民最低生活保障人数	682.4万人
城市居民最低生活保障户数	423.8万户
城市居民最低生活保障平均标准	752.3元/人·月
城市最低生活保障月人均支出水平	220.44元/人·月
城市最低生活保障当月计划支出	40.4亿元

资料来源：民政事业统计数据 http://www.mca.gov.cn/article/zwgk/tjsj/.

此外，全国各地研发了一系列人性化和动态化管理低保制度的经验，如组织低保人员参与社会管理、举办低保福利超市等。

专栏8-1　上海低保社区服务计划

上海市规定，处于就业年龄段且有劳动能力但尚未就业的城镇居民，在享受最低生活保障待遇期间，应当参加一定时间的由街道（镇）、居委会组织的公益性社区服务劳动（如治安值班、打扫公共卫生、照顾孤老残幼等），一般每月安排10~40小时（具体办法可由各街道、镇视情制定）；人户分离人员在户籍地享受低保待遇期间，应参加居住地公益性社区服务劳动。居委会组织的公益性社区服务劳动要注意发挥参加人员的特长，并纳入社区志愿者服务范围，为有利于组织对象参加劳动，保护参加人员的隐私，可尝试"跨社区劳动"的办法。居委会要认真做好出勤登记，对一个月内两次无故不参加劳动的即时向街道（镇）社会救助管理所汇报。对无正当理由经教育仍不参加公益性社区服务劳动的，对其作出"停止社会救助的决定"。

(三) 城市居民最低生活保障制度

城市居民最低生活保障实行地方各级人民政府负责制。县级以上地方各级人民政府民政部门具体负责本行政区域内城居低保待遇的管理工作；财政部门按照规定落实城市居民最低生活保障待遇资金；统计、物价、审计等部门分工负责，在各自的职责范围内负责城市居民最低生活保障待遇的有关工作。县级人民政府民政部门经审查，对符合享受城市居民最低生活保障待遇条件的家庭，应当区分下列不同情况批准其享受相关保障待遇：对无生活来源、无劳动能力又无法定赡养人、扶养人或者抚养人的城市居民，批准其按照当地城市居民最低生活保障标准全额享受；对尚有一定收入的城市居民，批准其按照家庭人均收入低于当地城市居民最低生活保障标准的差额享受。县级人民政府民政部门经审查，对不符合享受城市居民最低生活保障待遇条件的，应当书面通知申请人，并说明理由。管理审批机关应当自接到申请人提出申请之日起的30日内办结审批手续。城市居民最低生活保障待遇由管理审批机关以货币形式按月发放；必要时，也可以给付实物。

专栏 8-2　何谓最低生活保障家庭

赵某是某市居民，一家三口，一人上班，一人失业，一个孩子上学，全家月收入1 005元。他问："我家能够申请低保吗？"

申请城市居民最低生活保障的条件：(1)持有户籍所在地常住城市户口；(2)共同生活的家庭成员月人均收入低于当地城市低保标准390元（每人每月）；(3)实际生活水平低于当地城市居民最低生活保障标准。

申请城市居民最低生活保障待遇的内容：(1)本人的自然情况（姓名、性别、年龄、目前的收入状况）；(2)家庭人口及经济情况。

鉴于上述情况，因赵某家庭人均收入低于当地标准（实际为335元），符合城市低保条件，因此可以申请低保。

一些地方政府作出免责规定，有以下情况之一的，不予享受最低生活保障待遇：(1)拥有汽车、非营运摩托车、贵重首饰、饲养观赏宠物的；(2)经常进行餐饮、娱乐等高消费活动的；(3)因家庭成员游手好闲、好吃懒做造成生活困难的；(4)新建住房、购买商品房或高标准装修现有住房的，有出租营业性门店的；(5)因吸毒、赌博等违法行为造成家庭生活水平低于当地最低生活保障标准的；(6)出资安排子女借读、择校就读的；(7)不如实申报家庭收入，不配合社区居委会、办事处及审批机关

调查核实的；（8）在就业年龄内有劳动能力的人员，无正当理由两次拒绝就业介绍或不参加社区公益性劳动的；（9）经查 3 个月不领取最低生活保障金的；（10）存款数量无法明确、隐性收入无法核实，尽管人均收入低于当地最低生活保障标准，但实际生活水平明显高于当地最低生活保障标准的，经街道或社区评议委员会表决不应纳入的；（11）有购买股票或其他投资行为的；（12）有多名法定赡养人，且法定赡养人中有一户有赡养能力的；（13）有法定抚养人或扶养人且法定抚养人或扶养人有抚养、扶养能力的。

享受城市居民最低生活保障待遇的城市居民有下列行为之一的，由县级人民政府民政部门给予批评教育或者警告，追回其冒领的低保款物；情节恶劣的，处冒领金额 1 倍以上 3 倍以下的罚款：一是采取虚报、隐瞒、伪造等手段，骗取享受城市居民最低生活保障待遇的；二是在享受城市居民最低生活保障待遇期间家庭收入情况好转，不按规定告知管理审批机关，继续享受城市居民最低生活保障待遇的。

城市居民对县级人民政府民政部门作出的不批准享受城市居民最低生活保障待遇或者减发、停发城市居民最低生活保障待遇款物的决定或者给予的行政处罚不服的，可以依法申请行政复议；对复议决定仍不服的，可以依法提起行政诉讼。

县级人民政府民政部门以及街道办事处和镇人民政府（以下统称"管理审批机关"）负责城市居民最低生活保障待遇的具体管理审批工作。居民委员会根据管理审批机关的委托，可以承担城市居民最低生活保障待遇的日常管理、服务工作。

国务院民政部门负责全国城市居民最低生活保障待遇的管理工作。民政部开发了"城市居民最低生活保障信息管理系统"，县级以上民政部门配备计算机和开展管理软件应用培训，省级最低生活保障数据要通过互联网每季度向民政部社会救助司进行传输，逐步建立市、省与部的三级联网，实现全国城市居民最低生活保障信息管理系统的网络化运行。

享受城市居民最低生活保障待遇的城市居民家庭人均收入情况发生变化的，应当及时通过居民委员会告知管理审批机关，办理停发、减发或者增发城市居民最低生活保障待遇手续。管理审批机关应当对享受城市居民最低生活保障待遇的城市居民的家庭收入情况定期进行核查。在就业年龄内有劳动能力但尚未就业的城市居民，在享受城市居民最低生活保障待遇期间，应当参加其所在的居民委员会组织的公益性社区服务劳动。财政部门、管理审批机关依法监督城市居民最低生活保障待遇资金的使用情况。

从事城市居民最低生活保障待遇管理审批工作的人员有下列行为之一的,给予批评教育,依法给予行政处分;构成犯罪的,依法追究刑事责任:一是对符合享受城市居民最低生活保障待遇条件的家庭拒不签署同意享受城市居民最低生活保障待遇意见的,或者对不符合享受城市居民最低生活保障待遇条件的家庭故意签署同意享受城市居民最低生活保障待遇意见的;二是玩忽职守、徇私舞弊,或者贪污、挪用、扣压、拖欠城市居民最低生活保障待遇款物的。

二、我国农村居民最低生活保障法律制度的主要内容

为切实解决农村贫困人口的生活困难,2007年国务院决定在全国建立农村最低生活保障制度。农村最低生活保障对象是家庭年人均纯收入低于当地最低生活保障标准的农村居民,主要是因病残、年老体弱、丧失劳动能力以及生存条件恶劣等原因造成生活常年困难的农村居民。

2006年,国务院颁布了《农村五保供养工作条例》,自2006年3月1日起施行。农村五保供养包括在吃、穿、住、医、葬方面给予的生活照顾和物质帮助。

(一)供养对象

老年、残疾或者未满16周岁的村民,无劳动能力、无生活来源又无法定赡养、抚养、扶养义务人,或者其法定赡养、抚养、扶养义务人无赡养、抚养、扶养能力的,享受农村五保供养待遇。

(二)资格审查

享受农村五保供养待遇,由村民本人向村民委员会提出申请;因年幼或者智力残疾无法表达意愿的,由村民小组或者其他村民代为提出申请。经村民委员会民主评议,对符合条件的在本村范围内公告;无重大异议的,由村民委员会将评议意见和有关材料报送乡、民族乡、镇人民政府审核。乡、民族乡、镇人民政府应当自收到评议意见之日起20日内提出审核意见,并将审核意见和有关材料报送县级人民政府民政部门审批。县级人民政府民政部门应当自收到审核意见和有关材料之日起20日内作出审批决定,批准的发给农村五保供养证书,不予批准的应当书面说明理由。农村五保供养对象不再符合条件的,村民委员会或者敬老院等农村五保供养服务机构应当向乡、民族乡、镇人民政府报告,核准后取消其农村五保供养证书。农村五保供养对象死亡,丧葬事宜办理完毕后,村民委员会或者农村五保供养服务机构应当向乡、民族乡、镇人民政府报

告，由乡、民族乡、镇人民政府报县级人民政府民政部门核准后取消其农村五保供养证书。

（三）供养内容

农村五保供养内容包括：供给粮油、副食品和生活用燃料；供给服装、被褥等生活用品和零用钱；提供符合基本居住条件的住房；提供疾病治疗，对生活不能自理的给予照料；办理丧葬事宜。农村五保供养对象未满16周岁或者已满16周岁仍在接受义务教育的，应当保障他们依法接受义务教育所需费用。农村五保供养标准不得低于当地村民的平均生活水平，并根据当地村民平均生活水平的提高适时调整。农村五保供养标准，可以由省、自治区、直辖市人民政府制定，在本行政区域内公布执行，也可以由设区的市级或者县级人民政府制定，报所在的省、自治区、直辖市人民政府备案后公布执行。国务院民政部门、财政部门应当加强对农村五保供养标准制定工作的指导。

（四）供养资金

农村五保供养资金在地方人民政府财政预算中安排。有农村集体经营等收入的地方，可以从农村集体经营等收入中安排资金，用于补助和改善农村五保供养对象的生活。农村五保供养对象将承包土地交由他人代耕的，其收益归该农村五保供养对象所有。具体办法由省、自治区、直辖市人民政府规定。中央财政对财政困难地区的农村五保供养，在资金上给予适当补助。农村五保供养资金，应当专门用于农村五保供养对象的生活，任何组织或者个人不得贪污、挪用、截留或者私分。

（五）供养形式

农村五保供养对象可以在当地的农村五保供养服务机构集中供养，也可以在家分散供养，可以由其自行选择供养形式。集中供养的农村五保供养对象，由农村五保供养服务机构提供；分散供养的农村五保供养对象，可以由村民委员会提供照料，也可以由农村五保供养服务机构提供有关供养服务。农村五保供养服务机构工作人员应当经过必要的培训。村民委员会可以委托村民对分散供养的农村五保供养对象提供照料。

（六）监督管理

县级以上人民政府应当依法加强对农村五保供养工作的监督管理。县级以上地方各级人民政府民政部门和乡、民族乡、镇人民政府应当制定农村五保供养工作的管理制度，并负责督促实施。财政部门应当按时足额拨付农村五保供养资金，确保资金到位，并加强对资金使用情况的监督管理。审计机关应当依法加强对农村五保供养资金使用情况的审计。

（七）法律责任

有关行政机关及其工作人员有下列行为之一的，对直接负责的主管人员以及其他直接责任人员依法给予行政处分；构成犯罪的，依法追究刑事责任：对符合农村五保供养条件的村民不予批准享受五保供养待遇的，或者对不符合农村五保供养条件的村民批准其享受农村五保供养待遇的；贪污、挪用、截留、私分农村五保供养款物的；有其他滥用职权、玩忽职守、徇私舞弊行为的。村民委员会组成人员贪污、挪用、截留农村五保供养款物的，依法予以罢免；构成犯罪的，依法追究刑事责任。农村五保供养服务机构工作人员私分、挪用、截留农村五保供养款物的，予以辞退；构成犯罪的，依法追究刑事责任。村民委员会或者农村五保供养服务机构对农村五保供养对象提供的供养服务不符合要求的，由乡、民族乡、镇人民政府责令限期改正；逾期不改正的终止供养服务协议；造成损失的，依法承担赔偿责任。

《国务院关于在全国建立农村最低生活保障制度的通知》规定，将符合条件的农村贫困人口全部纳入保障范围，稳定、持久、有效地解决全国农村贫困人口的温饱问题。保障标准由县级以上地方人民政府按照能够维持当地农村居民全年基本生活所必需的吃饭、穿衣、用水、用电等费用确定。例如，某农村居民家庭，两个劳动力供养两个孩子上学，人均收入刚刚达到农村最低生活标准，孩子上学可以申请单项补助。

保障标准要报上一级地方人民政府备案后公布执行，要随当地生活必需品价格变化适时进行调整。截至 2022 年年底，我国农村居民最低生活保障统计数据见表 8-2。

表 8-2　　我国农村居民最低生活保障统计数据（截至 2022 年年底）

项目	总计
农村居民最低生活保障人数	3 349.6 万人
农村居民最低生活保障户数	1 896.7 万户
农村居民最低生活保障平均标准	582.1 元/人·月
农村居民最低生活保障月人均支出水平	82.31 元/人·月
农村居民最低生活保障当月计划支出	0.021 47 亿元

资料来源：民政事业统计数据 http://www.mca.gov.cn/article/zwgk/tjsj/.

三、最低生活保障立法的国际比较

根据国际劳工组织《社会保障（最低标准）公约》（第102号）的规定，国家有义务建立社会救助制度，在公民遇到各类危及基本生活的风险时得到及时帮助。

家庭保障包括子女津贴和家庭困难救助。家庭保障是第102号公约规定的保障项目，在欧盟国家得到较全面实施，家庭保障立法成为社会保障立法的重要组成部分。发展中国家一般只能提供非常有限的家庭津贴，还有国家将家庭保障并入养老保障立法，如捷克等。家庭保障立法的内容主要包括基本原则、组织管理与监督、适用范围、资金来源、待遇的支付条件、内容和标准、基金管理、权益索求与诉讼等。部分国家家庭保障立法和主要内容见表8-3。

表8-3　　部分国家家庭保障立法和主要内容

国家	立法时间	资金来源	受益条件	待遇	管理部门
英国	1945年 1992年	政府补贴	近52周内在本地居住26周；抚养子女	子女津贴付至16~19岁	社会保障部社会保障待遇局
法国	1932年 1994年	综合社会保险税；雇主缴费工资总额的5.4%	2个以上子女给付家庭津贴；3个子女以上给付家庭最低保障	家庭津贴665~852法郎/月；亲属津贴866法郎/月；父母教育津贴2964法郎/月	社会事务和团结部
波兰	1947年 1994年	政府补贴	永久居民；抚养子女	家属津贴是平均收入的50%，子女津贴是平均收入的10%	社会保障协会农民社会保险基金会
丹麦	1952年 1986年	政府补贴	居住丹麦一年以上；抚养子女	子女津贴付至18岁	社会事务部监督地方政府管理
智利	1931年 1981年	政府基金	贫困家庭；抚养子女	供养亲属津贴；子女津贴付至18~24岁，残疾子女不限	劳工社会福利部私营家庭基金会社会保险监督标准会
爱沙尼亚	1924年	政府补贴	永久居民；抚养子女	生育补贴；子女津贴付至16~19岁	全国社会保障理事会　地方补助局

注：立法时间栏为首次立法和最新立法。
资料来源：凌吉敏，崔少敏．世界社会保障制度［M］．北京：中国物资出版社，1996．

第三节 社会救助法律制度

社会救助立法是指国家抵御公民贫困现象的救助性制度安排，属于生存福利范畴。社会救助法律制度是调整社会救助领域的社会关系的法律规范的总称，涉及救助原则和目标、选择救助方式、建立筹资机制、管理救助计划和评估救助政策等。

社会救助法律制度的特征如下：一是以帮助公民渡过经济困难时期，保障最低生活安全为目标，按照家庭成员实行差额待遇；二是坚持国家保障、社会帮扶、劳动自救相结合的基本原则，以财政预算和行政给付为主，鼓励公民劳动自救，尊重穷人、不养懒人；三是覆盖困难家庭的困难事件，政府享有对困难家庭的困难事件的知情权。

一、社会救助法律制度的主要内容

为构建最低生活保障，建立医疗救助、教育救助、住房救助等专项救助和自然灾害救助一体化的社会救助制度，2020年9月，民政部、财政部发布《中华人民共和国社会救助法（草案征求意见稿）》公开征求意见，阐明社会救助是指国家和社会对依靠自身努力难以满足其生存基本需求的公民给予的物质帮助和服务。

（一）救助原则和目标

社会救助遵循与经济社会发展水平相适应、与其他社会保障制度相衔接、保障基本生活、鼓励劳动自救和公开、公平、公正、及时的原则。

每个国家都需要借鉴国际贫困标准，根据本国国情制定国家贫困标准，在此基础上锁定救助目标，包括救助对象、救助标准和救助退出的制度安排，通常是生活在贫困线下的目标人群。例如，新中国初建时期，对农村"三无"人员（无劳动能力、无经济来源、无人供养）提供五保供养（保吃、保穿、保医、保住、保葬），保障其生存需求，稳定了农村的社会关系和生产秩序。

（二）救助制度和项目

对共同生活的家庭成员人均收入低于当地居民最低生活保障标准，且家庭财产状况符合所在省、自治区、直辖市人民政府有关规定的，根据需要给予教育、医疗、住房等专项救助。享受居民最低生活保障待遇的家庭，由乡、镇人民政府或者城市街道办事处每月按标准发给最低生活保障金或者实物券，也可以给付实物。

伴随经济社会发展，救助的内涵和外延不断深化，并纳入国家社会经济发展战略、社会保障体系和公共服务系统。救助制度包括扶贫、低保和综合救助服务，如今进入综合救助服务发展时代。例如，英国于1601年《济贫法》规定国家提供社会救助，1930年又立法规定国家提供公共救助，1948年进入福利国家时代以后国家则提供国民救助，1966年以后改为国家向老龄人口提供长期津贴，1986年国家又提出"贫困收入支持"（补差待遇）。日本于1932年颁布的《救助法》中规定的救助项目包括生活、医疗、教育、住房、生育、就业、安葬等方面。

在我国，符合专项救助标准的家庭子女，在义务教育阶段，县级以上地方人民政府应当免费提供教科书，补助寄宿生生活费；在中等、高等教育阶段，按照国家有关规定提供助学金等救助，有关教育机构可以酌情减免学费。以江西省为例，自2008年起，政府在继续资助城市低保对象、农村低保对象、农村五保供养对象参加城镇居民基本医疗保险和新型农村合作医疗的基础上，将城镇重度残疾学生和儿童（含儿童村、福利院等社会福利机构供养对象）、丧失劳动能力的城镇重度残疾人、城镇低收入家庭60及周岁以上老年人等新增对象纳入资助范围。资助各类困难群众参加城镇居民基本医疗保险和新型农村合作医疗所需资金，由政府财政预算专项安排。农村低保和五保供养对象参加新型农村合作医疗的个人缴费部分，由财政按照当地农民参加新型农村合作医疗自缴费用的标准专项安排。其中，新型农村合作医疗提高筹资标准前的人均10元/年，按原渠道通过民政医疗救助资金开支；新型农村合作医疗提高筹资标准后的增量部分和2008年新增50万农村低保对象的参合费用，全部由省财政负担。城市低保对象、城镇重度残疾学生和儿童、丧失劳动能力的城镇重度残疾人、城镇低收入家庭60周岁以上老年人参加城镇居民基本医疗保险的个人缴费部分，按现行政策规定由财政全额负担。

（三）筹资来源和机制

《中华人民共和国社会救助法（征求意见稿）》中拟定，社会救助所需资金，由地方各级人民政府列入财政预算，专项管理，专款专用；对财政困难的地区和遭受特大自然灾害的地区，中央财政按照规定给予适当补助。发生重大自然灾害时，各级人民政府民政部门可以开展救灾募捐并接受国内外的社会捐赠。受赠的财产应当按照国家有关公益事业捐赠的规定使用。各级人民政府财政部门、审计机关对社会救助款物的使用情况依法实施监督。

社会救助的对象是无缴费能力的群体，其筹集资金的原则是建立公共基金，其资金来源包括中央政府预算、地方政府预算、强制缴费和社会捐助，由此形成转移支付的社会互济基金。

大多数发达国家的社会救助行政给付资金占GDP的1%~2%，只有澳大利亚和新西兰远远高于这个水平。部分国家社会救助资金来源结构见表8-4。在我国，由中央政府和地方政府之间实行承担制或分担制。2022年，全国民政事业支出5 090.4亿元，占当年国家财政支出的2.0%，其中，中央财政向多地转移支付1 687.3亿元，占全年民政费用支出的33.1%。

表8-4　　部分国家社会救助资金来源结构

国家	中央政府	地方政府	社会捐助
英国	100%		附加
日本	100%		附加
韩国	100%		附加
荷兰	90%	10%	附加
丹麦	50%	50%	附加
美国		100%	附加
意大利		100%	附加
中国	限额投入	补充投入	各类基金
智利	投入720亿比索		团结基金

资料来源：穆怀中.社会保障国际比较[M].北京：中国劳动社会保障出版社，2007.

（四）管理体制和机制

在我国，国务院民政部门主管全国的社会救助工作，财政、教育、卫生、住房和城乡建设等部门在各自职责范围内管理相应的社会救助工作；县级以上地方各级人民政府有关部门在各自职责范围内管理本行政区域的社会救助工作。

管理社会救助涉及管理体制、运行机制、组织建设、信息系统。首先，大多数国家颁布了《社会救助法》，依法完成了社会救助的顶层设计，在国家层面完成了社会救助公共品的生产。其次，大多数欧洲国家政府组织内建立了社会救助经办机构，行政费用占社会救助预算的一定比例。此外，基于政府主导作用，各类社会组织乃至私营机构和社会公众也参与到社会救助的公共服务体系中来。最后，大多数国家已经完善救助对象识别、救济金支付和相关服务的操作流程和信息系统。目前，世界各国均面临社会救助政策整合、经办机构一体化和信息系统共享的挑战。

二、部分国家的社会救助法律制度

社会救助已经成为国家社会保障体系的基础部分，但具体情况非常不同。有数据显示,世界上的受助人口占总人口的2.3%~17.8%,救助经费占GDP的比重为0.5%~6.8%,占社会保障总支出的6.4%~90.3%。部分发达国家20世纪90年代以来的社会救助情况见表8-5,主要特征表现为:一是在实行补缺型和自储公助型社会保障模式国家,社会救助费用占社会保障总支出的比重高于实行社会保险模式的国家;二是家庭收入和财产审查、全民信用卡的制度建设,是完善国家社会救助制度的重要基础。

表8-5　部分发达国家20世纪90年代以来的社会救助情况

国家	受助人口占总人口比例/%	救助费用占GDP的比例/%	救助费用占社会保障开支的比例/%
美国	10.0	1.6	39.8
英国	15.9	3.9	33.0
澳大利亚	17.8	6.8	90.3
加拿大	9.9	1.8	13.7
丹麦	4.9	1.4	7.8
法国	2.3	1.3	6.4
意大利	4.6	2.9	9.1
西班牙	4.4	1.1	8.4
瑞典	6.8	0.5	6.7

资料来源:OECD in Figures 2009,www.docin.com/p-2449971600.html.

(一)英国社会救助制度安排

1834年,英国制定了新《济贫法》,确认社会救济属于公民权利和国家义务。社会救助项目(有些是福利式救助)包括低收入家庭救助、老龄救助、儿童救助、残疾救助、失业救助及疾病救助等内容。低收入家庭救助是对收入低于官方规定贫困线家庭的救助,救助金随政府规定的贫困标准而变化。低收入者可以取得一部分取暖费,有子女的可取得学校免费牛奶、免费膳食以及免缴国民保险费,还可以享受房租补贴等。老龄救助主要对年满80岁、没有资格享受养老金或养老金不足的老年人给予补助。残疾救助包括护理、活动和重残补贴。

(二)美国社会救助法律制度

1935年,美国颁布实施《社会保障法》后,社会救助开始制度化,救助项目包括:(1)对有子女困难家庭的资助,政府以现金资助单亲有子女家庭,或父母失业和丧失劳动能力的家庭；养老及困难补贴，主要是对老年人和残疾人发放现金补贴。（2）低收入群体免费医疗，使穷人获取必要医疗服务。该项目耗资最大，由联邦和州政府分担，免费医疗服务的范围很宽，从住院到门诊、从检查到手术治疗，大部分医疗费用不用自己花钱。（3）食品券补助。食品券是政府发行的、专供购买食品的有价证券，以解决贫困群体的基本生活。（4）儿童营养补助，为哺乳期的母亲、婴儿、5岁及以下儿童设立，每年有数千名妇孺享受这一补助。

（三）日本社会救助法律制度

1956年，日本颁布实施《社会福利法》，以家庭为中心建立社会救助事务所，对需要救助的儿童、残障者、智障者、老人、寡妇等提供各项帮助。截至2009年4月1日，日本共设有1 244个社会救助事务所，其中都道府县有228个、市（含特别区）989个、町村27个，已经形成包括中央由厚生劳动省设立的社会救助局、地方协助政府工作的民生委员、基层中以每10万居民为单位的地区设立的社会救助事务所在内的社会救助体系。此外，还有负责社会募捐及社会救助实施的共同募金会和红十字会。

（四）澳大利亚社会救助法律制度

1990年，澳大利亚实施《超级年金法》，强制雇主为其雇员个人账户按照工资总额的2%（现为9%）缴存养老金，委托合格的私营养老金公司按照信托原则进行管理，对超级年金储蓄不足者和非超级年金者由政府给予最低养老金补贴。此后按最低养老金制度的运行管理模式，逐步建立了残疾人补助、失业补助、儿童抚养补助等其他社会保障制度（由于澳大利亚实行全民医疗保健制度，这些补助均不含医疗费）。最低养老金年补助标准为上年男性职工平均工资的25%，相当于最低工资的50%，略高于贫困线标准，仅能保证最低生活。残疾人年补助标准与最低养老金基本相同，失业补助标准相当于最低养老金的80%。澳大利亚社会救助强调同样条件的对象享受同样补助水平的原则，政府对申请最低养老金以及其他补助者，进行家庭收入和财产审查，根据其财产和收入水平，确定其补助数额。因此，澳大利亚非常重视全民信用卡制度建设，为家庭收入和财产审查奠定了良好的社会基础。

（五）韩国社会救助法律制度

韩国社会救助法律制度由生活救助、国家有功人员救助及灾害救助组成。生活救助包括生计救助、医疗救助、妇产救助、教育救助、丧葬救助、职业训练以及就业安排。

其中，对无劳动能力贫困人员的医疗救助从门诊到住院全部医疗费均由医疗保护基金支付；对有劳动能力的救助对象，医疗保护基金负担其门诊医药费，但住院费只负担一半，其余一半可无息贷给；医疗救助对象须在指定医疗单位就诊或住院。国家有功人员（爱国烈士，战争死伤殉职、工伤军警公务员，武功勋章或报国勋章获得者及其遗属）救助待遇包括：年金、生活津贴、看护津贴、住宅资金、抚恤金；教育、就业、医疗、养老服务和贷款；减免交通费等。灾害救助包括：提供收容设施，提供食品、被褥、学习用品等生活必需品，灾后住宅应急修缮，介绍就业，办理丧事等；国家设立了灾害救护基金，国库负担70%，地方政府负担30%。

三、赈灾救济法律制度

赈灾救济立法是国家抵御公民遭受自然灾害风险的制度安排，属于生存福利范畴。赈灾救济法律制度是调整救灾救济领域的社会关系的法律规范的总称，涉及赈灾资金、应急机制和灾后建设等问题。

赈灾救济立法的法律特征如下：（1）以帮助公民渡过自然灾害、保障最低生活安全为目标，根据需求和法定标准实行紧急救济和灾后救助。（2）灾时坚持国家保障、社会帮扶、鼓励自救相结合的基本原则，以财政预算和行政给付为主，鼓励公民渡过难关；灾后坚持鼓励自救、国家保障、社会帮扶相结合的基本原则，财政预算给予必要的支持，鼓励灾民团结自救，恢复生产和生活秩序。（3）覆盖遇到自然灾害的地区和家庭。

（一）我国赈灾救济法律的主要内容

国家设立了应急管理部，各级人民政府对基本生活因自然灾害受到影响的人员提供资金、物资、服务等方面的救助，保障其吃、穿、住、医等基本需求。

1. 政府的救灾赈济责任

县级以上地方人民政府应当在自然灾害预警和自然灾害发生后，紧急疏散、转移、抢救和安置受灾人员，并为其提供食品、饮水、医疗、衣被、临时住所、日常生活用具、心理抚慰等应急救助。

自然灾害的危害消除后，受灾地区的各级人民政府应当帮助受灾人员恢复重建因自然灾害倒损的居民住房；在自然灾害发生后的当年冬季、第二年春季以及其他困难时期，受灾地区的各级人民政府应当保障受灾人员的基本生活，提供食品、饮水、取暖、衣被、住所和医疗等临时生活困难救助。

2022年，我国多地遭受地震、洪涝、干旱灾害，部分受灾群众基本生活受到影响。财政部、应急管理部于向24个省（区、市）和新疆生产建设兵团，共1 714个县级单位下拨54.76亿元，支持地方切实保障好受灾困难群众基本生活。除了中央财政支持外，湖北、贵州、河北等18个省份也同步安排省级资金共3.3亿元，四川、云南等省份还调拨65万余件价值7 886万元的棉衣、棉被等物资，及时发放到受灾困难群众手中。

2. 国家救灾应急机制

2016年，国务院办公厅修订了《国家自然灾害救助应急预案》，按照自然灾害的危害程度等因素，国家自然灾害救助应急响应分为Ⅰ、Ⅱ、Ⅲ、Ⅳ四级，国家减灾委员会为国家自然灾害救助应急综合协调机构。

其中，Ⅳ级响应机制内容如下。

（1）启动条件。某一省（区、市）行政区域内发生重大自然灾害，一次灾害过程出现下列情况之一的，启动Ⅳ级响应：死亡20人以上、50人以下；紧急转移安置或需紧急生活救助10万人以上、50万人以下；倒塌和严重损坏房屋1万间或3 000户以上、10万间或3万户以下；干旱灾害造成缺粮或缺水等生活困难，需政府救助人数占该省（区、市）农牧业人口15%以上、20%以下，或100万人以上、200万人以下。

（2）救灾措施。国家减灾委员会办公室组织协调国家层面自然灾害救助工作，指导支持受灾省（区、市）自然灾害救助工作。国家减灾委员会及其成员单位视灾情采取以下措施：国家减灾委员会办公室视灾情组织有关部门和单位召开会商会，分析灾区形势，研究落实对灾区的救灾支持措施；国家减灾委员会办公室派出工作组赴灾区慰问受灾群众，核查灾情，协助指导地方开展救灾工作；国家减灾委办公室及时掌握并按照有关规定统一发布灾情和救灾工作动态信息；根据地方申请和有关部门对灾情的核定情况，财政部、民政部及时下拨中央自然灾害生活补助资金，民政部紧急调拨生活救助物资，指导、监督基层救灾应急措施落实和救灾款物发放；国家卫生计生委指导受灾省（区、市）做好医疗救治、卫生防病和心理援助工作；国家减灾委员会其他成员单位按照职责分工，做好有关工作。

专栏8-3 《四川汶川特大地震抗震救灾工作总结报告》

2008年5月12日下午2点28分，四川省发生里氏8.0级强烈地震，震中位于阿坝州汶川县，有6万多人遇难，无数房屋垮塌。在党中央、国务院、中央军委的领导下，总指挥部有力有序有效地组织开展了抗震救灾工作。坚持统一指挥协调，确保抗震救灾工作高效运转；坚持依靠各方面力量，形成强大攻坚合力，坚持按客观规律办事，充分发挥科学技术在抗震救灾和灾后重建工作中的作用。在灾区党委、政府直接领导下，经过灾区干部群众和解放军、武警官兵、公安民警以及社会各界的共同努力，抗震救灾工作取得了重大胜利。

在抗震救灾进入灾后恢复重建阶段时，国务院发布的《四川汶川特大地震抗震救灾工作总结报告》提出，力争用3年左右时间完成恢复重建的主要任务，使灾区基本生活条件和经济发展水平达到或超过灾前水平。一要加快恢复重建工作。这不仅有利于灾区早日恢复正常的生产生活秩序，让群众安居乐业，也有利于扩大国内需求，促进国民经济又好又快地发展。要根据灾后恢复重建总体规划，抓紧启动一批重要建设项目，包括学校、医院等公共设施，交通、通信、电力、水利等基础设施，以及需要恢复重建的生产企业等。二要确保中央制定的各项政策措施落实到位。各有关地区和部门要进一步明确具体任务、责任主体和完成时限，抓好落实工作。三要明确恢复重建的领导工作机制。在国务院领导下，灾区省级人民政府对本地区恢复重建负总责。国务院成立恢复重建工作协调小组，负责协调重大政策问题，指导重建规划落实，组织好规划实施的中期评估和规划实施结束时的全面总结工作，不再保留国务院抗震救灾总指挥部。支援省份要与受援地区建立健全密切协调、相互配合的对口支援工作机制，全面落实中央提出的支援任务。

（二）美国赈灾救济法律制度

美国现行的赈灾救济法律制度形成于2001年"9·11"恐怖袭击之后。此前美国赈灾救济的功能在州和地方政府，联邦政府只是在地方政府提出要求时给予支持。2002年7月，美国联邦发表了《国家国土安全战略》，号召建立国家灾害管理系统，形成一个统一的、协调多部门的赈灾救济法律体系和制度体系。

1. 一个管理部门：国土安全部

根据2002年11月颁布实施的《国土安全法》组建国土安全部，于2003年3月正式成立并开始运作。主要任务如下：一是建立综合性的国家突发事件管理体系，以协调联邦、州和地方政府共同有效应对国内突发事件的准备、反应和恢复工作；二是利用国家突发事件管理体系制订并管理国家灾情反应计划，为国家层面政策的执行提供体制和机制保证，也为联邦政府援助州和地方突发事件管理提供指导和依据。

2. 一个管理体系：国家突发事件管理体系

2004年3月，以国土安全部为主导建立了国家突发事件管理体系，并向各级政府部门递交了备忘录。国家突发事件管理体系是一个应对突发事件的、以政府内部为主的合作框架，规定了一组重要的原则和概念，制定了标准化反应程序，以使各级各部门政府都能高效有序、协同一致地加入突发事件的应急管理中。其核心是突发事件指挥系统，包括指挥、计划、运作、后勤保障和资金、行政管理五大主要功能，并能根据事件的复杂性和严重程度不断对其组织结构和规模进行调整，从而为参与突发事件管理的各部门提供协调，帮助他们对事件进行管理。

3. 一个反应系统：国家灾情反应计划

2004年12月，联邦政府批准了国家灾情反应计划，该计划涵盖了对恐怖活动、自然灾害以及其他紧急事件的防御、准备、反应和恢复工作，与国家突发事件管理体系结合，为联邦政府向州和地方政府提供援助以及履行联邦政府权力和职责提供了依据和保障。

该计划在反应程序上坚持突发事件处理以基层政府为主、联邦政府为辅的原则，坚持由地方政府采取最初的反应行动，当地方政府能力或资源不足时，请求邻近地方政府的支持，仍不能解决则请求州政府或通过州与州之间的互助协议请求周边有关州支持，最后请求联邦政府帮助。

深度阅读

1. ［法］埃斯特·迪弗洛，［印］阿比吉特·班纳吉. 贫穷的本质［M］. 景芳，译. 北京：中信出版社，2013.

本书是理解贫困问题的必读之作。通过对"贫"和"困"的界定，本书挑战了对贫困的传统刻板印象，通过实证研究揭示了贫困的根源。穷人与普通人在欲望、弱点以及理性上并无太大差异，而是贫困的境遇限制了他们接收信息的渠道，导致了一系列小错误和恶性循环，通过小幅度的援助和信息干预可以打破贫困恶性循环。

2. 杨立雄. 从兜底保障到分配正义：面向共同富裕的社会救助改革研究［J］. 社会保障评论，2022，6（4）：102-114.

本文指出了受个体主义贫困观的影响，中国传统社会救济制度具有受助对象弱势化和济贫制度民间化的特征，社会救济覆盖面和保障水平长期偏低。面向共同富裕的社会救助需要从兜底保障转向适度的分配正义，在提升低收入家庭收入水平、缩小低收入家庭收入差距、满足低收入家庭对美好生活的向往等方面发挥更大作用。

3. 韩克庆. 中国社会救助制度的改革与发展［J］. 教学与研究，2015（2）：29-35.

本文回顾了我国社会救助制度的改革与发展，从计划经济下自然灾害救助、城市单位救济与农村集体救济相结合的社会救助制度，到市场经济改革以来，随着最低生活保障制度的创新发展，社会救助制度内容不断丰富，制度规范不断提高。救助对象从覆盖市场转型的城市新型贫困者向全体贫困者过渡，从城市社会救助体系为主体向城乡一体化的社会救助体系建设过渡，从社会救助与社会福利分离向社会福利整合社会救助制度过渡。长远来看，从政府主导向政府—市场—社会多元主体过渡。

本章小结

1. 描述了对"贫"的认同和对"困"的评估，以此作为认识公民基本生活风险和建立社会救助法律制度的社会背景；介绍了基本生活保障和社会救助制度安排涉及贫困度量方法、贫困人群识别，由此构成基本生活保障和社会救济制度安排和立法的技术要素。

2. 分别介绍了我国公民基本生活保障法律制度、社会救助法律制度和赈灾救济法律制度以及部分国家的社会救助制度。

重要概念

基本生活风险　最低生活保障　社会救助

思考题

1. 为什么说社会救助是社会保障的底线，属于生存福利范畴？
2. 为什么说"贫"的内涵是资源、能力和机会的缺失，并由此决定救助的内容和体系？
3. 怎样制定评估"困"的标准，由此影响现代综合救助的内容和水平？
4. 如何区分最低生活保障、社会救助和赈灾救济3个法律制度的不同特征？
5. 简述济贫性救助和现代综合救助体系的主要区别。

第三篇 执行篇

ZHIXING PIAN

本篇是操作实务部分。通常说，三分政策、七分执行。在本篇内容中，首先，阐述了社会保障公共服务的基本原则以及它如何引领服务型政府建设。其次，区分社会保障管理（对业务）和服务（对人）的范畴。再次，介绍如何依法完善社会保险基金运行中激励、约束和监督机制，建设长效平衡机制，确保社会保障制度稳健运行。最后，介绍社会保障权益保护的基本原理、制度安排和解决纠纷的各类程序。

基于本篇的学习，了解社会保障经办机构建设和管理服务的规定，了解维护自己社会保障权益的合法路径，深化对社会保障的理解，提高履行社会保障义务与享有社会保障权利的法律意识。

第九章
社会保障公共服务法

教学目标：掌握社会保障公共服务的基本理论；熟悉社会保障事务管理和为参保人服务的体制机制的制度安排和法律法规；了解本领域的发展趋势和主要挑战。

本章主要内容：

- 社会保障公共服务概述
- 社会保障管理体制的法律规范
- 社会保障运行机制的法律规范
- 社会保障组织建设的法律规范

第一节 社会保障公共服务概述

一、公共服务的内涵

公共服务是维护公共秩序和公共利益的服务，以满足居民基本生活需求和企业生产需求，主要包括水电交通等基础设施、治安消防等公共秩序、科技卫生教育等公共事业发展、公司和居民基础信息等社会管理。社会保障管理和服务涉及全体公民的一生，是公共服务的龙头。

公共服务主要有三个特征：一是公益性，为维护公众利益而实施管理和提供服务，政府应当承担主导责任，以非营利性服务为主，严格规范收费服务；二是需求共性，满足公众的共同需求而非个性需求；三是规范性，其生产和提供应当按照统一的标准和流程进行，方便公众识别、使用和评价。公共服务与社会服务比较，后者的服务范围和执行主体均大于前者。

服务型政府是指坚持服务导向，具有宏观调控、市场监督、社会建设和公共服务能力的政府，是信息时代的国家行政形态。公共服务涉及业务管理和客户服务的管理体制、运行机制、人力资源和组织建设以及信息系统建设。

二、社会保障管理

社会保障管理是指以社会保障业务为中心，社会保障经办机构贯彻国家社会保障法律法规和政策活动的总称，也称政务行为，是社会保障公共服务立法的事务标的。社会保障管理属于后台工作，对事不对人，是社会保障公共服务的基础，从公民社会保障号码和权益记录做起。《中华人民共和国社会保险法》第五十八条第三款规定，国家建立全国统一的个人社会保障号码。个人社会保障号码为公民身份号码。截至2022年1月底，全国社会保障持卡人数达到13.4亿人，电子社会保障卡和医疗保障卡签发均超过10亿张。

社会保障管理的主要特征有如下四项内容。

（一）管理对象

社会保障管理对象包括社会保障政策、社会保障基金、社会保障信息。社会保障管理包括社会保障经办机构内部管理和外部管理：内部管理包括根据社会保障工作流程发生的前端服务支持和中端业务管理；外部管理发生在后端支持，包括与服务定向机构的合作与监督、与服务外包机构的合作与监督等。

（二）管理内容

社会保障管理的内容包括：解读社会保障法律政策，审核参保人受益资格，建立资金筹集渠道和账户系统；组织居民参保登记和建立个人账户，建立和维护社会保障信息系统，并在此基础上建立居民档案、开展居民和法人的征信管理；组织和提供社会保障服务，建立咨询和沟通渠道；建立服务外包与合作伙伴筛选机制等。

（三）管理原则

以人民为中心的社会保障管理要以服务窗口和个人账户为核心，依据社会保障法律制度和参保人需求，坚持低成本、高效率、方便参保人的原则，建立工作流程和信息系统，实现信息化、专业化和规范化管理，确保居民社会保障权益记录的准确性、信息系统的安全性，支持社会保障卡的有效运行。

根据《中华人民共和国档案法》和《社会保险个人权益记录管理办法》等相关法律、规范制定的《社会保险业务档案管理规定（试行）》明确，社会保险业务档案是指社会保险经办机构在办理社会保险业务过程中，直接形成的具有保存和利用价值的专业性文字材料、电子文档、图表、声像等不同载体的历史记录。社会保险业务档案由县级以上社会保险经办机构集中保存。社会保险经办机构配备专门的管理人员和必要的设施、场所,确保档案的安全,并根据需要配备适应档案现代化管理要求的技术设备;认真落实档案保管、保密、利用、移交、鉴定、销毁等管理要求,保证社会保险业务档案妥善保管、有序存放,严防毁损、遗失和泄密。

(四)管理机构

《中华人民共和国社会保险法》第七条规定,国务院社会保险行政部门负责全国的社会保险管理工作。社会保险管理工作主要包括:依法起草社会保障政策和监督社会保障法律和政策的执行;基于管办分离的原则做好社会保障公共服务体系的规划工作和监督执行工作。第七条还规定,国务院其他有关部门在各自的职责范围内负责有关的社会保险工作。县级以上地方人民政府社会保险行政部门负责本行政区域的社会保险管理工作,县级以上地方人民政府其他有关部门在各自的职责范围内负责有关的社会保险工作。第八条规定,社会保险经办机构提供社会保险服务,负责社会保险登记、个人权益记录、社会保险待遇支付等工作。社会保险经办机构根据社会保险基金统筹层级进行建设。

三、社会保障服务

社会保障服务是指以客户需求为中心,社会保障经办机构贯彻国家社会保障法律政策的活动的总称,也称维权服务,是社会保障立法的人本标的。社会保障服务是社会保障管理的结果,即国家的社会保障公共服务产出,从互联网、App和社区劳动保障服务窗口做起。

社会保障服务的主要特征有如下四项内容。

(一)服务对象

服务对象为:全体参保个人和用人单位,个人包括各类职工、自雇人(包括农民)和无业居民(包括城乡居民),合伙组织属于个人状态;用人单位包括企业、机关、事业单位和社会团体。各项社会保障计划的参保总人次反映了社会保障服务需求。由于公民可能同时出现在不同的社会保障计划里,所以参保人次数量远远大于国家人口数量。

(二)服务内容

服务内容包括:为居民参保登记和建立账户,保管权益记录和社会保险基金,提供法律政策咨询和信息披露，支付待遇和提供相关服务等。

（三）服务原则

服务原则包括：方便参保人，准确记录和及时更新参保人数据（包括缴费、领取待遇等）；保障参保人权益，提供终生的、规范的、社会化和信息化服务；以共性服务为主，适度考虑必要的个性服务。

（四）服务机构

服务机构包括社会保障经办机构以及与其合作的社会组织和商业机构。服务窗口是社会保障工作的前端，需要因地制宜和多样化，以方便居民，包括服务大厅、社会保障网、社会保障卡、社会保障服务电话号码和社会保障工作人员。服务窗口要标准化、规范化，其内容涵盖服务机构建制、服务设施、服务模式、服务方式、服务层级、服务内容、服务载体、服务行为、信息系统等。

四、服务型政府建设

公共服务是服务型政府的产品，是公共服务立法的对象。公共服务产品生产是指公共服务政策法规、资金和信息系统的制定和实施过程。公共服务产品应当具有3个基本要素：一是产品说明书，即相关政策和法律法规；二是产品成本，包括资金预算决算和人力投入（人员编制）；三是产品生产线和派送渠道，即技术标准和信息系统。其他还应包括公共服务派送的管理体制、运行机制、人力资源和组织体系、服务设施和信息系统等。

专栏 9-1　澳大利亚公共服务生产和派送体系

1997年，澳大利亚颁布实施了《联邦公共服务法》，依法建立了公共服务的中央联络中心。该中心属于政府，作为"政府和百姓之间服务与沟通的桥梁"，与家庭与社区服务部，教育、科学与培训部，就业和劳资关系部，卫生与老年保健部，农业、渔业及林业部等政府部门和相关机构订立了服务提供合同，向居民提供劳动保障乃至生活救助领域的70多项服务。

《联邦公共服务法》规定，中央联络中心实行首席执行官制，拥有2.7万名工作人员，分布在全澳1 000多个网点中，设有312个现场工作站，直接为居民办理各项业务；设有28个电话服务中心，每年接受约2 250万人次的电话咨询；拥有全澳第四大信息网络系统，每年向客户发出约9700万封信件，处理约29亿条计算机业务往来，提供约230万个互联网页供用户查询，并接待约650万人次访问；全国各地设有33个专门服务中心（如青年服务中心、学生服务中心、职业信息服务中心等）、260个城镇社区服务中心、16个农村地区服务中心，以及15个退休人员服务中心等。70多项服务涉及居民切身利益的各个方面，每年支付金额达510亿澳元，根据政府指令提供非福利性的服务，包括危机救济、行业援助、旅途信息咨询、职业指导、技能培训等服务。居民在一个窗口（含电子窗口和社区窗口）可以获得全程的和可持续的服务，实现了行政体制改革，公共服务体系实现网格化，成为经济合作与发展组织国家政府治理和公共服务的标杆。

澳大利亚中央联络中心的公共服务派送体系如图9-1所示，其建设遵循4个基本原则。(1)区分决策功能和执行功能，按照政事分离的原则，实现政策部门精兵简政、执行机构做大做强。履行全民公共服务职能的机构脱离政府部门，直接对市长负责，避免公共服务部门化导致的"多龙治水""信息孤岛""劳民伤财"现象。(2)区分公共服务的生产和派送，强化中央政府的公共服务生产和组织派送的能力，地方政府的接收、补充和组织派送的能力，以及基层政府接收、补充和提供服务的能力。(3)区分垂直管理和属地管理，强化垂直管理和属地管理的有效对接，打造公共服务垂直派送和平行接收的网格化运行体系（见图9-2）。(4)区分政府提供公共服务的责任和功能，公共服务功能可以外包，但政府责任不能外包，需要根据客户偏好进行创新与发展，建设居民需求反馈通道和社会满意度评估系统。

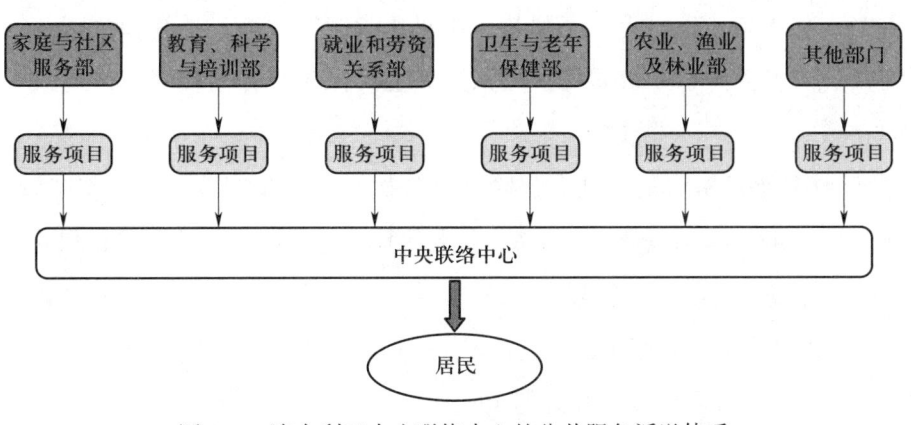

图9-1　澳大利亚中央联络中心的公共服务派送体系

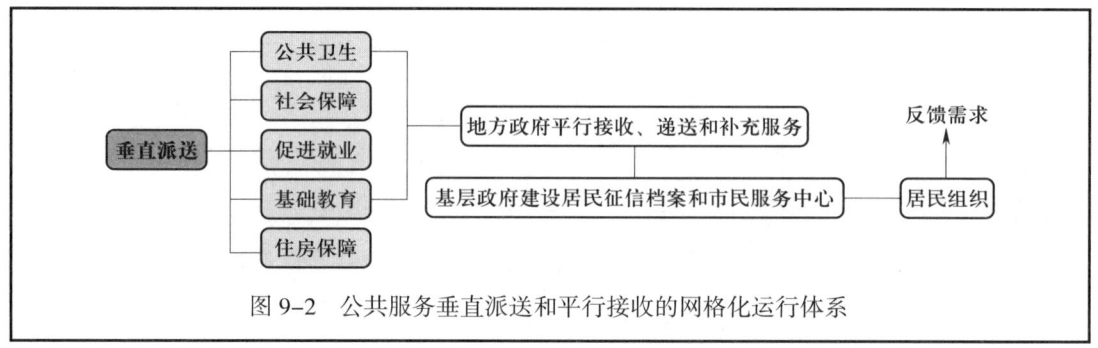

图 9-2 公共服务垂直派送和平行接收的网格化运行体系

五、社会保险经办机构

《中华人民共和国社会保险法》第八条规定，社会保险经办机构提供社会保险服务，负责社会保险登记、个人权益记录、社会保险待遇支付等工作。由此决定社会保险经办机构是国家依法授权的、政府社会保险管理（对业务）服务（对受益人）机构，是社会保障公共服务的生产和派送机构，是服务型政府的重要组成部分，是保障公民基本生活安全的责任人，也是掌管公民信息的"第二安全部"。广义社会保险经办机构包括社会保险税费征缴机构、国家社会保险储备基金管理机构、国家赈灾救济机构。

世界各国在社会转型和体制改革的过程中，均整合了社会保障公共服务体系，做大做强了社会保险经办机构，如美国社会保障总署、澳大利亚中央联络中心等。

自 2010 年颁布《中华人民共和国社会保险法》以来，我国社会保障管理体制和公共服务体系不断完善。自 2018 年成立国家医疗保障局以来，基于高质量的顶层设计、高起点的信息系统建设和经办能力建设、广泛的社会合作与社会治理，到 2023 年年底，建成覆盖 13.4 亿人口，近百万医药机构，中央、省级、地市、县级和社区一体化的线上线下结合公共服务体系。带动我国国家治理现代化和服务型政府建设进入一个新阶段。

2023 年 12 月 1 日施行的《社会保险经办条例》进一步规范了社会保障管理体制、运行机制和经办机构的建设，规范了基本养老保险、基本医疗保险、工伤保险、失业保险、生育保险等国家规定的社会保险的经办工作。社会保险经办工作坚持中国共产党的领导，坚持以人民为中心，遵循合法、便民、及时、公开、安全的原则。

国务院人力资源社会保障行政部门主管全国基本养老保险、工伤保险、失业保险等社会保险经办工作。国务院医疗保障行政部门主管全国基本医疗保险、生育保险等社会保险经办工作。县级以上地方人民政府人力资源社会保障行政部门按照统筹层次主管基本养老保险、工伤保险、失业保险等社会保险经办工作。县级以上地方人民政府医疗保障行政部门按照统筹层次主管基本医疗保险、生育保险等社会保险经办工作。国务院人力资源社会保障行政部门、医疗保障行政部门以及其他有关部门按照各自职责，密切配合、相互协作，共同做好社会保险经办工作。县级以上地方人民政府应当加强对本行政区域社会保险经办工作的领导，加强社会保险经办能力建设，为社会保险经办工作提供保障。

社会保险经办的具体业务包括：（1）社会保险登记和关系转移；（2）社会保险待遇核定和支付；（3）社会保险经办服务和管理。以医疗保障为例，由国家医疗保障局制定了10类28项服务项目清单，统一了项目名称、办理时限、办理文件、办理渠道、办理环节和设定依据。社会保险经办机构应当依托社会保险公共服务平台、医疗保障信息平台等实现跨部门、跨统筹地区社会保险经办，强化社会保险经办服务能力，实现省、市、县、乡镇（街道）、村（社区）全覆盖。用人单位和个人办理社会保险事务，可以通过政府网站、移动终端、自助终端等服务渠道办理，也可以到社会保险经办窗口现场办理。社会保险经办机构应当核查下列事项：（1）社会保险登记和待遇享受等情况；（2）社会保险服务机构履行服务协议、执行费用结算项目和标准情况，如医保服务协议和定点医药机构管理；（3）法律、法规规定的其他事项。

人力资源社会保障行政部门、医疗保障行政部门按照各自职责对社会保险经办机构的下列事项进行监督检查：（1）社会保险法律、法规、规章执行情况；（2）社会保险登记、待遇支付等经办情况；（3）社会保险基金管理情况；（4）与社会保险服务机构签订服务协议和服务协议履行情况；（5）法律、法规规定的其他事项。财政部门、审计机关按照各自职责，依法对社会保险经办机构的相关工作实施监督。

第二节　社会保障管理体制的法律规范

体制涉及人、财、物和信息的资源配置，包括产权规制、决策规制和组织规制。管理体制包括垂直管理体制和分级管理体制。例如，美国联邦社会保障试行联邦统筹管理，社会保障总署属于垂直管理体制，联邦向各州派任主管人员，全国统一老遗残保障计划的信息系统，并直接对美国总统负责。中国社会保障管理体制属于政策全国统一、基金地方统筹的体制，2022年基本养老保险试行全国统筹，将逐渐走向中央和地方两级管理、地方政府提供服务的管理体制。

社会保障管理体制涉及社会保障决策、执行和监督 3 个方面。要坚持政事分离、监督独立的原则，依法规范决策机构精兵简政的大部制建设，做大做强社会保障执行机构，树立监督机构的权威性。社会保障管理体制的法律规范是调整社会保障领导关系和责任制度的行为规范。

一、规范社会保障行政部门的职责

（一）国务院社会保障行政部门的职责

国务院社会保障行政部门应当依法制定社会保障政策及其社会保障服务体系建设规划。此处的社会保障行政部门是指人力资源社会保障部、国家医疗保障局，也涉及国家卫生健康委员会、全国老龄工作委员会、民政部、退役军人事务部等。其主要职责如下：（1）解读国家社会保障法律法规，制定社会保障政策草案报送国务院审批和颁布实施。（2）监督社会保障法律和政策的实施，通过听取执行机构报告、信息统计分析、现场调研、行政处罚等方法，在掌握情况的基础上，指导和监督社会保险经办机构的工作，及时了解和反馈参保人的诉求，及时向国务院报告信息，并提出解决问题的合理建议。（3）建设以居民社会保障权益记录为核心，覆盖全国的社会保障公共服务信息体系。

（二）国务院其他有关部门的职责

国务院其他有关部门（包括国家发展改革委、财政部、国家税务总局等）根据国家社会保障法律和政策目标，归集相关信息和进行统计分析，制定社会保障政策草案报国务院批准和执行。《社会保险经办条例》第二十七条规定，社会保险经办机构应当依托社会保险公共服务平台、医疗保障信息平台等实现跨部门、跨统筹地区社会保险经办。例如，海南省社会保险服务中心在经办养老保险、医疗保险、失业保险等业务的同时，还打通了住房公积金信息系统，实现办理退休审核"一件事"经办。以往"多龙治水"的局面，应当依法向统一的社会保险经办机构转移，实现社会保障公共服务一体化的网格体系。

监督机构包括政府审计机构、纪检监察机构，负责对社会保险基金和社会保险经办机构实施监督；国家金融监督管理总局负责对社会保险资金银行托管和代理业务补充保险计划运营的监督；证券监督管理委员会负责对养老保险投资运营的监督。

此外，工会应当从维权的角度，参与对社会保险经办机构办事合规性和社会保险基金安全性的监督。

(三) 省级人民政府的职责

省、自治区和直辖市人民政府依法履行社会保障公共服务的传递、补充和反馈的职责，依法履行向上归集信息、向下派送服务的职责。其综合部门负责本省社会保障宏观规划和资源配置职责；其主管部门是省级人力资源社会保障行政部门，负责制定社会保障需求预算、统筹社会保障基金、监督个人账户养老基金投资、健全社会保障管理和服务系统、建立和维护社会保障公共服务信息系统。

(四) 市县人民政府的职责

市县两级人民政府要直接面对居民，具有接受、递送公共服务和反馈的职责。一方面，要强化居民档案和征信管理的功能；另一方面，要淡化决策功能，强化服务功能，建设好社区社会保险服务平台。

专栏9-2 英国政府社会保障管理的"一曲三唱"

传统英国政府的社会福利部直接管理全国的社会福利事务，在1978年以后的政府改革和公共服务私有化改革中，社会保障公共服务执行机构经历了三次重大变革。

第一次，政事分离，执行机构一律撤出内阁部委。撒切尔式"小政府"改革，裁减了政府内阁部门内的执行机构，仅留法律、财务等几个部门，执行机构纷纷独立求生，要编制、要人员、要地盘，局面混乱、成本加大，居民不满意。

第二次，执行机构回归政府，部分外包。儿童福利和复转军人福利的执行机构回到了英国政府的社会福利部，信息系统建设外包则给了私营机构；由于养老金专业性太强，国家建立了劳动与养老金部；公共服务部门化以后，强化了部门利益，导致公共服务的碎片化，英国建立了跨越政府部门的公共服务合同制，但效果不佳，居民还是不满意。

第三次，个人养老金机构社会化。个人养老金账户需要社会化服务系统，养老基金需要市场化运作和保值增值与现有劳动与养老金部的功能不匹配，遏制了个人养老储蓄的积极性和养老基金的增值性。为此，2008年的《养老金法》规定，在国会之下建立个人养老金管理委员会，在2012年运行了全国统一的个人养老金服务系统。2010年英国政府成立了独立的个人养老金登记局和养老金专家委员会，2011年进入专业服务商招标阶段。

二、规范社会保险经办机构职责

(一)社会保险登记

社会保险登记包括登记、变更、中止、再启动和注销,以及社会保险关系转移、接续,是公民参加社会保险计划,并与保险发起人达成社会保险契约的法律事实。特别是对自愿参加社会保险计划的自由职业者、灵活就业人员和居民而言,登记是公民参加社会保险计划的自主意思表示。

社会保险属于政府(委托社会保险经办机构)、用人单位和个人之间的,依据《中华人民共和国宪法》和《中华人民共和国社会保险法》而发生的社会契约。公民依法参加社会保险计划,即意味着与其用人单位和政府之间达成社会保险公共协议,承诺各自履行的义务,确保参保公民可以享有相应权利。社会保险登记是一个法律事件,标志着公民加入了这个社会契约,即与用人单位和政府相应权利义务关系的开始。为此,《中华人民共和国社会保险法》第七十四条规定,社会保险经办机构通过业务经办、统计、调查获取社会保险工作所需的数据,有关单位和个人应当及时、如实提供。社会保险经办机构应当及时为用人单位建立档案,完整、准确地记录参加社会保险的人员、缴费等社会保险数据,妥善保管登记、申报的原始凭证和支付结算的会计凭证。

(二)保管个人权益记录

《中华人民共和国社会保险法》第五十八条规定,国家建立全国统一的个人社会保障号码。个人社会保障号码为公民身份号码。要在统一的社会保障号码管理下记录个人权益,这是社会保险契约的组成部分,也是社会保障体系内的公民社会保障权益记录。

《社会保险个人权益记录管理办法》规定,个人权益记录是指以纸质材料和电子数据等载体记录的反映参保人员及其用人单位履行社会保险义务、享受社会保险权益状况的信息。个人权益记录包括下列内容:(1)参保人员及其用人单位社会保险登记的信息;(2)参保人员及其用人单位缴纳社会保险费、获得相关补贴的信息;(3)参保人员享受社会保险待遇资格及领取待遇的信息;(4)参保人员缴费年限和个人账户的信息;(5)其他反映社会保险个人权益的信息。

个人权益记录是信息时代建立居民档案和管理居民征信的基础,是社会建设和社会管理的重要组成部分。社会保障涉及全体公民的一生,是公共服务的"龙头",社会保障号码管理即牵住"龙鼻子",做到"一号、一卡、一网、一窗口的一站式"服务,是推动体制机制改革、创新社会管理的突破口。

《社会保险个人权益记录管理办法》第四条规定,社会保险个人权益记录遵循及时、完整、准确、安全、保密原则,任何单位和个人不得用于商业交易或者营利活动,也不得违法向他人泄露。保管参保人权益记录是社会保险经办机构的核心任务,待人人享有的社会保障体系建成和人人拥有社会保障卡之日,也是居民社会化档案建成之时,社会保险经办机构就是服务型政府的"人事部"和"居民档案"的管理者,民政、卫生健康、公安等部门应当依法向社会保险经办机构报告信息,建立居民信息保密和共享机制,避免政府多部门重复建设和信息孤岛现象。

(三)社会保险待遇支付

依据国家法律规定和居民权益记录,应及时审查参保人受益资格,计发社会保险待遇,支付社会保险费和提供相关服务。例如,参保缴纳失业保险费一年的、非个人原因失业的、履行失业登记的、具有就业愿望的个人,可以根据《失业保险条例》领取24个月失业保险金和享有促进就业的相关服务。医疗保险的待遇支付需要在定点医疗机构提供医护服务后,由地方医疗保险统筹基金按政策规定分担参保患者的医药费用。

省级以上社会保险经办机构应当与大型商业银行,按照一个委托人和一个受托人的模式,订立合作伙伴协议,建立长期合作关系和基金托管及其服务费用支付的财务制度。在社会保险经办机构安全管理居民社会保障权益记录的基础上,向商业银行合作伙伴发出资格审查和待遇计发的指令信息,再由受托银行建立支付账户并提供支付和查询服务。

(四)社会保障基金管理

社会保障基金主要包括4个种类:一是各项社会保障计划的运行资金,包括生育、工伤、失业、医疗和养老五大险种的社会保险资金,以及医疗救助基金、计划生育医疗服务基金;二是国家社会保障储备基金;三是社会保险滚存资金;四是个人账户养老基金。广义的社会保险基金还包括职业养老基金(含企业年金基金)、补充医疗保险基金、工会职工互助基金等。

关于社会保障计划的运行资金,要根据《中华人民共和国社会保险法》第六十五条、六十六条、六十七条等规定,建立预算制度,统一征收,当基金出现支付不足时,县级以上人民政府给予补贴。根据《中华人民共和国社会保险法》第六十三条规定,用人单位未按时足额缴纳社会保险费的,由社会保险费征收机构责令其限期缴纳或者补足。用人单位未足额缴纳社会保险费且未提供担保的,社会保险费征收机构可以申请人民法院扣押、查封、拍卖其价值相当于应当缴纳社会保险费的财产，以拍卖所得抵缴社会保险费。

《中华人民共和国社会保险法》第七十一条规定，国家设立全国社会保障基金，由中央财政预算拨款以及国务院批准的其他方式筹集的资金构成，用于社会保障支出的补充、调剂。全国社会保障基金由全国社会保障基金管理运营机构负责管理运营，在保证安全的前提下实现保值增值。全国社会保障基金理事会是管理运营机构。全国社会保障基金应当定期向社会公布收支、管理和投资运营的情况。国务院财政部门、社会保险行政部门、审计机关对全国社会保障基金的收支、管理和投资运营情况实施监督。

《中华人民共和国社会保险法》第六十八条规定，社会保险基金存入财政专户，具体管理办法由国务院规定。《中华人民共和国社会保险法》第六十九条规定，社会保险基金在保证安全的前提下，按照国务院规定投资运营实现保值增值。社会保险基金不得违规投资运营，不得用于平衡其他政府预算，不得用于兴建、改建办公场所和支付人员经费、运行费用、管理费用，或者违反法律、行政法规规定挪作其他用途。这里包括部分地方养老保险统筹基金累计余额和城镇职工基本养老保险个人账户储存额。

（五）社会保险信息披露

《中华人民共和国社会保险法》第七十条规定，社会保险经办机构应当定期向社会公布参加社会保险情况以及社会保险基金的收入、支出、结余和收益情况。社会保险经办机构披露信息的职责有两项：一是定期披露居民参保信息，二是披露社会保险基金收入、支出、结余和收益情况。因此，《中华人民共和国社会保险法》第七十四条规定，社会保险经办机构应当及时为用人单位建立档案，完整、准确地记录参加社会保险的人员、缴费等社会保险数据，妥善保管登记、申报的原始凭证和支付结算的会计凭证。社会保险经办机构应当及时、完整、准确地记录参加社会保险的个人缴费和用人单位为其缴费，以及享受社会保险待遇等个人权益记录，定期将个人权益记录单免费寄送本人，用人单位和个人可以免费向社会保险经办机构查询、核对其缴费和享受社会保险待遇记录，要求社会保险经办机构提供社会保险咨询等相关服务。根据《中华人民共和国社会保险法》相关规定，社会保险费征收机构、政府相关部门和社会管理相关组织，应当依法向社会保险经办机构报告相关信息，与社会保险经办机构管理的居民档案共享信息。例如，广东省东莞市率先做到社会保障卡就诊一卡通，包括挂号、候诊、取药、结算等功能，并联通个人银行卡，一并结算个人自付、自费的费用。

三、建立社会保障综合治理机制

《人力资源和社会保障事业发展"十四五"规划》提出,坚持党的领导,坚持以人民为中心,坚持新发展理念,坚持深化改革,坚持系统观念,坚持依法行政。我国社会保障建设进入综合治理时期。

2018年国家成立医疗保障局,其综合治理职能如下:(1)拟订医疗保险、生育保险、医疗救助等医疗保障制度的法律法规草案、政策、规划和标准,制定部门规章并组织实施。(2)组织制定并实施医疗保障基金监督管理办法,建立健全医疗保障基金安全防控机制,推进医疗保障基金支付方式改革。(3)组织制定医疗保障筹资和待遇政策,完善动态调整和区域调剂平衡机制,统筹城乡医疗保障待遇标准,建立健全与筹资水平相适应的待遇调整机制。组织拟订并实施长期护理保险制度改革方案。(4)组织制定城乡统一的药品、医用耗材、医疗服务项目、医疗服务设施等医保目录和支付标准,建立动态调整机制,制定医保目录准入谈判规则并组织实施。(5)组织制定药品、医用耗材价格和医疗服务项目医疗服务设施收费等政策,建立医保支付医药服务价格合理确定和动态调整机制,推动建立市场主导的社会医药服务价格形成机制,建立价格信息监测和信息发布制度。(6)制定药品、医用耗材的招标采购政策并监督实施,指导药品、医用耗材招标采购平台建设。(7)制定定点医药机构协议和支付管理办法并组织实施,建立健全医疗保障信用评价体系和信息披露制度,监督管理纳入医保范围内的医疗服务行为和医疗费用,依法查处医疗保障领域违法违规行为。(8)负责医疗保障经办管理、公共服务体系和信息化建设。组织制定和完善异地就医管理和费用结算政策。建立健全医疗保障关系转移接续制度。开展医疗保障领域国际合作交流。(9)完成党中央、国务院交办的其他任务。(10)职能转变。国家医疗保障局应完善统一的城乡居民基本医疗保险制度和大病保险制度,建立健全覆盖全民城乡统筹的多层次医疗保障体系,不断提高医疗保障水平,确保医保资金合理使用、安全可控,推进医疗、医保、医药"三医联动"改革,更好保障人民群众就医需求、减轻医药费用负担。(11)与国家卫生健康委员会的有关职责分工。国家卫生健康委员会、国家医疗保障局等部门在医疗、医保、医药等方面加强制度、政策衔接,建立沟通协商机制,协同推进改革,提高医疗资源使用效率和医疗保障水平。

《中华人民共和国社会保险法》第三十一条规定,社会保险经办机构根据管理服务的需要,可以与医疗机构、药品经营单位签订服务协议,规范医疗服务行为。医疗机构应当为参保人员提供合理、必要的医疗服务。2021年,国家医疗保障局发布了《医疗机构医疗保障定点管理暂行办法》和《零售药店医疗保障定点管理暂行办法》。2022年，国家医疗保障局印发了《医疗保障基金智能审核和监控知识库、规则库管理办法（试行）》。医保基金智能审核和监控是信息化时代医保管理重要的技术手段。"两库"建设是智能审核和监控的工作核心，其建设质量关系到智能审核和监控应用成效。《医疗保障基金智能审核和监控知识库、规则库管理办法（试行）》整体上聚焦"两库"建设和管理，以标准化、信息化建设为抓手，坚持公开透明，提升"两库"权威性、规范性、实用性。2022年，《医疗保障法（征求意见稿）》已经公开征求意见，医保服务协议管理办法正在制定过程中。

此外，人力资源社会保障部的社会保险经办机构可以与银行等机构订立社会保险基金资产管理和参保人待遇支付服务协议、个人养老金计划账户管理合作计划等。

四、社会保障管理体制的国际经验与借鉴

自20世纪80年代开始，西方国家行政体制改革经历了从"小政府"到"服务型政府"的发展过程。政府组织体制在1995年前后基本定型，呈现出决策、执行、监督分离的组织特征，做到决策机构精兵简政（15个左右大部制）、执行机构高效率、监督机构有权威，公共服务体系呈现政府主导和社会参与的趋势。

国外社会保障管理体制主要有4种类型：第一种是国家法定模式，建立独立于行政的法定机构，如新加坡公积金局，其经费来自政府投入（一次投入或者年度预算）、基金提成。第二种是政府内部分离模式，在政府内部分别建设政策部门和执行部门。有二者绝对分离模式，如美国社会保障总署不隶属美国劳工部，直接隶属总统办公室；还有相对分离模式，如澳大利亚中央联络中心与各部长签约，履行公共服务职责，其经费来自政府预算、基金提成、分类服务与收费（对富人和个性化服务收费）。第三种是政府委托模式，如美国政府将医疗保险委托给民间非营利的双篮协会经办，其经费来自政府购买（如英国占政府财政支出的1%、美国医疗保险经费占基金总量的3%）和依法收费。第四种是政府参与社会合作模式，如德国、法国的社会保险自治协会，其经费来自政府预算、基金提成和分类服务收费。

上述国际经验均值得我国借鉴，但不能简单照搬：第一种模式发生在城市国家新加坡，我国可以借鉴该模式制定社会保险经办机构法律，在政府体系内建立法定机构，各省可以借鉴该模式整合机构和完善信息系统；第二种模式与我国国情较为接近，在中央、省级和市县不同层级，发达与欠发达地区，酌情实现行政（政策）部门与执行机构

的分离；第三种模式发生在法制健全、市场发达、中介服务成熟的国家，我国可以借鉴该模式，建立和完善社会保险经办机构与商业机构的合作机构；第四种模式发生在社区文化和法治相对成熟的社会环境里，我国可以借鉴该模式建立社会保险经办机构与社会组织和商业机构的合作关系。

第三节　社会保障运行机制的法律规范

机制涉及组织起来的人和物应当如何去工作，是流程规制、行为规制和数据规制。机制有分散化和一体化两类，一般需要经历从分散化向一体化的发展过程。

社会保障运行机制涉及社会保障业务分类、操作流程、数据管理、风险控制、内审稽核等环节，立法要坚持低成本、高效率、方便参保人的原则，合并同类项、简化流程，做到信息共享，依法规范社会保障运行机制和管理服务行为，确保社会保障基金安全和信息安全。

根据《中华人民共和国社会保险法》的规定，国家建立了全国统一的个人社会保障号码，标志着我国开始进入了公民权益保护和信息化管理的时代，社会保障运行机制形成了包括五大服务功能、四层信息平台、三级社会保险经办机构、两类操作流程和一个服务窗口的"54321社会工程"。

一、五大服务功能

社会保障运行机制具有政策解读、信息系统、资金人员、管理组织、服务窗口五大功能。一是解读国家社会保障法律政策，类似公共服务品的说明书；二是建设全国统一的社会保障公共服务的信息系统，类似公共服务品的生产线；三是明确各级政府的资金和人员保障责任，类似公共服务品的成本；四是组织全国垂直与属地对接的、网格化的社会保障业务管理机构；五是建设布满城乡和深入社区的客户服务窗口。

二、四层信息平台

《中华人民共和国社会保险法》第七十四条规定，社会保险经办机构应当及时为用人单位建立档案，完整、准确地记录参加社会保险的人员、缴费等社会保险数据，妥善保管登记、申报的原始凭证和支付结算的会计凭证。第七十五条规定，全国社会保险信息系统按照国家统一规划，由县级以上人民政府按照分级负责的原则共同建设。

（一）信息采集和账户管理

市县社会保险经办机构负责服务窗口采集参保人信息和建立个人账户，保管参保人信息、电子文档和纸版文档，并在规定时间内上传信息，支持公民参保法律事实的成立。

（二）信息归集和基金管理

省社会保险经办机构负责社会保险基金收支平衡，需要建立个人账户信息电子文档库和纸板文档库，以及统筹基金数据库，在规定时间内归集统计信息和生成数据，并依法上传规定的信息至有关部门。

国家社会保险经办机构建立总数据库和电子档案备份库，含中央统筹支付（如基础养老金）和下拨资金（医疗保险缴费补贴）的数据、各险种数据，以及全国社会保险经办机构垂直管理系统的人员和物资数据；监督"金保工程"建设；维护公民参保和国家履行法定义务的社会关系。

（三）数据统计和政策管理

人力资源社会保障部建立社会保险、劳动力市场和劳动关系等信息归集、统计分析中心，支持部门促进就业、和谐劳动关系和社会保障决策；向国务院报告指定的信息，支持国家相关决策；规划、指导、促进金保工程建设。

（四）信息共享和征信管理

国务院政务平台建立社会保障窗口，可以征集人口基础信息、法人基础信息、参保情况、基金运行情况等宏观经济基础信息，建立社会保障数据与相关部门数据的交换平台，支持国家制定社会经济发展规划和党中央重大决策；避免政事不分、各地方各部门重复建设；加强居民征信管理，促进社会建设和提高社会管理能力。

三、三级社会保险经办机构

《中华人民共和国社会保险法》第七十二条规定，统筹地区设立社会保险经办机构。社会保险经办机构根据工作需要，经所在地的社会保险行政部门和机构编制管理机关批准，可以在本统筹地区设立分支机构和服务网点。社会保险经办机构的人员经费和经办社会保险发生的基本运行费用、管理费用，由同级财政按照国家规定予以保障。《中华人民共和国社会保险法》提出了国家、统筹地区、分支机构的三级组织及其下沉社区的组织设计。

社会保险经办机构的组织层级、功能和结构（见图9-3）应当代表信息时代国家行政的新形态，具有"三三制"的服务型政府特征，具体内容如下。

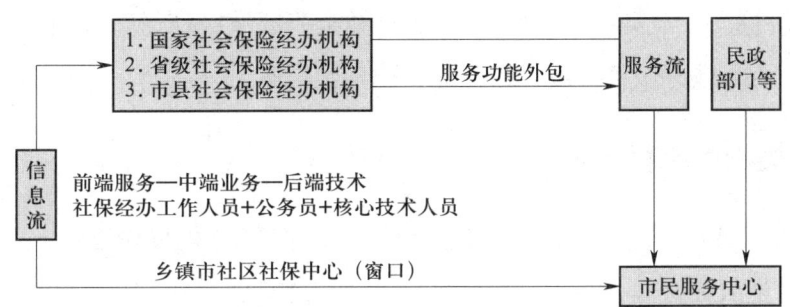

图9-3 社会保险经办机构的组织层级、功能和结构

1. 三级机构

建立国家、省（自治区、直辖市）和市县三级社会保险经办机构，负责权益记录、统筹社会保险基金和打造服务下沉的社会保险服务窗口。

2. 三大功能

社会保险经办机构内部组织结构由前端服务功能区（登记、征收、记录、审核、支付）、中端业务管理区（政策解读、权益记录、资格审核、待遇调整、社会保险服务协议管理与费用支付）以及后端技术支持区（信息技术、服务产品）组成，基层政府前端服务功能压力大、省市级政府的中端业务管理压力大、中央政府的后端技术支持压力大。

3. 三类人员

三类人员包括承担岗位责任的合同制社会保险经办工作人员、承担政治责任的公务员（管理和监督）、承担质量责任的核心技术人员。前端服务功能和后端技术支持的生产需要外包的，要在省级以上层面建立外包机制，依法生产指令信息（不涉及泄露参保人基本信息），统一委托和选择合格的受托人，利用社会资源延伸社会保险服务深入社区，与市民服务中心对接。

《"十四五"全民医疗保障规划》提出，建立统一规范的医疗保障公共服务和稽核监管标准体系，即国家顶层设计与监督、地方操作与具体监督、基层提供服务与客户交流。为此需要统一经办规程，规范服务标识、窗口设置、服务事项、服务流程、服务时限，推进标准化窗口和示范点建设。建立覆盖省、市、县、乡镇（街道）、村（社区）的医疗保障服务网络。依托乡镇（街道）政务服务中心、村（社区）综合服务中心，加强医疗保障经办力量，大力推进服务下沉。在经办力量配置不足的地区，可通过政府购买服务等方式，补齐基层医疗保障公共管理服务能力配置短板。坚持传统服务方式和新型服务方式"两条腿"走路，为参保群众提供优质服务，推进政务服务事项网上办理，健全多种形式的医疗保障公共管理服务。实现医疗保障热线服务与"12345政务服务便民热线"相衔接，探索实施"视频办"。建立健全跨区域医疗保障管理服务协作机制，推进高频医疗保障政务服务事项"跨省通办"落地实施。

四、两类操作流程

流程是指参保人信息向上集中、社会保障服务向下派送的操作流程，为此需要规范业务流程、打造服务窗口。

（一）规范社会保障业务流程

社会保障业务包括预算管理、参保登记与申报、费用征缴、参保人权益记录、待遇核定与计发、基金管理及其财务制度等20多类。要做好对社会保险经办工作人员新业务岗位的业务素质培训工作，编制社会保险办事指南，实现社会保障服务标准化，主要包括业务标准、服务标准、技术标准和管理标准。

业务标准是指依据社会保障的相关法律、规定和实施办法，制定各项业务的办理标准和实现目标。服务标准涵盖对服务设施、服务模式、服务方式、服务层面、服务内容、服务载体、服务行为的规范和要求；依据参保企业和群众对经办服务的现场电子测评（满意、基本满意、一般、不满意）及表扬或投诉的统计汇总，制定相应服务达标的评定标准。技术标准涉及信息系统建设、维护和改善，以及评估标准。管理标准涉及服务组织建设（包括名称、建制，以及人、财、物、事）和绩效的评估标准。

探索制定社会保障业务发展过程中与参保人群规模、险种数量、基金规模和保障水平相适应的经办机构编制和经费规模标准。2009年7月，我国成立了全国社会保险标准化技术委员会，负责制定养老保险、医疗保险等社会保险标准体系，以及社会保险服务、评价、管理的标准化工作，标志着我国社会保障服务与服务业关联并进入新的历史发展阶段。

（二）规范信息化建设

信息化建设是指基于计算机、互联网、移动通信等信息技术，建设社会保障管理与服务的操作流程、数据库和信息共享平台。主要工作包括3个方面：一是软件系统建设，是指根据国家社会保障法律和政策，按照业务管理和服务对象的需求，设计开发公共服务（参保登记、权益记录）、业务管理、资金管理与基金运营、政策分析与宏观决策,乃至社会保障卡的应用系统;二是硬件网络建设,是指社会保障管理和服务的操作平台,包括主机服务器系统(核心硬件)、网络系统(骨架部分)、系统平台(设计基础);三是数据中心,包括个人账户、统筹基金、各项社会保障计划数据归集、存储、处理、应用、备份等管理的集中场所和基础环境。我国在2003年启动"金保工程",目标在于统一国家、省(自治区、直辖市)和市县三级社会保障信息系统,2009年全国社会保障实现省市联网率达到86%,261个单位(4个直辖市、25个省、232个地市)建立了统一的社会保障数据中心。

总之,根据"参保人—信息中心—受益人"的路径建立信息向上集中和服务向下派送的三位一体效能运行机制,减少中间环节,实现社会保障卡记录一生、服务一生、方便携带的人性化服务。

五、一个服务窗口

(一)管理社会保障号码

社会保障号码是公民社会保障权益记录账户的识别码,具有提供社会保障服务和管理居民征信的多重功能,应当统一发放和全功能运行,禁止滥发单一功能卡的现象,做到"一号、一卡、一网、一窗口的一站式"服务。

权益记录是公民履行社会保障义务和享有社会保障权利的法定记录,包括电子版和纸质版。权益记录涉及公民的基本信息,至少每年更新一次,具有终生性、及时性和互动性,是记录居民征信管理的基础。

居民征信管理,是指居民信誉的征集和管理。信息时代人随信息流动,个人与出生地、户籍地、住所分离的现象,职业和身份转换的现象均比较普遍,根据社会保障权益记录建立居民档案和居民征信制度是社会建设和社会管理的重要工作。主要内容包括:建立健全居民征信管理的数据库,是实现人人享有社会保障目标的必要条件,加强居民信用管理具有抑制欺诈和搭便车现象的功能,是政府公共服务和驾驭经济社会全局能力建设的需求;建立和完善支持实名制下的社会保障个人账户服务的信息系统,包括分立账户的权益记录以及资金积累与流动记录,提供记录全程、信息交流、携带方便的终生服务;完善社会保险公共信息系统建设,支持国家社会保险信息分析和决策参考,支持中央垂直管理和地方平行管理体制的对接,支持项目整合与效能运行机制,建设电子社会保障(网上办公)、信息社会保障(电话服务)、市民社会保障(社区窗口、服务器),做到一卡通全国、一卡管终生,让我国早日进入社会保障卡时代。

(二)整合社区服务中心

人力资源社会保障部《关于印发进一步整合资源加强基层劳动就业社会保障公共服务平台和网络建设指导意见的通知》提出,坚持公益性质,注重服务的公平性、可及性和均等化;坚持政府主办与购买服务相结合,充分利用社会资源参与公共服务;坚持统筹规划,整合现有公共服务资源,健全基层劳动就业社会保障公共服务平台和网络;坚持属地管理,结合实际,因地制宜,循序渐进。社会保障服务中心建在社区,要基于信息化整合资源,因地制宜地建设多险种整合的、服务标准统一的、形式多样的社会保障服务窗口,以及社会保障网页、触摸机、电话服务、社会保险专员等多种形式,在农村山区和牧区,要发挥"背篓小学"的精神,送社会保障服务进千家万户。

社会保障服务中心进入市民服务中心,可以由民政部门主导,社区组织和居民参与建设,实现现代公共服务体系的数据交换与信息共享(见图9-4),打造劳动就业与社会保险、低保、救助、计生、就业、居家养老等服务一体化平台。

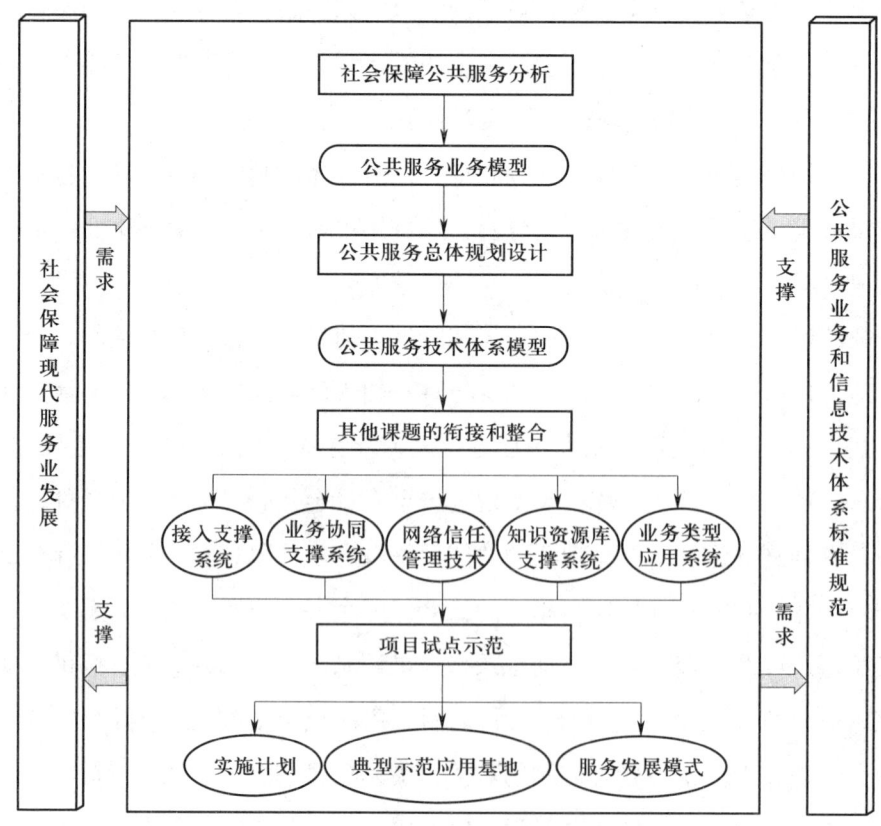

图 9-4 现代公共服务体系的数据交换与信息共享

六、规范服务外包

(一) 公共服务外包的定义和特征

公共服务外包是政府与非政府组织建立的公共服务伙伴关系,包括长期合作、项目承包和服务购买。长期合作是指通过依法授权和协议的方式建立长期合作关系,将社会保障业务分包给非政府专业组织承担;项目承包是指通过合同方式将特定业务分包给非政府专业组织承担;服务购买是指通过合同购买其他机构乃至非政府组织的服务,以强化社会保障服务能力。外包源自企业,将其非核心业务通过合同方式分包给其他企业来承担,以便自己专注于核心业务发展的管理模式。外包的目的在于整合资源、提高组织竞争力。

公共服务外包的法律特征有两点:其一,体现政府主导原则,不同于公共服务私有化;其二,外包的标的是公共服务功能,不是责任,政府有责任保护受益人利益,需要依法建立服务外包机制,包括依法准入、考评、补偿和退出环节。

(二) 社会保障公共服务外包的操作机制

1. 区分权益记录和指令信息

公民权益记录包括个人及其家庭的基本信息、基于社会保障权益累计记录后产生的权益信息,由此构成个人征信档案,是社会保障的核心业务,也是当今社会建设的基础,应由社会保险经办机构依法管理,做好信息安全和个人隐私保护工作。《中华人民共和国社会保险法》第八十一条规定,社会保险行政部门和其他有关行政部门、社会保险经办机构、社会保险费征收机构及其工作人员,应当依法为用人单位和个人的信息保密,不得以任何形式泄露。社会保险经办机构有责任在实施社会保障服务外包时对信息进行遴选,保护个人隐私权,在外包合同中严格规定"未经允许禁止使用"和"禁止脱离原目标使用参保人信息"的条款。

2. 依法授权与合同管理

通过公共服务立法,明确政府组织和非政府公共服务合作伙伴、项目承担人的责任、权利和义务,保障委托人的监督权以及项目执行机构可以自己的名义从事公共服务活动;完善双方对话、协商以及订立协议的机制。

3. 省级统筹

在省级以上层面选择合作伙伴、实施项目招标和订立合作协议。这有利于完善省级统筹管理数据和监督社会保险基金,减少招标机构的寻租机会。

4. 建立激励机制

激励机制是指合理补偿非政府的合作伙伴,包括支付费用、限定收费、综合经营等。例如,社会保险经办机构可以利用商业银行的信用制度、账户管理、服务窗口、信息系统提供服务,但需要建立一个委托人(财政专户和社会保险经办机构统一委托)和一个受托人(大型商业银行统一受托,非部门受托)制度,即可以实现长期托管社会保险滚存资金带来的利差收入,以此来弥补服务费用,且仍有微利。

专栏 9-3　某省社银农保合作伙伴

在国家推行农村养老保险计划时,某省社会保险经办机构和中国邮政储蓄银行省分行(简称"邮储银行")建立了长期合作伙伴关系。特点如下:(1)省级社会保险经办机构统一操作,全省统一订立合同和操作流程;(2)合作伙伴资质最优,邮储银行具有资金托管资格,有足够的服务窗口,以及服务农村的理念和发展战略;(3)合作机制明确而且有效率,根据合作协议,邮储银行负责建设农村服务窗口和管理资金流,然后将农村居民参保信息和资金信息报告各级社会保险经办机构,省级社会保险经办机构在终端信息平台进行监督监控、统计和分析。社会保险经办机构与财政部门协商,实现统一委托,力争让邮储银行在长期托管社会保险滚存资金中收获利差。

这种合作模式以最快的速度将服务窗口建在了农村居民的家门口,养老保险资金一旦进入银行系统,即实现了从服务窗口到内审制度的安全管理。

第四节　社会保障组织机构的法律规范

社会保障组织机构要坚持客户至上的原则,按照信息时代的要求进行新型政府的组织建设和能力建设。《中华人民共和国社会保险法》第七十二条规定,统筹地区设立社会保险经办机构。社会保险经办机构根据工作需要,经所在地的社会保险行政部门和机构编制管理机关批准,可以在本统筹地区设立分支机构和服务网点。社会保险经办机构的人员经费和经办社会保险发生的基本运行费用、管理费用,由同级财政按照国家规定予以保障。

一、客户至上的组织理念

客户至上即以客户为核心提供服务。从权力至上到客户至上是社会变革与进步的结果,反映不同时代的执政理念。成熟的社会保险经办机构是服务型政府的产物,坚持客户至上原则是其本质表现,由此区别官僚政府文化和服务政府文化。客户至上原则体现在组织结构、行为规范、信息系统设计等多方面,由此形成组织文化和组织风格。

二、网格化社会保障组织体系

依法建立综合各类保障功能的,全国统一布局的,由国家、省(自治区、直辖市)和市县三级构成的,垂直管理与属地管理对接的,以支持社区社会保障服务窗口为目标的网格化社会保障组织体系。网格化社会保障组织体系不能单纯强调自上而下的垂直管理,人财物全部由中央派送,仅指派主要领导和统一信息系统;不能单纯强调自下而上的属地管理,必须强调上下对接的协作关系。

网格化社会保障组织体系具体内容包括:(1)由国家社会保障行政部门制定社会保障政策执行标准,统建社会保障信息系统和统管社会保障人事工作;对省市县社会保障行政部门主要领导实行垂直派任制度,其余人员就地聘任;市县社会保障行政部门领导派任社会保障中心领导,其余人员就地聘任。(2)建立国家、省(自治区、直辖市)、市县三级社会保险经办机构之间业务和责任的对接机制和考评制度。以农民养老金为例,中央转移支付养老金和省市补贴养老金应当在规定的时点进入农民个人养老金账户,经办银行在规定时间内将收入和支付数据输入社会保障信息系统,三级社会保险经办机构根据需求同时收到相关信息,其他机构可以适时共享。

三、扁平的内部组织结构

服务型政府执行机构的组织结构包括3个方面:(1)以客户服务、业务管理、财务管理、风险控制、信息管理机构为主,以内部人事、行政为辅。(2)按照功能设立内部机构,不设处、科、股级部门。以法国为例,国家设立了统一的、非政府的社会保险费征收机构,社会保险费征收机构内部设置主要包括客户服务、社会服务和特种服务,占总人数的40.2%以上,其中,领导者约占3.8%,负责系统设计和宏观分析的高级技术人员约占3.8%,外部控制和公共关系人员约占13.8%,财务、计算机、人事等业务管理人员约占18.8%。(3)资源向下配置,增加市县社会保险经办机构的人员编制和经费预算，对贫困地区由中央和省政府提供转移支付。

四、功能化的组织格局

根据社会保障公共服务功能形成组织内设格局：一是围绕前端服务支持的部门，如负责参保登记、政策宣传、费用征缴、资格审查、待遇计发的部门；二是形成中端业务管理的部门，如负责养老保险、医疗保障、失业保险、工伤保险等政策的部门，以及财务管理、统计分析、内审监督、党政办公室、人事教育等部门；三是形成后端技术支持的部门，如信息中心、服务外包与合同管理中心、养老保险服务中心、医疗保障服务中心、社会服务中心等。总之，根据功能建设需求整合内部机构，强化社会保险经办机构的管理能力和服务能力。

五、多元的用人制度

社会保障机构人员编制需要创新，实行多元灵活的用人制度，突破传统政府组织的编制瓶颈。具体内容如下：（1）任命公务员对社会保险经办机构的工作目标承担责任，约占人员总额的一定比例；（2）聘任核心技术人员对社会保险经办机构项目质量承担责任，约占人员总额的5%~10%；（3）聘任公共服务员对组织岗位承担责任，约占人员总额的一定比例，包括业务岗位和非业务岗位。公共服务员属于政府雇员，但不纳入政府行政编制，实行类似公司雇员的合同制管理。每个公共服务员人均服务参保人的比例一般为：网络服务1:15 000~1:20 000，人工服务1:1 000~1:3 000。通过制度创新冲破行政编制约束，加强三类人员的绩效管理，建立三类人员的责任制和薪酬制度。

六、专业化的组织队伍

社会保障公共服务具有较强的政策性、技术性和专业性，其人员队伍由管理人员、技术人员和服务人员构成。第一，管理人员应当属于在编公务员，要达到一定学历和具有一定的社会保障工作经历，对他们提供阶段性政治学习和业务培训，保障他们具有承担执行社会保障政策责任的能力。第二，技术人员是指具有专业技能的人员，分高级管理人员和一般维护人员，如信息系统工程师、会计师、精算师等，均应当具有本科以上学历和社会保障专业培训记录，能够对社会保障信息系统、财务系统和服务系统承担技术质量责任。第三，服务人员主要指社会保障窗口柜员和派出社会保障工作人员，他们应当具有大专以上学历和社会保障专业培训记录，能够对社会保障服务岗位承担绩效考核的责任。为此，国家应当建立社会保障、健康与医疗保障等专业系列教育培训制度：一是完善社会保障教育系统，包括学历教育、在职脱产培训和在岗定期业务学习等多种形式；二是建立社会保障专业资质认证制度，可以聘用通用的会计师、精算师等，附加社会保障专业培训课程；三是建立和规范社会保障人员招聘和领导选拔制度。

七、管理服务能力建设

社会保险经办机构是公共服务体系的主导部分，负责打造和维护社会保障公共服务系统，其主要职责是管理和监督，不需要包揽全部日常事务。实行服务外包和建立社会化服务体系的过程，对社会保险经办机构的管理能力和监督能力提出挑战，需要懂社会保障综合业务与公共管理的领头人，懂社会保障政策与核心技术的项目管理人员。为此，很多国家在服务型政府的执行机构中建立了首席执行官制度。首席执行官应当职业化，是既懂管理又懂业务的带头人，不仅熟悉社会保障业务，还具有服务外包的合同管理与监督的公共治理能力。高薪聘任的核心技术人员，应当不仅懂技术，更熟悉项目管理，具有管理公共服务项目招标、谈判和监督能力。

在我国，2018年国务院设立了国家医疗保障局，其主要职责是完善医疗保险费用征缴、统一待遇清单、建立支付机制、建立监督机构，以及定价机制和公共服务体系，这充分体现了国家治理现代化的能力建设。

2022年，我国健全了基本养老保险、企业（职业）年金、个人养老金的国家养老金体系，人力资源社会保障部将主导构建多支柱养老金综合治理机制（见图9-5）。

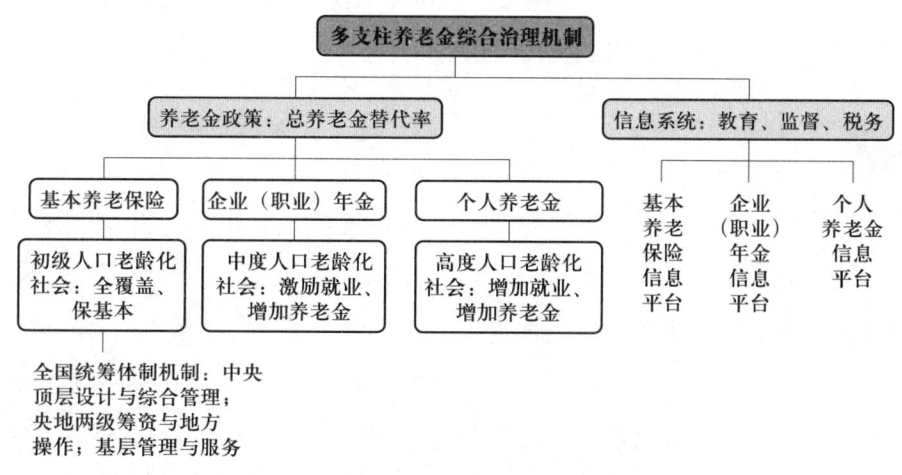

图9-5 多支柱养老金综合治理机制

《国务院办公厅关于推动个人养老金发展的意见》提出，信息平台由人力资源社会保障部组织建设，与符合规定的商业银行以及相关金融行业平台对接，归集相关信息，与财政、税务等部门共享相关信息，为参加人提供个人养老金账户管理、缴费管理、信息查询等服务，支持参加人享受税收优惠政策，为个人养老金运行提供信息核验和综合监管支撑，为相关金融监管部门、参与个人养老金运行的金融机构提供相关信息服务。不断提升信息平台的规范化、信息化、专业化管理水平，运用"互联网+"创新服务方式，为参加人提供方便快捷的服务。

八、绩效考评和指标体系

社会保障执行的绩效涉及人员、经费、设施和信息系统的管理成本投入与服务人次、服务量、社会保险基金量和地区分布之间的关系，由此形成单项指标（工作人员和参保人员的比例）、综合指标（多因素对比）、项目间比较指标、地区间比较指标等。因为制度安排的差异很大，不同国家之间可以形成单项指标，很难形成综合指标。

公共服务和社会保障绩效考评要坚持4E原则已经成为全球共识，即经济性（economy）、效率性（efficiency）、效益性（effectiveness）和公平性（equity）。根据社会保险经办前端、中端和后端的主要功能和目标要求，设立考评指标和确定分值，考评周期和实施步骤由各地社会保险经办机构自行掌握，并以适当方式公开考评结果，并与薪酬制度挂钩。同时，独立的社会保险经办机构要直接接受社会公众和专业评价机构的公开考评，为服务型政府树立良好的社会形象。在绩效考评的基础上建立人员编制和服务经费的预算规划，报地方政府审批，每3~5年更新一次。人员编制和经费预算一旦由各级政府批准执行，编制部门和财政部门必须按时执行。

> **深度阅读**

1.［澳］休斯·欧文.公共管理导论［M］.张成福，马子博，译.北京：中国人民大学出版社，2015.

本书介绍社会保障公共服务的基本原则，以及如何据此引领服务型政府建设。本书是公共管理领域的经典著作，系统介绍了从传统公共行政模式到新公共管理模式的博弈和变迁进程。本书为公共服务和公共管理的基本准则、绩效和管理体系提供了坚实的理论基础。

2. 杨燕绥. 社会保障管理［M］. 北京：人民出版社，2015.

本书从服务型政府建设出发，讲授了社会保障管理基本问题，以及预算管理、财务管理、信息管理、经办服务体系、基金管理和法制建设等内容。

3. 胡晓义. 社会保险经办管理［M］. 北京：中国劳动社会保障出版社，2011.

本书是作者结合其丰富的实践经验和理论功底，深入探讨了社会保险经办管理服务体系的构建与优化，内容覆盖了社会保险经办管理服务的各个方面，包括社会保险事务经办、基金管理、内部管理等关键领域。本书讨论了社会保险基金预算管理、收入管理、支出管理以及投资运营管理等重要议题，为读者提供了社会保险经办管理的全面视角。

本章小结

社会保障覆盖全体公民的一生，是公共服务的龙头，包括业务管理和客户服务，由此构成社会保障公共服务体系；社会保障号码是公民社会保障权益记录的标识，应当做到"一号、一卡、一网、一窗口的一站式"服务，由此拉动行政体制改革、政事分离，做大做强网格化公共服务体系；基于公民社会保障权益记录和基本信息，建立居民档案和加强居民征信管理，让政府的公共服务、税费征收、监督管制三大功能并行发展，强化政府驾驭社会和公共服务的能力。综上所述，我国需要借鉴国外经验，加强公共服务立法。

重要概念

公共服务　政务经办　管理寓于服务

思考题

1. 思考澳大利亚出台《联邦公共服务法》的社会背景和公共价值。
2. 为什么说社会保障是公共服务的龙头，引领着服务型政府的建设？
3. 阅读《中共中央　国务院关于深化医疗保障制度改革的意见》，理解关于持续推进医疗保障治理创新的要求。一是推进医疗保障经办机构法人治理，积极引入社会力量参与经办服务，探索建立共建共治共享的医疗保障治理格局。二是规范和加强与商业保险机构、社会组织的合作，完善激励约束机制。三是探索建立跨区域医保管理协作机制，实现全流程、无缝隙公共服务和基金监管。四是更好发挥高端智库和专业机构的决策支持和技术支撑作用。

了解德国医疗保障管理服务实行社会自治的社会背景和体制机制保障，分析我国是否具备医疗保障管理与服务实行社会自治的条件？

第十章
社会保障基金管理法

教学目标：掌握社会保障基金管理的基本理论；熟悉社会保障基金管理的法律法规；了解本领域的发展趋势和主要挑战。

本章主要内容：

- 社会保障基金管理概述
- 社会保障储备基金法律制度
- 社会保险基金管理法律制度
- 养老基金管理法律制度
- 医疗保障基金管理法律制度
- 社会福利基金管理法律制度

第一节 社会保障基金管理概述

一、社会保障基金的内涵

社会保障基金是指为确保社会保障待遇支付和社会保障制度正常运行，依法筹集、管理及使用的专用资金。社会保障基金是社会保障制度的经济基础，涉及广大民众切身利益、社会稳定和经济持续发展，具有"保命钱"和"高压线"之称。

社会保障基金的主要特征如下：一是公益性。社会保障基金旨在预防和化解社会风险，保障全体社会成员基本生存与生活需要，特别是保障公民在年老、疾病、伤残、失业、生育、死亡、遭遇灾害、面临生活困难时的特殊需要。社会保障基金具有社会互济和风险保障功能，通过收入再分配降低社会风险，促进社会和谐稳定。包括提供福利的公共基金（不排除任何有资格的人）和社会保险的准公共基金（排除没有履行缴费义务的人）。二是安全性。作为承担社会稳定器功能的特殊类型基金，财务安全和基金运营成为社会保障基金管理必须遵守的首要原则。三是专用性。这是安全性的延伸，指针对特定社会风险建立的社会保障基金，必须保证专款专用，不得挪作他用，不同项目之间不得混用。《中华人民共和国社会保险法》第六十四条规定，社会保险基金专款专用，任何组织和个人不得侵占或者挪用。四是合规性。社会保障制度安排的社会政策目标性，要求社会保障基金管理的各个方面都应置于有关法律法规的严格约束之下，与其他类型的基金相比，体现出更强的依法管理特性。各类社会保障基金的筹资方式、税费标准、管理方式、待遇给付条件及标准等，均由法律法规统一规定，相关政府部门、单位及个人均应依法办事。五是社会属性。社会保险基本来源为财政预算、企业缴费、个人缴费，属于社会资产和准公共资产，需要建立健全社会契约、社会治理机制。

二、社会保障基金分类

（一）按基金用途分类

按基金用途可将社会保障基金分为社会保险基金、社会救济基金、社会福利基金和社会优抚基金等。其中，社会保险属于准公共基金，《中华人民共和国社会保险法》专章规范了我国现阶段的社会保险基金，包括基本养老保险基金、基本医疗保险基金、工伤保险基金、失业保险基金和生育保险基金。随着经济和社会的进一步发展，还可能出现老年护理保险及老年护理保险基金。社会福利基金、社会救助基金和社会优抚基金都属于公共基金。公共基金与准公共基金的筹资原则和渠道不同。

社会保险基金主要来源于参保人缴费、国家财政支持和税收减免。社会保险制度与其他社会保障制度的区别在于其财务独立性和自身收支平衡性，政府作为制度发起人承担补充责任。因此，应依法建立社会保险精算制度，当被保险的社会风险发生率及损害程度降低时，缴费率应该相应降低；当被保险的社会风险的发生率及损害程度提高时，缴费率应该相应提高。社会保险财务上自给自足的原因有两个方面：一是社会保险待遇的给付与缴费具有一定的对价性，财务上的自给自足有利于社会保险制度的可持续发展；二是社会保险具有社会互济性，强调风险责任共担，体现"人人为我，我为人人"的理念和原则，确立参保人的主体责任。

社会救济基金和社会优抚基金一般来自国家或地方财政。社会福利基金主要来自国家财政以及社会、单位和个人的捐助。在各类社会保障基金中，社会优抚基金、社会救助基金和社会福利基金主要由政府财政支撑，基金筹集和管理相对简单，一般不涉及投资运营。

（二）按筹资模式分类

社会保障基金的筹资模式主要有现收现付制、完全积累制以及两者混合的模式。在实践中，现收现付制基金通常计入统筹账户，完全积累制基金计入个人账户。有些国家的社会保障法律规定，将现收现付的福利性制度和基金纳入社会保障范畴，称为第一支柱；将完全积累性制度安排的基金纳入补充范畴，称其为第二支柱。

1. 现收现付制基金

现收现付制又称社会统筹制，筹资原则是跨代所有参保人之间的当期收支平衡。先测算出当年或近几年内某项社会保障制度的支出预算，然后按筹资规则分摊到有关责任主体，当期筹资保证当期支付，一般不留余额。现收现付是社会保障制度的主要筹资模式。

在理论上，现收现付制具有以下优点：再分配功能强，具有代际赡养及社会互济功能；在测算支出时，可以根据生活成本的变化及时调整保障水平，满足被保障对象的实际需求；以支定收，可以根据支出的变动及时调整征税比例或缴费额度，实现收支平衡；没有基金积累或积累值很少，不承担通货膨胀或利率风险，基金不存在保值增值压力。

在现实中，在人口老龄化和经济全球化的背景下，现收现付制也有一定的缺点：缴费率不稳定，经常要调整，政治压力较大；其实质是代际赡养，由于赡养比例持续下降，在职劳动者不堪重负；现收现付制下，当社会保障基金入不敷出时，最终往往由财政来弥补资金缺口，在社会保障方面的巨额财政支出会影响一国的宏观经济稳定；特别在经济持续衰退和失业率高居不下的情况下，在职劳动者与政府财政的压力更大，直接影响现收现付制度的可持续性。

2. 完全积累制基金

完全积累制包括国家积累和个人积累。国家积累主要指社会保障储备基金，主要用于深度和高度人口老龄化时期的养老金支付。个人积累主要指个人账户制的积累筹资。参保人在有积累能力的阶段通过个人账户积累资金，在满足社会保障制度所规定的条件下享受待遇，待遇支付水平与本人的缴费水平直接相关，从而实现个人的自我保障。

20世纪80年代以来，以经济合作与发展组织国家为主，全球70多个国家建立完全积累制的个人账户养老金制度，2010年年底积累的养老基金规模达31.1万亿美元。完全积累制的个人账户养老金的管理模式是，政府通过延期征税、缴费补贴等激励性政策，强制或引导雇主和（或）员工缴费，并鼓励有养老金积累能力的个人择时、酌情积累资产，各类缴费（含个人缴费、雇主缴费、政府补贴）均记入实名制的个人账户，通过投资管理实现养老基金的保值增值，为受益人提供一定替代率水平（一般为30%~60%）的养老金，为实现体面甚至高水平的个人退休生活提供资金支持，实现个人终生平滑消费。

完全积累制的优点：对个人的激励性很强，个人待遇与个人缴费直接相关，个人的社会保障待遇可以预期，有效体现和落实个人责任；不存在代际赡养问题，受人口老龄化的直接影响比较小；通过制度化的强制或准强制方式，积累较高的社会保障基金，宏观上可以促进资本形成和资本市场的发展，微观上可以让个人分享经济社会发展的成果。

完全积累制的缺点：缺乏代际赡养与社会互济等再分配功能，实际上是自储公助的终生收入平滑安排；长期积累基金、确保基金保值增值存在诸多挑战，例如，稳定的政治、社会及宏观经济环境，可持续的经济发展方式，合理的收入与财富分配结构，可控的通货膨胀水平及预期，成熟的、有广度的、有深度的及有投资价值的资本市场，明确而稳定的延迟纳税政策和产权保护制度等，这些要素是完全积累制发展与成熟的必要而非充分条件。

3. 混合制度基金

混合制度指现收现付制与完全积累制的结合，即上述两个制度的出口叠加，如基本养老金加个人养老金。混合制度可以通过两个不同属性基金的互补作用，降低社会保障法律政策风险和政府社会保障责任风险，实际是代际赡养、社会互济与个人终生平滑消费的结合。混合制度已成为各国社会保障制度特别是养老金制度改革的方向，即社会统筹支付基础养老金以克服贫困，个人账户积累养老金以改善生活。

我国在养老金制度改革初期，选择了社会统筹与个人积累相结合的"统账结合"模式，并设计了企业缴费的社会统筹账户和个人缴费的个人账户。但因当时公共财政和养老金预算缺位、新制度要负担"老人"债务、国有企业减员和提前退休导致的支付压力等问题，不得不长期挪用个人账户资金支付"老人"的养老金，由此形成巨额的个人账户空账和"混账运营"模式，混淆了制度结构，其"高费率和低待遇"（费率为企业工资总额的28%以上，养老金待遇水平略高于最低工资，远远低于社会平均工资）的矛盾逐步暴露，制度的可持续性越来越令人质疑。总之，制度运行严重偏离了制度设计的初衷，成为"混账管理"，亟须改革发展。

三、社会保障基金管理立法

社会保障基金管理立法是调整社会保障基金领域社会关系的法律规范的总称，包括各类社会保障基金的预算、筹集、运营、支付、监管的行为规范。

社会保障基金管理立法的主要特征包括如下三点。（1）法律关系主体涉及预算责任人、缴费责任人、资金使用责任人、基金管理责任人、监督责任人等。（2）立法内容包括：一是规范社会保障基金的预算、筹资目标和使用原则。例如，最低生活保障基金的筹资目标是以支定收，并与消费者物价指数（CPI）挂钩，确保最低生活保障人群的基本生活安全；而住房公积金是以收定支，职工使用公积金购买首套住房不足部分，需要自己储蓄和向银行贷款加以补充。二是规范社会保障基金的筹资渠道和管理原则，包括社会保障税（公共品）、社会保险费（准挂钩品）、自储公助（以个人物品为主）、社会捐助（善款应当信托）等，应当依法明确各类基金的产权和保护原则。社会保障税由国家支配，社会保险费由参保人理事会支配，自储公助由个人依法支配，社会捐助应当按照捐助人的意图进行支配。依法明确各类社会保障基金受托人的地位和职责。三是规范缴纳社会保障税费和储蓄责任人及其履行义务的制度安排，责任人包括政府、用人单位和个人（职工、自雇人、居民），制度安排包括税费基数和税费率、申报和审核、追责和免责等。四是规范社会保障基金监督主体和监督程序，包括政府监督、专业机构监督、参保人监督、社会监督和媒体监督等。（3）法律实施的客体包括各类社会保障资金管理和各类社会保障基金管理。

总之，在社会保障体系中，存在着性质与权属各异的不同种类及层次的社会保障基金，不同种类基金适用的管理模式及其法律关系又存在差异，不同法律关系中法律主体之间的权利义务也不尽相同。需要完善规范的立法来明确上述问题，才能保证我国社会保障制度体系有效有序运行，才能保障公民履行社会保障义务和享有社会保障权利，并且在公民的不同群体中实现公平与正义的基本原则。

我国社会保障基金管理立法仍然处于初级阶段，除《中华人民共和国社会保险法》第六十四条至第七十一条对社会保险基金管理作出规定之外，对社会保障基金管理的规定散见于国务院及各部委公布的有关通知和决定中，还有很大的完善空间。

四、社会保障基金管理法的主要内容

社会保障是保障公民基本生活的安全网，福利、保险、储蓄、捐助基金是支撑社会保障体系的重要支柱，由此构成国家的社会保障基金体系和社会保障基金管理立法的内容体系。

（一）规范社会福利基金管理

社会福利基金是指确保福利支付而依法筹集的专用资金和基金，包括赈灾救济基金、最低生活保障基金、社会救助基金、养老补贴基金、计划生育家庭奖励扶助基金、优抚安置基金等。社会保障福利基金管理立法是上述基金预算、筹集、运营、支付、监管等各个环节的行为规范。这类法律规范可能分散在不同法律文件当中，且有专章规定。

（二）规范社会保险基金管理

社会保险基金是指确保社会保险待遇支付而依法筹集的专用资金和基金，包括养老保险基金、医疗保险基金、失业保险基金、工伤保险基金、生育保险基金等。社会保险基金管理立法是上述基金预算、筹集、运营、支付、监管等各个环节的行为规范。这类法律规范在《中华人民共和国社会保险法》中有专章规定，《医疗保障基金使用监督管理条例》对医疗保障基金使用和监督管理作出专门规定。

养老基金包括养老保险统筹的滚存基金、城镇职工个人账户养老储蓄基金、城乡居民个人账户养老储蓄基金、企业年金基金，以及机关事业单位职业年金滚存基金等。养老基金管理立法是上述基金预算、筹集、运营、支付、监管等各个环节的行为规范，特别是养老基金受托人和投资运营两个环节的行为规范。

（三）规范社会保障储备基金管理

社会保障储备基金是指国家根据人口结构和经济周期建立的，确保未来社会保障支出的准备资金，资金来源包括财政拨款、国家发债、国有股转持和投资收益等。社会保障储备基金管理立法是上述基金预算、筹集、运营、支付、监管等各个环节的行为规范，特别是基金受托人和投资运营两个环节的行为规范，具体参见《中华人民共和国社会保险法》中的专章规定。

第二节 社会保障储备基金法律制度

社会保障储备基金是指国家用于未来社会保障支出的准备资金,具有应对经济波动、人口老龄化风险和重大灾情的战略意义。2000年8月1日,经中共中央批准,国务院决定建立全国社会保障基金,同时设立全国社会保障基金理事会。社会保障储备基金管理立法是调整这个领域发生的社会关系的法律规范的总称。

一、资金来源和基金用途

《中华人民共和国社会保险法》第七十一条规定,国家设立全国社会保障基金,由中央财政预算拨款以及国务院批准的其他方式筹集的资金构成,用于社会保障支出的补充、调剂。截至2022年年末,社会保障基金资产总额28 835.21亿元。社会保障基金自成立以来的年均投资收益率为7.66%,累计投资收益额为16 575.54亿元。全国社会保障基金历年实现的投资收益情况见表10-1。

表10-1　　全国社会保障基金历年实现的投资收益情况

年度	投资收益额/亿元	投资收益率/%	通货膨胀率/%
2000	0.17		
2001	7.42	1.73	0.70
2002	19.77	2.59	−0.80
2003	44.71	3.56	1.20
2004	36.72	2.61	3.90
2005	71.22	4.16	1.80
2006	619.79	29.01	1.50
2007	1 453.50	43.19	4.80
2008	−393.72	−6.79	5.90
2009	850.43	16.12	−0.70
2010	321.22	4.23	3.30
2011	74.60	0.86	5.40
2012	654.35	7.10	2.60
2013	685.87	6.20	2.60

续表

年度	投资收益额/亿元	投资收益率/%	通货膨胀率/%
2014	1 424.60	11.69	2.00
2015	2 294.78	15.19	1.40
2016	319.61	1.73	2.00
2017	1 845.77	9.68	1.60
2018	−476.76	−2.28	2.10
2019	2 917.13	14.06	2.90
2020	3 786.68	15.84	2.50
2021	1 131.80	4.27	0.90
2022	−1 380.90	−5.07	2.00
累计投资收益	16 575.54	7.66（年均）	2.24（年均）

资料来源：全国社会保障基金理事会编制的基金历年收益情况表，http://www.ssf.gov.cn/portal/xxgk/fdzdgknr/czbr/webinfo/2023/09/1697471201682178.htm。

《中华人民共和国社会保险法》明确了中央财政履行预算拨款的责任。国务院具有批准其他方式筹集资金的权力，没有提出地方政府的相应责任。中央财政历年拨入全国社会保障基金资金情况见表10-2。

表10-2　　　　　中央财政历年拨入全国社会保障基金资金情况

年度	财政性拨入/亿元	一般性公共预算拨入/亿元	彩票公益金/亿元	国有股减持资金/亿元
2016	700.60	200	315.60	185.00
2017	597.83	200	318.24	79.59
2018	573.77	200	358.45	15.32
2019	464.93	100	364.94	0.44
2020	313.81	100	213.60	0.21
2021	361.30	50	310.89	0.41
2022	641.11	50	402.40	100.00（国有资本经营预算补充） 另有88.71（罚设股票划转充实社会保障基金）

资料来源：全国社会保障基金理事会网站，http://www.ssf.gov.cn。

2001年，国务院出台了3个重要文件，其中，《全国社会保障基金投资管理暂行办法》规定，全国社会保障基金的来源包括中央财政拨入资金、国有股减持划入资金及股权资产、经国务院批准的以其他方式筹集的资金及其投资收益;《国务院关于印发减持国有股筹集社会保障资金管理暂行办法的通知》规定，减持国有股所筹集的资金交由全国社会保障基金理事会管理，具体管理办法由财政部另行制定，报国务院批准后实施。《国务院关于进一步规范彩票管理的通知》规定，超过基数的彩票公益金，80%上交财政部，纳入全国社会保障基金统一管理和使用。

2009年，经国务院批准，财政部、国资委、证监会、社会保障基金理事会联合印发《境内证券市场转持部分国有股充实全国社会保障基金实施办法》，规定股份有限公司首次公开发行股票并上市时，按实际发行股份数量的10%，将上市公司部分国有股转由全国社会保障基金理事会持有，为全国社会保障基金开辟了稳定的资金筹集渠道。

2015年，《基本养老保险基金投资管理办法》发布，用以规范基本养老保险基金投资管理行为，保护基金委托人及相关当事人的合法权益；界定了基本养老保险基金（即养老基金），包括企业职工、机关事业单位工作人员和城乡居民养老基金；明确了各省、自治区、直辖市养老基金结余额，可按照本办法规定，预留一定支付费用后，确定具体投资额度，委托给国务院授权的机构进行投资运营；委托投资的资金额度、划出和划回等事项，要向人力资源社会保障部、财政部报告。

2017年，《划转部分国有资本充实社保基金实施方案》旨在明确划拨国有资本充实社会保障基金，推动国有企业深化改革共享发展成果，完善基本养老保险制度。该方案明确了划拨范围、对象、比例和承接主体。

二、管理模式和投资原则

（一）管理机构

全国社会保障基金理事会是全国社会保障储备基金的受托人，由财政部管理，主要职责包括：管理中央财政拨入的资金、减持国有股所获资金及其他方式筹集的资金；制定全国社会保障基金的投资经营策略并组织实施；选择并委托全国社会保障基金投资管理人、托管人，对全国社会保障基金资产进行投资运作和托管，对投资运作和托管情况进行检查；在规定的范围内对全国社会保障基金资产进行直接投资运作；负责全国社会保障基金的财务管理与会计核算，定期编制财务会计报表，起草财务会计报告；定期向社会公布全国社会保障基金的资产、收益、现金流量等财务情况；根据财政部、人力资源社会保障部共同下达的指令和确定的方式拨出资金；承办国务院交办的其他事项等。

社会保障基金理事会受托管理以下资金：（1）全国社会保障基金，是国家社会保障储备基金，用于人口老龄化高峰时期的养老保险等社会保障支出的补充、调剂。全国社会保障基金由中央财政预算拨款、国有资本划转、基金投资收益和以国务院批准的其他方式筹集的资金构成。（2）做实个人账户中央补助资金，是社会保障基金理事会受各省（自治区、直辖市）人民政府委托管理的做实基本养老保险个人账户中央补助资金及其投资收益（简称"个人账户基金"）。根据财政部、人力资源社会保障部《做实企业职工基本养老保险个人账户中央补助资金投资管理暂行办法》和社会保障基金理事会与试点省（自治区、直辖市）人民政府签署的委托投资管理合同，个人账户基金纳入全国社会保障基金统一运营，作为基金权益核算。（3）部分企业职工基本养老保险资金，是各省（自治区、直辖市）人民政府委托社会保障基金理事会管理的部分企业职工基本养老保险基金结余资金及其投资收益（简称"地方委托资金"）。经国务院批准，根据社会保障基金理事会与各省（自治区、直辖市）人民政府签订的委托投资管理合同，地方委托资金纳入全国社会保障基金统一运营，作为基金权益核算。（4）基本养老保险基金，是各省（自治区、直辖市）人民政府根据2015年国务院印发的《基本养老保险基金投资管理办法》，委托社会保障基金理事会管理的基本养老保险部分结余基金及其投资收益。根据《基本养老保险基金投资管理办法》和社会保障基金理事会与各委托省（自治区、直辖市）人民政府签署的委托投资管理合同，社会保障基金理事会对受托管理的基本养老保险基金实行单独管理、集中运营、独立核算。（5）划转的部分国有资本，是根据2017年国务院印发的《划转部分国有资本充实社保基金实施方案》，由国务院委托社会保障基金理事会负责集中持有的划转中央企业国有股权，单独核算。

（二）运营机构

社会保障基金运营机构即财政部设立的全国社会保障基金理事会。社会保障基金理事会根据《中华人民共和国社会保险法》《全国社会保障基金条例》《全国社会保障基金投资管理暂行办法》《全国社会保障基金境外投资管理暂行规定》，以及国务院、财政部与人力资源社会保障部的相关批准文件对社会保障基金进行投资运作。社会保障基金财产托管人主要指具有资格的银行，负责保管和监督社会保障基金的运营情况。社会保障基金投资管理人由理事会选择和委托，根据理事会投资策略负责投资运营。财政部会同人力资源社会保障部对社会保障基金的投资运作和托管情况进行监督。

(三)投资原则

社会保障储备基金,含委托投资的养老保险基金,其目标是在保证安全的前提下实现保值增值。

1. 投资理念

价值投资、长期投资和责任投资,是一种关注企业环境、社会发展、治理绩效,而非财务绩效的投资理念和评价标准。

2. 投资方针

审慎投资,安全至上,控制风险,提高收益。

3. 投资范围

基金境内投资范围包括银行存款、债券、信托投资、资产证券化产品、股票、证券投资基金、股权投资和产业投资基金等;基金境外投资范围包括银行存款、银行票据、大额可转让存单等货币市场产品,债券、股票、证券投资基金,以及用于风险管理的掉期、远期等衍生金融工具。

4. 风险政策与投资目标

基于国家社会保障储备基金的性质,全国社会保障基金制定了短期和中长期相结合的风险政策和投资目标。短期风险政策(年度)为在90%概率下,预期基金当年最大亏损不超过10%;中长期风险政策(5年)为在90%概率下,基金预期年化收益率不低于3.5%。短期投资目标为战胜社会保障基金的复合基准;中长期投资目标为战胜通货膨胀(CPI+2%),并努力争取更高的收益。

综上所述,社会保障基金理事会属于授权制的公共专业机构,不同于企业年金市场中的法人专业机构,社会保障基金理事会和企业年金法人受托人机构均可以管理养老基金,应当依法完善二者之间的竞争机制。

三、信息披露和监督机构

(一)信息披露

《中华人民共和国社会保险法》规定,全国社会保障基金应当定期向社会公布收支、管理和投资运营的情况。国务院财政部门、社会保险行政部门、审计部门对全国社会保障基金的收支、管理和投资运营情况实施监督。社会保障基金理事会制定了《全国社会保障基金理事会政府信息公开管理办法》《全国社会保障基金理事会政府信息公开指南》

和全国社会保障基金理事会处理依申请公开政府信息流程图。

从 2001 年起，社会保障基金理事会通过其门户网站向社会公布《全国社会保障基金年度报告》。报告内容包括：社会保障基金理事会概况，具体包括简介、职责、管理基金的范围、组织架构；基金投资运作，具体包括基金投资理念、基金投资方针、基金投资方式、基金投资范围、基金资产独立性；基金主要财务数据，包括财务状况、投资业绩；基金会计报表及会计报表附注。2010 年 5 月，社会保障基金理事会在其门户网站的"政府信息公开"专栏首次向社会公开了"全国社会保障基金理事会 2010 年部门预算"。

（二）监督机构

根据《全国社会保障基金投资管理暂行办法》的规定，财政部会同人力资源和社会保障部拟定社会保障基金管理运作的有关政策，对社会保障基金的投资运作和托管情况进行监督。中国证券监督管理委员会和中国人民银行按照各自的职权对社会保障基金投资管理人和托管人的经营活动进行监督。

根据《全国社会保障基金境外投资管理暂行规定》的规定，财政部会同人力资源和社会保障部、国家外汇管理局制定全国社会保障基金境外投资管理运作的有关政策，对全国社会保障基金境外投资运作情况进行监督。中国证券监督管理委员会、中国银行保险监督管理委员会按各自职能对全国社会保障基金境外投资相关事宜进行监督。

四、社会保障储备基金的国际经验

人口老龄化是一个全球性的问题。为了应对人口老龄化的冲击，一些国家如爱尔兰、挪威、法国和新西兰等，相继建立了国家养老储备基金。就性质而言，这些养老储备基金与我国的全国社会保障基金非常相近，他们的一些经验值得借鉴。

（一）立法先行，法制健全

在建立社会保障储备基金后，上述国家都专门制定并颁布储备基金管理运作的法律法规。挪威于 1990 年建立石油基金[①]，同年颁布了《石油基金法》，1996 年又制定了《石油基金管理条例》；2000 年爱尔兰建立国民储备基金，同时制定了《国民储备基金法》；2001 年新西兰建立养老基金，同时通过了《养老基金法案》；法国在建立国家储备基金后，相应修改了社会保障法案。通过这些法律，储备基金的性质、资金来源、用途都很清楚，管理架构、管理机构职责、投资运作模式等也有明确规定。

---

① 这里指征收石油企业的部分利润，用于补充社会保障基金的制度安排。

（二）管理目标明确，资金来源稳定

筹资方面，法国要求到2020年，储备基金的规模必须达到一万亿法郎；爱尔兰要求储备基金的规模，必须能够承担养老金支付高峰阶段1/3的支出额，为了稳定资金来源，爱尔兰规定每年从财政预算中按国民生产总值（GNP）的1%拨款；新西兰、挪威也建立了财政预算拨款机制，这些国家还将一部分公共资源收入、国有企业变现收入及其分红作为筹集资金的重要手段。

（三）管理机构权责明确，实行市场化运作

国家成立专门机构负责储备基金的管理运作，投资管理的目标都是在对整个基金不造成过度风险的情况下实现投资回报最大化。例如，法国成立储备基金监管委员会，爱尔兰成立储备基金理事会，新西兰成立养老金监管人委员会，尽管称谓有所不同，但都是负责管理运作的责任主体和权力主体。为了有利于市场化运作，减少政府干预，法律中有相应条款保障管理机构拥有独立的管理决策权力。

第三节 社会保险基金管理法律制度

社会保险基金是指为支付社会保险待遇，依法由用人单位缴费、参保个人缴费、政府补贴以及通过其他方式筹集的专项资金，包括资金流财务管理和滚存资金投资管理。社会保险基金管理立法是调整这个领域发生的社会关系的法律规范的总称。《中华人民共和国社会保险法》第五条规定，国家多渠道筹集社会保险资金。县级以上人民政府对社会保险事业给予必要的经费支持。国家通过税收优惠政策支持社会保险事业。《中华人民共和国社会保险法》第八章规定了社会保险基金管理。

一、社会保险基金预算、决算和筹集

（一）社会保险基金预算、决算

社会保险基金预算是指由社会保险经办机构根据社会保险计划收支情况，在估算和精算基础上作出的，经过法定程序批准的社会保险资金收支计划。社会保险基金预算的主要特征如下：一是社会保险基金预算具有独立性，与政府公共预算分开编制；二是各项社会保险基金的收支和结余均单独预算，不能相互串用。各项基金收支平衡管理应当遵循社会风险的特征，养老保险基金和伤残津贴需要长期收支平衡（15~75年），医疗

保险、生育保险、工伤保险需要当期收支平衡（1年），略有盈亏；失业保险需要按宏观经济周期进行收支平衡。

1993年《中共中央关于建立社会主义市场经济体制若干问题的决定》首次提出了社会保障预算的概念。1994年《中华人民共和国预算法》提出，各级政府预算按照复式预算编制。此后出台的《中华人民共和国预算法实施条例》进一步明确，复式预算分为政府公共预算、国有资本经营预算、社会保障预算和其他预算。社会保险基金先按预算外资金管理，专款专用，实行收支两条线管理。2010年1月，国务院发布《关于试行社会保险基金预算的意见》，对社会保险基金预算的基本原则、编制层级和范围、管理制度、执行和调整、基金决算和报告等内容作出原则性规定。

1. 预算基本原则

（1）依法建立，规范统一。依据国家法律法规建立，严格执行国家社会保险政策，按照规定范围、程序、方法和内容编制。（2）统筹编制，明确责任。社会保险基金预算按统筹地区编制执行，统筹地区根据预算管理方式，明确本地区各级人民政府及相关部门责任。（3）专项基金，专款专用。社会保险各项基金预算严格按照有关法律法规规范收支内容、标准和范围，专款专用，不得挤占或挪作他用。（4）相对独立，有机衔接。在预算体系中，社会保险基金预算单独编报，与公共财政预算和国有资本经营预算相对独立、有机衔接。社会保险基金不能用于平衡公共财政预算，公共财政预算可补助社会保险基金。（5）收支平衡，留有结余。社会保险基金预算坚持收支平衡，适当留有结余。

2. 预算编制层级

《中华人民共和国社会保险法》第六十五条规定，县级以上人民政府在社会保险基金出现支付不足时，给予补贴。社会保险基金预算按统筹地区编制执行，统筹地区根据预算管理方式，明确本地区各级人民政府及相关部门责任。社会保险基金收入预算的编制应综合考虑统筹地区上年度基金预算执行情况、本年度经济社会发展水平预测、人口结构变化、社会保险工作计划等因素，包括社会保险参保人数、缴费人数、缴费工资基数等。统筹地区人民政府应根据社会保险基金收支、财政收支等情况，合理安排本级财政对社会保险基金的补助支出。

3. 预算编制范围

《中华人民共和国社会保险法》第六十六条规定，除基本医疗保险基金与生育保险基金预算合并编制外，其他社会保险基金预算按照社会保险项目分别编制。

4. 预算管理制度

《中华人民共和国社会保险法》第六十七条规定，社会保险基金预算、决算草案的编制、审核和批准，依照法律和国务院规定执行。根据《社会保险经办条例》第三十九条至四十一条的规定，社会保险经办机构具体编制下一年度社会保险基金预算草案，报本级人力资源社会保障行政部门、医疗保障行政部门审核汇总。社会保险基金收入预算草案由社会保险经办机构会同社会保险费征收机构具体编制。社会保险经办机构设立社会保险基金支出户，用于接受财政专户拨入基金、支付基金支出款项、上解上级经办机构基金、下拨下级经办机构基金等。社会保险经办机构应当按照国家统一的会计制度对社会保险基金进行会计核算、对账。

5. 预算执行和调整

预算草案经统筹地区人民政府批准后，由财政和人力资源社会保障行政部门、医疗保障行政部门批复（含批复税务机关），经办机构严格按照批准的预算和规定的程序执行，并定期向本级人力资源社会保障行政部门、医疗保障行政部门和财政部门报告。在执行中因特殊情况需要增加支出或减少收入的，应当编制社会保险基金预算调整方案（可能联合税务机构），经人力资源社会保障行政部门、医疗保障行政部门审核汇总，财政部门审核后，联合报本级人民政府批准。

6. 基金决算和报告

年终统筹地区社会保险、医疗保障经办机构应按有关规定编制年度社会保险基金决算草案，经人力资源社会保障行政部门、医疗保障行政部门审核汇总，财政部门审核后，联合报本级人民政府审批，审批后报上一级财政和人力资源社会保障行政部门、医疗保障行政部门；省级报财政部和人力资源社会保障部、国家医疗保障局。全国社会保险基金决算草案由人力资源社会保障部、国家医疗保障局汇总编制，财政部审核后，联合向国务院报告。

（二）社会保险基金筹集

《中华人民共和国社会保险法》第四条规定，中华人民共和国境内的用人单位和个人依法缴纳社会保险费。社会保险基金来自用人单位缴费、职工和居民个人缴费、政府补贴、基金利息收入和社会捐助等。《中华人民共和国社会保险法》第六十五条规定，社会保险基金通过预算实现收支平衡。县级以上人民政府在社会保险基金出现支付不足时，给予补贴。由此决定社会保险主要坚持以支定收的原则筹集资金。根据《中华人民共和国社会保险法》第十二条的规定，用人单位应当按照国家规定的本单位职工工资总额的比例缴纳基本养老保险费，记入基本养老保险统筹基金。职工应当按照国家规定的本人工资的比例缴纳基本养老保险费，记入个人账户。无雇工的个体工商户、未在用人单位参加基本养老保险的非全日制从业人员以及其他灵活就业人员参加基本养老保险的，应当按照国家规定缴纳基本养老保险费，分别记入基本养老保险统筹基金和个人账户。

二、社会保险基金管理和支付

（一）社会保险基金管理

1. 资金流财务管理

《中华人民共和国社会保险法》第六十四条规定，社会保险基金执行国家统一的会计制度。财政部《社会保险基金会计制度》规定，社会保险基金的会计核算采用收付实现制，会计记账采用借贷记账法。社会保险经办机构对外提供的社会保险基金会计报表包括各项基金的资产负债表和基金收支表。财政部《社会保险基金会计核算若干问题补充规定》，对各地在执行会计制度过程中出现的问题进行了规范。

2. 社会统筹基金

《中华人民共和国社会保险法》第六十四条规定，基本养老保险基金逐步实行全国统筹，其他社会保险基金逐步实行省级统筹，具体时间、步骤由国务院规定。社会保险基金统筹是指在一定的行政区域内统一征缴社会保险费和支付待遇和实现收支平衡的制度安排，本级政府是确保支付待遇和基金收支平衡的责任人。根据"大数法则"，统筹层级越高，基金的互济能力越强、转移携带的需求越小。以企业职工基本养老保险为例，2021年实现了省级统筹和全国调剂，2022年以后逐渐实行全国统筹。

3. 滚存资金管理

《中华人民共和国社会保险法》第六十八条规定，社会保险基金存入财政专户，具体管理办法由国务院规定。滚存资金是指历年社会保险资金收支结余额。《国务院关于建立统一的企业职工基本养老保险制度的决定》规定，基本养老保险基金结余额，除预留相当于2个月的支付费用外，应全部购买国家债券和存入专户，即财政专户。

4. 累积基金管理

《中华人民共和国社会保险法》第六十九条规定，社会保险基金在保证安全的前提下，按照国务院规定投资运营实现保值增值。社会保险基金不得违规投资运营，不得用于平衡其他政府预算，不得用于兴建、改建办公场所和支付人员经费、运行费用、管理费用，或者违反法律、行政法规规定挪作其他用途。部分省市依法将社会养老保险结余资金委托全国社会保障基金理事会投资管理，对职工基本养老保险个人账户支付记账利息。

5. 监督机制

《中华人民共和国社会保险法》第六条规定，国家对社会保险基金实行严格监管。第七十六条规定，各级人民代表大会常务委员会听取和审议本级人民政府对社会保险基金的收支管理、投资运营以及监督检查情况的专项工作报告，组织对本法实施情况的执法检查等，依法行使监督职权。第七十七条规定，县级以上人民政府社会保险行政部门应当加强对用人单位和个人遵守社会保险法律法规情况的监督检查。第七十八条规定，财政部门、审计机关按照各自职责，对社会保险基金的收支、管理和投资运营情况实施监督。第八十条规定，统筹地区人民政府成立由用人单位代表、参保人员代表，以及工会代表、专家组成的社会保险监督委员会，掌握、分析社会保险基金的收支、管理和投资运营情况，对社会保险工作提出咨询意见与建议，实施社会监督。第八十二条规定，任何组织或者个人有权对违反社会保险法律法规的行为进行举报、投诉；有权处理的部门、机构应当及时处理，不得推诿。

6. 信息披露

《中华人民共和国社会保险法》第七十条规定，社会保险经办机构应当定期向社会公布参加社会保险情况以及社会保险基金的收入、支出、结余和收益情况。社会保险信息，即指国家社会保险法律和政策的履行情况，包括参保情况，社会保险基金征缴情况，社会保险基金管理、支付、结余和投资受益等情况。社会保险信息披露应当真实，数据完整，分类信息清晰。信息披露方式以通俗易懂的公开年报为主，并可接受社会各界的询问。建立社会保险信息披露制度有利于促进经办机构及其工作人员依法履行职责，简化经办手续，建立行为规范、运转协调、公正透明、廉洁高效的经办管理体制和工作机制，充分保障参保对象的知情权，广泛接受社会监督，促进社会保险基金的安全完整，维护广大劳动者的合法权益。

（二）社会保险基金支付

《中华人民共和国社会保险法》第七十三条规定，社会保险经办机构应当按时足额支付社会保险待遇。企业职工基本养老金根据个人累计缴费年限、缴费工资、当地职工平均工资、个人账户储存额、城镇人口平均预期寿命等因素计发；城乡居民基本养老金根据个人账户缴费储存额和政府补贴额计发养老金。医疗保险按照政策规定的比例分担参保患者的医药费用和补偿定点医药机构的服务费用、药物费用。工伤保险依据相关规定支付伤残人员的医疗费用、生活费和护理费。失业保险支付有限期的生活津贴和促进就业补贴。生育保险支付生育医疗费用以及母亲的生育津贴。

三、社会保险基金监督

2022年2月，人力资源社会保障部出台新的《社会保险基金行政监督办法》，自2022年3月18日起施行。

（一）监督机构

人力资源社会保障行政部门负责社会保险基金监督的机构具体实施社会保险基金行政监督工作。人力资源社会保障部门负责社会保险政策、经办、信息化综合管理等机构，依据职责协同做好社会保险基金行政监督工作。人力资源社会保障行政部门应当加强与公安、民政、司法行政、财政、卫生健康、人民银行、审计、税务、医疗保障等部门的协同配合，加强信息共享、分析，加大协同查处力度，共同维护社会保险基金安全。人力资源社会保障行政部门应当畅通社会监督渠道，鼓励和支持社会各方参与社会保险基金监督。任何组织或者个人有权对涉及社会保险基金的违法违规行为进行举报。

（二）监督职责

人力资源社会保障行政部门依法履行下列社会保险基金行政监督职责：（1）检查社会保险基金收支、管理情况；（2）受理有关社会保险基金违法违规行为的举报；（3）依法查处社会保险基金违法违规问题；（4）宣传社会保险基金监督法律、法规、规章和政策；（5）法律、法规规定的其他事项。

人力资源社会保障行政部门对社会保险经办机构的下列事项实施监督：（1）执行社会保险基金收支、管理的有关法律、法规、规章和政策的情况；（2）社会保险基金预算执行及决算情况；（3）社会保险基金收入户、支出户等银行账户开立、使用和管理情况；（4）社会保险待遇审核和基金支付情况；（5）社会保险服务协议订立、变更、履行、解除或者终止情况；（6）社会保险基金收支、管理内部控制情况；（7）法律、法规规定的其他事项。

人力资源社会保障行政部门对社会保险服务机构的下列事项实施监督：（1）遵守社会保险相关法律、法规、规章和政策的情况；（2）社会保险基金管理使用情况；（3）社会保险基金管理使用内部控制情况；（4）社会保险服务协议履行情况；（5）法律、法规规定的其他事项。

人力资源社会保障行政部门对与社会保险基金收支、管理直接相关单位的下列事项实施监督：（1）提前退休审批情况；（2）工伤认定（职业伤害确认）情况；（3）劳动能力鉴定情况；（4）法律、法规规定的其他事项。

（三）监督权限

《社会保险基金行政监督办法》第十四条规范了被监管机构提供与监督事项有关的资料；第十五条规范了监督机构查询、记录、复制的权限；第十六条规范了监督机构询问和被监督机构说明的规定。在此基础上增加了充分利用信息化技术手段查找问题，加强社会保险基金监管信息系统应用。信息化综合管理机构应当根据监督工作需要，向社会保险基金行政监督工作人员开放社会保险经办系统等信息系统的查询权限，提供有关信息数据。

（四）监督实施

社会保险基金行政监督的检查方式包括现场检查和非现场检查。人力资源社会保障行政部门应当制订年度检查计划，明确检查范围和重点。被监督单位应当配合人力资源社会保障行政部门的工作，并提供必要的工作条件。

人力资源社会保障行政部门对监督发现的问题，采取以下处理措施：（1）对社会保险基金收支、管理存在问题的，依法提出整改意见，采取约谈、函询、通报等手段督促整改；（2）对依法应当由有关主管机关处理的，向有关主管机关提出处理建议。人力资源社会保障行政部门有权对被监督单位的整改情况进行检查。人力资源社会保障行政部门应当建立社会保险基金要情报告制度。

地方人力资源社会保障行政部门应当依规、按时、完整、准确向上级人力资源社会保障行政部门报告社会保险基金要情。社会保险经办机构应当及时向本级人力资源社会保障行政部门报告社会保险基金要情。《社会保险基金行政监督办法》所称社会保险基金要情是指贪污挪用、欺诈骗取等侵害社会保险基金的情况。

（五）法律责任

《社会保险基金行政监督办法》第三十二条规定，用人单位、个人有下列行为之一，以欺诈、伪造证明材料或者其他手段骗取社会保险待遇的，按照《中华人民共和国社会保险法》第八十八条的规定处理：（1）通过虚构个人信息、劳动关系，使用伪造、变造或者盗用他人可用于证明身份的证件，提供虚假证明材料等手段虚构社会保险参保条件、违规补缴，骗取社会保险待遇的；（2）通过虚假待遇资格认证等方式，骗取社会保险待遇的；（3）通过伪造或者变造个人档案、劳动能力鉴定结论等手段违规办理退休，违规增加视同缴费年限，骗取基本养老保险待遇的；（4）通过谎报工伤事故、伪造或者变造证明材料等进行工伤认定或者劳动能力鉴定，或者提供虚假工伤认定结论、劳动能力鉴定结论，骗取工伤保险待遇的；（5）通过伪造或者变造就医资料、票据等，或者冒用工伤人员身份就医、配置辅助器具，骗取工伤保险待遇的；（6）其他以欺诈、伪造证明材料等手段骗取社会保险待遇的。

> **案例 10-1　虚构劳动关系参保并领取社会保险待遇是违法行为**
>
> 　　佛山市高明区某劳动服务部，为不存在劳动关系的人员提供"挂靠"参保服务，从中收取好处费；违规为不符合参保资格的人员短期缴纳失业保险费，再出具虚假非因本人意愿中断就业证明，为参保人办理失业保险待遇。经初步核查，自2018年1月至2021年7月，该劳动服务部涉嫌为151名参保人违规办理缴费并骗取失业保险金共360.9万元，严重侵害社会保险基金安全完整。因涉嫌触犯《中华人民共和国刑法》第二百六十六条、《全国人大常委会关于〈中华人民共和国刑法〉第二百六十六条的解释》有关骗保罪规定，案件移送佛山市公安局高明分局立案侦查。2022年1月30日，高明区人民检察院以涉嫌诈骗罪，批准逮捕该劳动服务部责任人员。当地停发涉案参保人待遇，清退违规参保关系，追回基金194.4万元；对拒不退回的，依法申请人民法院采取强制执行措施。
>
> 　　虚构劳动关系参保并领取社会保险待遇是违法行为，将面临严重的法律后果。

第四节　养老基金管理法律制度

养老基金是指需要长期积累和投资保值的养老准备金，是一种基于安全原则的资产组合状态。养老基金管理是指由法定机构，依据法定操作规则，管理养老基金和提供相关服务的行为过程。基本养老保险基金管理属于社会保险基金管理的内容（详见本章第三节），本节主要概述企业年金基金、个人养老金资金管理法律规范。养老基金管理立法是调整所有养老基金领域发生的社会关系的法律规范的总称。

一、企业年金基金管理法律规范

企业年金是指企业及其职工在依法参加基本养老保险的基础上，自主建立的补充养老保险计划。2004年，我国颁布了《企业年金试行办法》和《企业年金基金管理试行办法》，2011年颁布了《企业年金基金管理办法》并于2015年修订，2018年又颁布《企业年金办法》，《企业年金试行办法》废止。国家鼓励企业建立企业年金。企业年金所需费用由企业和职工按照有关规定共同缴纳和税前列支。企业年金基金实行完全积累，为每个参加企业年金的职工建立个人账户，按照国家有关规定投资运营。企业年金基金投资运营收益并入企业年金基金。

（一）企业年金基金管理受托人

坚持信托原则，依法建立企业年金计划和培育受托人制度（见图10-1）。受托人是具有资质和信誉管理企业年金基金的法人机构和责任人。企业年金基金被委托之后，法律意义的委托人消失，受益人尚未出现，受托人责任至关重要。受托人的法律特征包括代人理财、专业性、审慎性和尽责性。

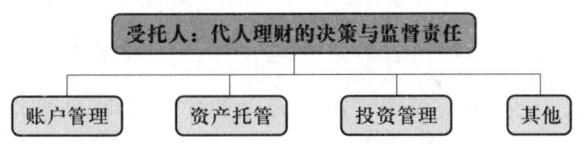

图10-1 企业年金计划和培育受托人制度

受托人应当履行下列职责：（1）选择、监督、更换账户管理人、托管人、投资管理人；（2）制定企业年金基金战略资产配置策略；（3）根据合同对企业年金基金管理进行监督；（4）根据合同收取企业和职工缴费，向受益人支付企业年金待遇，并在合同中约定具体的履行方式；（5）接受委托人查询，定期向委托人提交企业年金基金管理和财务会计报告，发生重大事件时，及时向委托人和有关监管部门报告；定期向有关监管部门提交开展企业年金基金受托管理业务情况的报告；（6）按照国家规定保存与企业年金基金管理有关的记录自合同终止之日起至少15年；（7）国家规定和合同约定的其他职责。

托管人是指接受受托人委托保管年金基金财产的商业银行，投资管理人是指接受受托人委托投资管理年金基金财产的专业机构。年金基金受托、托管和投资管理人在具有相应年金基金管理资格的机构中选择。

(二)企业年金基金投资管理

投资管理应当遵循谨慎、分散风险的原则,充分考虑年金基金财产的安全性、收益性和流动性,实行专业化管理。

企业年金基金财产限于境内投资,投资范围包括银行存款、国债、中央银行票据、债券回购、万能保险产品、投资连结保险产品、证券投资基金、股票,以及信用等级在投资级以上的金融债、企业(公司)债、可转换债(含分离交易可转换债)、短期融资券和中期票据等金融产品。

国际上对基金投资有两类监管规制:一类是数量监管,养老金法对投资权益类资产有不同程度的数量限制;另一类是审慎人注册制。在实行审慎人注册制的英国、澳大利亚、美国没有限制性数量规定,对受托人信誉有越来越严格的规范。

目前我国属于数量监管模式。《企业年金基金管理办法》第四十八条规定,投资股票等权益类产品以及股票基金、混合基金、投资连结型保险产品(股票投资比例高于或者等于30%)的比例,不得高于投资组合企业年金基金财产净值的30%。其中,企业年金基金不得直接投资于权证,但因投资股票、分离交易可转换债等投资品种而衍生获得的权证,应当在权证上市交易之日起10个交易日内卖出。

每个投资组合应当由一个投资管理人管理,并符合法律法规的相关规定。同时,受托人、托管人和投资管理人应当按照规定报告企业年金基金管理情况,并对所报告内容的真实性、准确性、完整性负责。有关监管部门依法履行监督管理职责,并可以依法采取相应措施,确保企业年金基金安全运营。

(三)国外经验

确保养老基金在长期运营过程中不偏离保护养老金受益人利益的原则,需要人们屡经磨难和汲取教训以找到实施路径。

专栏 10-1　马克斯韦尔雇主养老金事件

1991年11月,68岁的马克斯韦尔暴死于西班牙外海,对其死因众说纷纭,但事件焦点很快转到另一个更令人震惊的问题上——马克斯韦尔通讯公司和镜报报业集团下属的职业养老基金中,有4.4亿英镑巨款下落不明。届时雇主养老金受托人可以是本公司。经调查发现,马克斯韦尔为支撑自己因负债20亿英镑而濒临破产的商业帝国,私自挪用了雇员的养老基金,投资于本公司股票,以抬高股价,制造繁荣假象，但该公司还是因资不抵债被迫倒闭，这笔巨款打了水漂。这位亿万富翁拥有的近400家公司下3.2万名养老金领取者随之陷入失去养老金的恐慌中，长达近4年的追索为许多人留下了终生阴影。该养老金丑闻使人们更加关注和倾向于选择一种安全的管理方式，使养老金可以脱离个人和公司的破产风险，做到信息公开并加强监管。

按照信托原则建立"委托（缴费性财产让渡）—受托（基金性权益管理）—受益（养老金受益）"的养老金产权保护机制和运营责任制，可以确保养老基金安全运营。1974年，美国《雇员退休收入保障法》要求雇主年金计划以信托方式管理。1995年，英国《养老金法》重新定义了受托人的权利和义务，规范了专业顾问的法定义务、最低准备金要求、监管和赔偿机制等。

企业年金计划具有双重信托关系（见图10-2）。其中，雇主为其职工缴费和委托属于他益信托，雇主不是养老金受益人；职工为自己缴费和委托属于自益信托，缴费人是未来养老金的受益人。

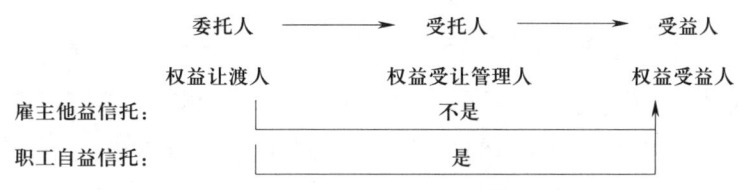

图10-2 企业年金计划的双重信托关系

二、个人养老金资金管理法律规范

（一）个人养老金计划

2022年4月，国务院办公厅发布《关于推动个人养老金发展的意见》。个人养老金又被称为"养老第三支柱"，与基本养老保险、企业（职业）年金共同组成我国养老金体系的"三大支柱"。在中国境内参加城镇职工基本养老保险或者城乡居民基本养老保险的劳动者，可以参加个人养老金计划。个人养老金实行个人账户制度，供款、资产配置、投资风险和投资受益由参加人个人承担，实行完全积累。参加人通过个人养老金信息管理服务平台（简称信息平台），建立个人养老金账户。参加人每年在个人所得税前列支的供款金额上限为12 000元。人力资源社会保障部、财政部根据经济社会发展水平和多层次、多支柱养老保险体系发展情况等因素适时调整缴费上限和相关税收政策。

(二) 个人养老金投资管理

个人养老金资金账户资金用于购买符合规定的银行理财、储蓄存款、商业养老保险、公募基金等运作安全、成熟稳定、标的规范、侧重长期保值的满足不同投资者偏好的金融产品，参加人可自主选择。参与个人养老金运行的金融机构和金融产品由相关金融监管部门确定，并通过信息平台和金融行业平台向社会发布。

人力资源社会保障部、财政部对个人养老金发展进行宏观指导，根据职责对个人养老金的账户设置、缴费上限、待遇领取、税收优惠等制定具体政策并进行运行监管，定期向社会披露相关信息。税务部门依法对个人养老金实施税收征管。相关金融监管部门根据各自职责，依法依规对参与个人养老金运行金融机构的经营活动进行监管，督促相关金融机构优化产品和服务，做好产品风险提示，对产品的风险性进行监管，加强对投资者的教育。

三、个人养老金公共服务系统

个人养老金公共服务系统的信息平台由人力资源社会保障部组织建设，与符合规定的商业银行以及相关金融行业平台对接，归集相关信息，与财政、税务等部门共享相关信息，为参加人提供个人养老金账户管理、缴费管理、信息查询等服务；支持参加人享受税收优惠政策，为个人养老金运行提供信息核验和综合监管支撑，为相关金融监管部门、参与个人养老金运行的金融机构提供相关信息服务；不断提升信息平台的规范化、信息化、专业化管理水平，运用"互联网+"创新服务方式，为参加人提供方便快捷的服务。

2012年，英国开始运行包括投资管理和权益记录的国家级个人养老金账户管理和服务系统。国家成立个人养老金账户管理委员会作为执行机构，政府主管部门是决策机构。该委员会向国会负责而不是向政府主管部门负责，由此理顺了决策、执行、监督的关系。

专栏 10-2　英国《养老金法》中的养老金账户服务系统

英国养老金制度走向"国民年金低保化，个人账户全民化"的结构。2002年，英国停止了社会养老保险计划，出台了一系列政策鼓励雇主养老金计划和养老金市场的发展，但个人养老储蓄的积极性不高。2006年，英国政府发出《养老金白皮书》，发动全民讨论英国的人口老龄化问题和养老金的负债问题。2008年修订了《养老金法》，该法规定从2012年开始英国实施新的养老金个人账户制度，为全体英国居民建立统一的个人养老金账户服务系统，其结构图如图10-3所示。

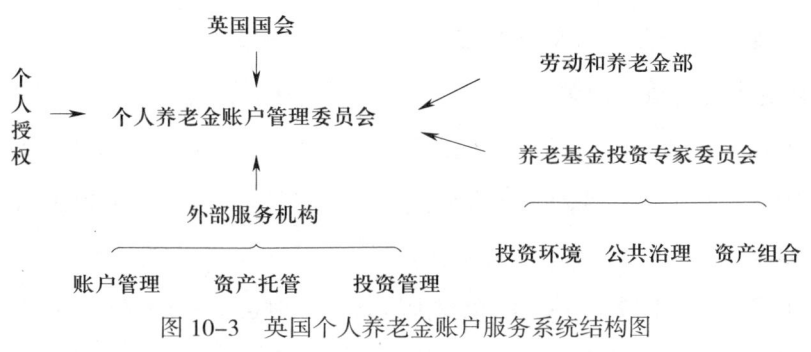

图10-3 英国个人养老金账户服务系统结构图

四、养老金文化与教育

对于个人而言，养老金信托属于自益信托，委托人即是未来的养老金受益人，他们是同一自然人。养老金的委托人（受益人）与受托人具有共担风险的责任，对居民加强养老金知识、投资风险意识，以及评估投资业绩的教育，引导他们参与养老金立法，是养老金制度建设的重要组成部分。

在澳大利亚有一个库珀（Cooper）评估，是以专家库珀的名字命名的，由政府牵头，专家小组构建一个开放式、论坛式的研究平台，从方案设计、初期报告、中期报告、最终报告等各个环节，都通过网络向全社会全面公开，广泛吸收社会各界、各利益相关方的意见，凝聚社会共识。为方便各方深入讨论，平台提供大量背景资料及行业数据统计资料，并聘请德勤会计师事务所进行管理成本测算。

英国《养老金法》和澳大利亚《超级年金法》均规定了默认基金和不默认基金的管理规则，前者由专家委员会对养老基金进行资产组合，后者由个人进行资产组合，但管理费高于前者。

第五节 医疗保障基金管理法律制度

医疗保障基金是指为了保障参保人和受益人的权益和保障待遇，根据国家法律法规规定，由单位和个人缴纳、政府补助以及通过其他合法方式筹集的专项资金，包括基本医疗保险基金、医疗救助基金、补充医疗保险基金、生育保险基金等。其中，生育保险与职工基本医疗保险合并经办。本节主要介绍职工基本医疗保险基金管理的法律制度。

一、总额预算管理

基本医疗保险基金预算编制应按照《中华人民共和国预算法》《中华人民共和国社会保险法》《预算法实施条例》以及国务院有关规定执行，经法定程序审批，具有法律效力。预算由基金收入预算和基金支出预算组成，坚持以收定支、收支平衡、略有结余的原则进行预算。基本医疗保险基金预算保持独立完整，与一般公共预算相衔接，由统筹地区分别编制。

按照《中共中央 国务院关于深化我国医疗保障制度改革的意见》的要求，职工基本医疗保险基金应坚持如下原则进行预算管理。

（一）以收定支、总额管理与合理增长

统筹地区经办机构要按照以收定支、收支平衡、略有结余的原则，根据基本医疗保险的收入情况，遵守国家规定的支付目录和待遇清单，合理确定基本医疗保险基金的年度支出总量，由此形成基本医疗保险年度支出预算总额和预定增长率。以统筹基金为例，当年统筹基金预算总额＝上年度统筹基金决算总额×（1+统筹基金年度支出增长率）。基金年度支出增长率由医疗保障、卫生健康、财政等部门共同确定并向社会公布。

（二）完善待遇清单制度

任何地区、部门、单位、个人不得增加支出项目，扩大享受人员范围，提高开支标准，虚报冒领及骗取、套取基金等。基金不得用于运行费用、财务费用（含银行手续费）、管理费用、兴建改建办公场所和支付人员经费，或者违反法律法规规定挪作他用。

（三）战略补偿与长效平衡

一是确定年度医疗保险统筹基金支付总额和社区医疗与综合医院之间的分布，包括既定增长额。二是在急性治疗预算内，实行病组分值付费（DRG/DIP等）和结余留用，复杂病种提供论证报告，合理超支分担，由此形成抑制过度医疗和降点增值的规则。三是在门诊和急性后期康复治疗预算内，实行人头加权预算、总额付费、结算管理、结余留用；对参保患者康复情况实行健康绩效评估与奖励，极力维护健康，通过减少患者增

加医疗机构和医务人员收入。如果上述补偿战略能得到有效实施,医疗保险基金即形成长效平衡机制。

(四)异地就医直接结算

2022年《政府工作报告》部署要求"完善跨省异地就医直接结算办法"。同年7月28日,国家医保局会同财政部印发了《关于进一步做好基本医疗保险跨省异地就医直接结算工作的通知》(以下简称《通知》),要求异地就医备案规范便捷,基本实现医保报销线上线下都能跨省通办。明确了跨省直接结算时原则上均执行"就医地目录、参保地政策"基金支付政策;明确了"先备案、选定点、持码卡就医"异地就医管理服务流程;明确了"先预付、后清算"的异地就医资金管理要求。截至2022年6月底,全国跨省联网定点医药机构24.67万家,基本实现每个县至少有一家定点医疗机构能够直接报销包括门诊费在内的医疗费用的目标,全国累计直接结算3 772.21万人次,基金支付2 019.76亿元。

专栏10-3　异地就医结算

2022年7月1日,河北省廊坊市某退休职工在北京跨省异地就医直接结算门诊慢特病费用,费用总额64.29元,基金支付48.89元。此笔费用共两种药,按照就医地目录支付范围具体为:甲类药品阿卡波糖片32.52元,全部符合基金支付范围;乙类药品瑞格列奈片31.77元,其中28.59元符合基金支付范围,3.18元为乙类先行自付。按照就医地支付范围,符合基本医保基金支付范围内费用共计61.11(32.52+28.59)元,乙类先行自付金额3.18元,按照参保地的支付比例80%,基金支付48.89(61.11×80%)元。

二、缴费基准与账户管理

根据《国务院关于建立城镇职工基本医疗保险制度的决定》,基本医疗保险基金由统筹基金和个人账户构成。用人单位缴费为工资总额的6%,职工缴费为个人工资总额的2%。职工缴费全部计入个人账户,用人单位缴费的30%左右计入职工个人账户,其余计入地方统筹基金。统筹基金和个人账户划定各自的支付范围,分别核算、不得互相挤占。2002年以后,基本医疗保险统筹基金从县级开始,逐渐形成了地市统筹。

2010年颁布的《中华人民共和国社会保险法》未对职工基本医疗保险个人账户进行

规范。2021年,《国务院办公厅关于建立健全职工基本医疗保险门诊共济保障机制的指导意见》作出如下规定:(1)在职职工个人账户由个人缴纳的基本医疗保险费计入,单位缴纳的基本医疗保险费全部计入统筹基金,退休人员个人账户从统筹基金按当年当地平均基本养老金的2%左右划入。统筹基金主要用于门诊共济保障。(2)个人账户主要用于支付参保人员在定点医疗机构或定点零售药店发生的政策范围内自付费用,可以用于支付参保人员本人及其配偶、父母、子女在定点医疗机构就医发生的由个人负担的医疗费用,以及在定点零售药店购买药品、医疗器械、医用耗材发生的由个人负担的费用。

三、支付管理、结算管理和支付范围

(一)支付管理

医疗保险支付主要指医疗保险统筹基金对定点医药机构提出服务费用的补偿承诺,包括两种结算方式:一种是预付制。医疗保障经办机构根据与定点医药机构签订的医疗保障服务协议和统筹地方政府有关规定,通过"暂付款科目"将所需要款项预付给定点医药机构,借记"暂付款科目"、贷记"支出户存款科目"。定期结算时,按规定的医疗保险费开支范围和标准审定参保患者的医疗费用支出、借记"基本医疗保险统筹基金支出""医疗保险个人账户基金支出"科目、贷记"暂付款"等科目。在财会制度之外,公布当地当年医疗保险基金支出的总额预算和按照疾病诊断分组支付的标准也在预付制范围之内,由此支持医药机构制定预算方案和成本管理方案。另一种是后付制。先由定点医药机构垫付运营成本和资金,在经办机构审核后再与定点医药机构结算。这种方式可能会发生因定点医药机构违反相关法律法规和协议约定产生的拒付款项。

从1883年德国开创社会医疗保险至今,140年来,国际上医疗保险支付方式经历数量付费(fee for service,FFS)、质量付费(diagnosis related groups,DRG)和价值付费(hospital value-based purchasing,VBP)3个阶段(见表10-3),每次变革均有质的变化,即从按服务数量付费走向按服务结果付费。在我国,2017年6月,《国务院办公厅关于进一步深化基本医疗保险支付方式改革的指导意见》要求,进一步加强医保基金预算管理,全面推行以按病种付费为主的多元复合式医保支付方式。2021年11月,国家医疗保障局制定印发《DRG/DIP支付方式改革三年行动计划》,以加快建立管用高效的医保支付机制为目标,分期分批加快推进,从2022—2024年,全面完成DRG/DIP付费方式改革任务,推动医保高质量发展。继而进入对区域紧密型医疗集团(法人型),探索按人头加权（考虑年龄、就诊状态等疾病风险因素）预算和总额付费，结算管理、节余留存和健康绩效奖励的支付机制。

表 10-3　　　　　　　　　　医疗保险支付发展的 3 个阶段

发展阶段	付费依据	社会价值	付费方式	历史沿革
第一阶段	服务数量付费	以医院为中心，数量式发展	后付制	1883—1980 年
第二阶段	诊断病组付费	以医师为中心，强化学科建设	预付制	1980—2010 年
第三阶段	康复结果价值付费	以患者为中心，关注就医体验	预付制+奖励制	2010 年至今

（二）结算管理

1. 参保患者结算

《中华人民共和国社会保险法》第二十九条规定，参保人员医疗费用中应当由基本医疗保险基金支付的部分，由社会保险经办机构与医疗机构、药品经营单位直接结算。我国已结束了参保患者在医院就医后先垫付现金、后去医疗保障经办机构窗口报销的做法（特殊人群除外），患者可以使用社会保障电子凭证就医和直接结算。为适应人口流动需要，各地正在改善异地就医直接结算服务。

2. 定点医药机构结算

《医疗保障基金使用监督条例》第十二条规定，医疗保障经办机构应当按照服务协议的约定，及时结算和拨付医疗保障基金。该条款首次用"应当"性法律规范，要求医疗保障经办机构做到及时结算和拨付。2019 年，国家医疗保障局印发了《关于医疗保障定点医疗机构等信息业务编码规则和方法的通知》和《关于印发疾病诊断相关分组（DRG）付费国家试点技术规范和分组方案的通知》，研究制定了《医疗保障基金结算清单填写规范（试行）》，以及《零售药店医疗保障定点管理暂行办法》。

（三）支付范围

根据《国家医保局　财政部关于建立医疗保障待遇清单制度的意见》的要求，各地因地制宜，在国家规定范围内制定住院和门诊起付标准、支付比例和最高支付限额。不得自行制定个人或家庭账户政策。

四、风险管理与智能监控

《医疗保障法（征求意见稿）》第二十八条规定，国家建立全国医疗保障风险管控机制。基本医疗保险风险包括道德风险、政策风险、管理风险和外部环境风险，可分为3个级别：一是发展趋势出现风险，即基金收入增长率下降、基金支出增长率上升的发展趋势难以改变；二是当期支出出现缺口，即基金当期支出大于当期收入，不得不使用累计结余或财政补贴弥补缺口以保证当期支出；三是系统性风险，即用尽累计结余，当期资金缺口却越来越大，甚至难以维持正常支付，即"出险"。因此，需要建立医疗保险基金风险管理机制，做到早发现、早预防，确保不出现系统性风险。《中共中央 国务院关于深化医疗保障制度改革的意见》要求，要加强基金预算管理和风险预警。这需要针对医疗过程多环节、多要素的特点建立宏观调控总额和增长率、中观医保支付改革、微观考核定点医药绩效的综合治理机制，抑制"鼹鼠效应"，实现长效收支平衡。2020年，我国职工基本医疗保险基金支出增长率为 –0.1%。

2022年4月，国家医疗保障局印发了《医疗保障基金智能审核和监控知识库、规则库管理办法（试行）》，智能监控成为实现综合治理的重要支撑。

第六节 社会福利基金管理法律制度

社会福利基金是指用于支付普惠制福利待遇和救助待遇的专用资金。社会福利基金管理立法是调整该领域发生的社会关系的法律规范的总称。

一、赈灾救济基金管理规范

赈灾救济基金是指在发生自然灾害时赈济灾区人民和救助灾后建设的专用资金。我国《自然灾害救助条例》于2010年7月8日公布，2019年3月2日修正。自然灾害救助工作遵循以人为本、政府主导、分级管理、社会互助、灾民自救的原则，实行各级人民政府行政领导负责制。

（一）预算与筹资

县级以上人民政府应当将自然灾害救助工作纳入国民经济和社会发展规划，建立健全与自然灾害救助需求相适应的资金、物资保障机制，将人民政府安排的自然灾害救助资金和工作经费纳入财政预算。国家鼓励和引导单位和个人参与自然灾害救助捐赠。

（二）管理与使用

自然灾害救助款物专款（物）专用，无偿使用。定向捐赠的款物，应当按照捐赠人的意愿使用。政府部门接受的捐赠人无指定意向的款物,由县级以上人民政府民政部门统筹安排用于自然灾害救助;社会组织接受的捐赠人无指定意向的款物,由社会组织按照有关规定用于自然灾害救助。自然灾害救助款物应当用于受灾人员的紧急转移安置,基本生活救助,医疗救助,教育、医疗等公共服务设施和住房的恢复重建,自然灾害救助物资的采购、储存和运输,以及因灾遇难人员亲属的抚慰等项支出。

(三)监督与信息披露

受灾地区人民政府民政、财政等部门和有关社会组织应当通过报刊、广播、电视、互联网,主动向社会公开所接受的自然灾害救助款物和捐赠款物的来源、数量及其使用情况。受灾地区村民委员会(居民委员会)应当公布救助对象及其接受救助款物数额和使用情况。各级人民政府应当建立健全自然灾害救助款物和捐赠款物的监督检查制度,并及时受理投诉和举报。县级以上人民政府监察机关、审计机关应当依法对自然灾害救助款物和捐赠款物的管理使用情况进行监督检查,民政、财政等部门和有关社会组织应当予以配合。

(四)法律责任

根据《自然灾害救助条例》第二十九条至第三十一条规定,行政机关工作人员违反本条例规定,截留、挪用、私分自然灾害救助款物或者捐赠款物的,由任免机关或者监察机关依照法律法规给予处分;构成犯罪的,依法追究刑事责任。采取虚报、隐瞒、伪造等手段,骗取自然灾害救助款物或者捐赠款物的,由县级以上人民政府民政部门责令限期退回违法所得的款物;构成犯罪的,依法追究刑事责任。抢夺或者聚众哄抢自然灾害救助款物或者捐赠款物的,由县级以上人民政府民政部门责令停止违法行为;构成违反治安管理行为的,由公安机关依法给予治安管理处罚;构成犯罪的,依法追究刑事责任。以暴力、威胁方法阻碍自然灾害救助工作人员依法执行职务,构成违反治安管理行为的,由公安机关依法给予治安管理处罚;构成犯罪的,依法追究刑事责任。

二、最低生活保障基金管理规范

最低生活保障基金是指用于向低收入家庭支付保障金的专用资金。我国《城市居民最低生活保障条例》于1999年9月28日颁布,同年10月1日开始实施。本条例遵循保障城市居民基本生活的原则,坚持国家保障与社会帮扶相结合、鼓励劳动自救的方针,实行地方各级人民政府负责制。

（一）预算与筹资

城市居民最低生活保障所需资金，由地方人民政府列入财政预算，纳入社会救济专项资金支出项目，专项管理，专款专用。国家鼓励社会组织和个人为城市居民最低生活保障提供捐赠、资助；所提供的捐赠资助，全部纳入当地城市居民最低生活保障资金。

（二）管理与使用

城市居民最低生活保障标准，按照当地维持城市居民基本生活所必需的衣、食、住费用，并适当考虑水电燃煤（燃气）费用以及未成年人的义务教育费用确定。县级人民政府民政部门经审查，对符合享受城市居民最低生活保障待遇条件的家庭，应当区分不同情况批准其享受城市居民最低生活保障待遇；地方各级人民政府及其有关部门，应当对享受城市居民最低生活保障待遇的城市居民在就业、从事个体经营等方面给予必要的扶持和照顾。

（三）监督和信息披露

财政部门、审计部门依法监督城市居民最低生活保障资金的使用情况。从事城市居民最低生活保障管理审批工作的人员有《城市居民最低生活保障条例》第十三条规定行为之一的，给予批评教育，依法给予行政处分；构成犯罪的，依法追究刑事责任。享受城市居民低保待遇的城市居民有《城市居民最低生活保障条例》第十四条规定行为之一的，由县级人民政府民政部门给予批评教育或者警告，追回其冒领的城市居民最低生活保障款物；情节恶劣的，处冒领金额1倍以上3倍以下的罚款。

此外，《中华人民共和国残疾人保障法》《中华人民共和国未成年人保护法》等法律，《国务院关于在全国建立农村最低生活保障制度的通知》《农村五保供养工作条例》等法规，《民政部关于制定福利机构儿童最低养育标准的指导意见》《城市生活无着的流浪乞讨人员救助管理办法》等部门规章，均有涉及最低生活保障基金管理的规范。

三、社会救助基金管理规范

社会救助基金是指用于向困难家庭和临时困难家庭支付专项救助的专用资金。《社会救助法（征求意见稿）》将最低生活保障家庭、特困人员低收入家庭、支出型贫困家庭、受灾人员、生活无着的流浪乞讨人员、临时遇困家庭或人员、需要急救但身份不明或者无力支付费用的人员等均纳入了社会救助范畴。

（一）预算与筹资

社会救助所需资金由地方人民政府列入财政预算，专项管理，专款专用；财政困难地区遇到重大灾害时，中央财政给予适当补助；各级政府可以依法开展救灾募捐和接受国际援助。

（二）管理与使用

救助标准根据救助项目由地方政府确定和审查资格并给予救助，由民政部门和相关部门负责监督。

四、优抚安置基金管理规范

优抚安置基金是指实行优待、抚恤、安置3种社会保障制度的专用资金。优待是指按照国家规定对优抚对象从政治上、经济上给予的优厚待遇。抚恤是指国家对伤残人员和牺牲、病故人员家属所采取的物质抚慰形式，分伤残抚恤和死亡抚恤两类。安置是指对特定对象（复员退伍军人、军队离退休干部及其随军家属、无军籍退休退职职工）或生产、生活有困难者（如遭受毁灭性自然灾害的灾民、流入城市的流浪乞讨人员等）的扶持、帮助或就业安排。

2021年8月1日起施行的《中华人民共和国军人地位和权益保障法》共7章71条，对军人地位、荣誉维护、待遇保障、抚恤优待和法律责任等有明确规定，国家建立参战退役军人特别优待机制。本法的主要内容：（1）预算和筹资。军人抚恤优待所需经费由国务院和地方各级人民政府分级负担。中央和地方财政安排的军人抚恤优待经费专款专用，并接受财政、审计部门的监督。（2）使用和管理。抚恤优待基金用于死亡抚恤、军烈属一次性抚恤和定期抚恤；残疾抚恤包括集中赡养，军人、军属和残疾军人在就业、医疗、交通等方面的优待等。抚恤优待基金由民政部门管理，地方政府实施监督。

《中华人民共和国军人地位和权益保障法》第四十四条规定，国家对依法退出现役的军人，依照退役军人保障法律法规的有关规定，给予妥善安置和相应优待保障。

《中华人民共和国兵役法》第九章对退役军人的安置作出规定：（1）对退出现役的义务兵，国家采取自主就业、安排工作、供养等方式妥善安置。（2）对退出现役的军士，国家采取逐月领取退役金、自主就业、安排工作、退休、供养等方式妥善安置。(3)对退出现役的军官,国家采取退休、转业、逐月领取退役金、复员等方式妥善安置。其安置方式的适用条件,依照有关法律法规的规定执行。(4)残疾军人、患慢性病的军人退出现役后,由安置地的县级以上地方人民政府按照国务院、中央军事委员会的有关规定负责接收安置。其中,患过慢性病旧病复发需要治疗的,由当地医疗机构负责给予治疗,所需医疗和生活费用,本人经济困难的,按照国家规定给予补助。

2021年1月1日起实施的《中华人民共和国退役军人保障法》对军人退役安置进一步作出了法律规范。退役军人为国防和军队建设作出了重要贡献,是社会主义现代化建设的重要力量。尊重、关爱退役军人是全社会的共同责任。国家关心、优待退役军人,加强退役军人保障体系建设,保障退役军人依法享有相应的权益,所需经费由中央和地方财政共同负担。

深度阅读

1. 吕学静. 社会保障基金管理[M]. 5版. 北京:高等教育出版社,2020.

本书较为系统地介绍了社会保障基金管理,包括概念、特点、种类、含义等;社会保障基金管理的国际经验;我国社会保障基金的筹集、监督和投资运营;社会保障基金与金融市场;社会保障基金的财务制度等。此外,还介绍了社会福利和社会救济基金的管理与监督,并对社会保障基金与财政的关系进行了阐述。

2. 林翌. 美国企业养老金的监督与管理[M]. 北京:中国财政经济出版社,2006.

本书深入探讨了美国企业养老金计划监管体系,包括美国政府如何通过多部门合作来监管企业养老金计划,并保护参保人员的社会保障权益。

3. 郝春鹏,谭中和. 中国医疗保障基金监督管理发展报告(2021)[M]. 北京:社会科学文献出版社,2021.

本书从宏观的监管体系架构到微观的操作实践,从法治建设到技术创新,全方位地展现了我国在医保基金监管领域的进展和挑战。总报告为我们提供了一个宏观视角,分析了医保基金监管的成效经验和面临的新问题;专题报告深入研讨了监管的各个方面,包括法治建设、技术创新等,并借鉴了国际经验。

本章小结

1. 社会保障基金被称为"保命钱",意在其民生保障价值;是"高压线",意在确保其安全。

2. 社会保障体系下有各类社会保障基金，本章综述了社会保障储备基金，社会保险下的养老保险基金、医疗保险（含生育保险）基金，社会福利基金等，是针对不同类别的社会风险设立的专门基金。由于各类风险特征不同，所以各类基金需要独立运行，不能相互挪用和挤占。

3. 我国的社会保障基金理事会及其管理的基金即储备基金，其筹集资金、基金管理相对完善，但基金规模较小。在什么时间和如何支付还是一个有待讨论的问题。

4. 根据"大数法则"原理，社会保险基金统筹层级越高，互济能力越强，转移携带需求越小。

5. 企业年金基金管理参照公募基金信托模式建立。受托人是受托管理企业年金基金的符合国家规定的养老金管理公司等法人受托机构或者企业年金理事会。托管人是指接受受托人委托保管年金基金财产的商业银行，账户管理人是指接受受托人委托保管企业年金基金财产的商业银行。年金基金受托、托管和投资管理机构在具有相应年金基金管理资格的机构中选择。

6. 个人养老金实行个人账户制度，供款、资产配置、投资风险和投资收益由参加人个人承担，实行完全积累。

7. 2010年颁布的《中华人民共和国社会保险法》未对职工基本医疗保险个人账户进行规范，2021年以后，在职职工个人缴费计入个人账户，单位缴费全部计入统筹基金。个人账户主要用于支付参保人员在定点医疗机构或定点零售药店发生的政策范围内自付费用。可以用于支付参保人员本人及其配偶、父母、子女在定点医疗机构就医发生的由个人负担的医疗费用，以及在定点零售药店购买药品、医疗器械、医用耗材发生的由个人负担的费用。

8. 医疗保险支付方式发展经历3个阶段，具有不同的价值取向，影响医院发展模式、学科建设和患者体验。

9. 我国社会福利基金包括赈灾救济、最低生活保障、社会救助、优抚安置等项目。

重要概念

社会保障基金筹集　基金预算　基金支付　基金监督　收支平衡机制

> 思考题

1. 为什么各类社会保障基金需要独立运行而不能相互挪用和挤占？
2. 如何界定社会保障储备基金的规模和支出模式？
3. 基本医疗保险实行全国统筹需要怎样的法律制度为其保驾护航？
4. 如何理解企业年金信托原则和受托人治理机制？
5. 发展个人养老金计划需要怎样的养老基金管理模式？
6. 医疗保险支付方式如何影响医护组织（包括诊所、医院、医疗集团和专科联盟等）发展模式、学科建设和患者体验？

第十一章
社会保障权益保护

教学目标：掌握社会保障权益保护的法学基本理论；熟悉权益与诉权、监督体系、法律责任和争议处理的相关内容；了解本领域的发展趋势和主要挑战。

本章主要内容：
- 社会保障权益与诉权
- 社会保障监督体系
- 社会保障法律责任
- 社会保障争议处理

第一节 社会保障权益与诉权

一、社会保障权益

权益即有权获益，涉及法律规范的内容和客体。公民的法律特征之一，即在遇到社会风险时有权从国家和社会获得社会保障待遇，实现基本生活安全；公民应当依法保证自己的行为享有社会保障权益和履行相关义务。

（一）社会保障是民生基本权益

社会保障权益首先是基本生存权，伴随社会生产力的发展和人均GDP的提高，继而进化为体面生存权。

1689年英国《权利法案》主张公民生存权；1789年法国《人权和公民权利宣言》规定人人生而自由；1889年美国《人权法案》规定了人民享有生命、自由、财产、信仰、结社、言论和向政府请愿的权利；1989年《欧共体社会大宪章》中表述，劳动者权利即为改善工资待遇和工作条件与雇主签订劳动合同，参加工会、不参加工会和组织工会，为改善劳动者权益进行集体谈判，参与企业管理和分配，社会保障，以及努力工作的义务；《德国劳动法典》前言中表述，本法目标不是救济工人，而是给予和保障他们在劳动中的合法权益；1945年《联合国宪章》强调，生存权是基本人权。

1952年，国际劳工组织通过了《社会保障（最低标准）公约》（第102号），从以下几个方面规定了国家义务：（1）社会保障制度覆盖医疗补助、病假津贴、残疾津贴、失业津贴、老龄津贴、工伤津贴、生育津贴、遗属津贴和家庭津贴等；（2）社会保障制度覆盖的群体及该应保人群占总人口的比例；（3）社会保障待遇中的定期支付原则及占工资的替代率，非本国公民应具有同等待遇；（4）社会保障制度由政府监督，按照法定标准由雇主和工会实施管理；（5）建立司法制度，保证公民诉权。1982年，国际劳工组织通过了《维护社会保障权利公约》（第157号），重在维护移民工人的社会保障权利。

在1996年第87届国际劳工大会上，新任局长胡安·索马维亚首次提出"体面劳动"的新观念，包括健康保障、职业安全与职业选择、老年保障等。2011年6月16日，国际劳工组织通过了《关于家政工人体面劳动的公约》（第189号）。该公约规定，对家政工人要像其他行业的工人一样，签订正式的书面雇佣合同，保证每周有一个完整的休息日，在休息日可以离开雇主住处。在劳工福利和劳工权益方面，家政工人不能低于其他行业的权益水平。世界卫生组织在《2000年世界卫生报告》中提出让人人得到基本保健的目标；英国率先提出"让工作与生活和谐起来"。这些贡献使21世纪的人权保护进一步向就业权和社会保障权延伸，相对于20世纪的人权内容增加了新内容和新文明。

（二）我国公民的社会保障权益

中国共产党将社会保障作为政治承诺，自中华人民共和国成立，社会保障即写进宪法和党的历次决议中。《中华人民共和国宪法》第四十五条规定，中华人民共和国公民在年老、疾病或者丧失劳动力的情况下，有从国家和社会获得物质帮助的权利。国家发展为公民享受这些权利所需要的社会保险、社会救济和社会医疗卫生事业。国家和社会保障残疾军人的生活，优抚烈士家属，优待军人家属。国家和社会帮助安排盲、聋、哑和其他有残疾的公民的劳动、生活和教育。《中华人民共和国宪法修正案（2004）》规定了"国家建立健全社会保障制度"的责任。我国公民在遇到社会风险时，享有生育保险、基本医疗保险和医疗救助、劳动安全和工伤保险、就业保护和失业保险、养老保障、最低生活保障、赈灾救济等社会保障。病有所医、住有所居、老有所养、劳有所得和学有所教等民生保障目标已经进入党中央的报告和国民经济和社会发展规划,成为检验党的执政能力和政府工作水平的重要指标。

为实现上述公民权利,公民应当以自己的行为履行下列义务:

第一,《中华人民共和国宪法》第十九条规定,国家发展社会主义的教育事业,提高全国人民的科学文化水平。国家举办各种学校,普及初等义务教育,发展中等教育、职业教育和高等教育,并且发展学前教育。国家发展各种教育设施,扫除文盲,对工人、农民、国家工作人员和其他劳动者进行政治、文化、科学、技术、业务的教育,鼓励自学成才。因此,公民要努力学习、提高个人素质;积极就业、认真工作;履行公民的劳动义务和家庭供养责任。

第二,《中华人民共和国宪法》第二十一条规定,国家发展医疗卫生事业,发展现代医药和我国传统医药,鼓励和支持农村集体经济组织、国家企业事业组织和街道组织举办各种医疗卫生设施,开展群众性的卫生活动,保护人民健康。因此,公民要学习健康知识、保持健康的生活习惯和健康的心态;主动建立和管理个人和家庭的健康档案,学会管理健康和合理消费医疗服务,以健康的身心状态适应社会交往和社会工作。

第三,《中华人民共和国社会保险法》第七十七条规定,县级以上人民政府社会保险行政部门应当加强对用人单位和个人遵守社会保险法律法规情况的监督检查。社会保险行政部门实施监督检查时,被检查的用人单位和个人应当如实提供与社会保险有关的资料,不得拒绝检查或者谎报、瞒报。因此,社会保障参保人应当按时实施参保登记,包括首次登记、变更登记和异地转移登记等;如实申报个人信息,包括缴费工资、缴费年限、家庭收入等;同时,参保单位和参保个人均有向社会保险经办机构查询有关信息的权利。

《中华人民共和国社会保险法》第七十四条规定,社会保险经办机构应当及时、完整、准确地记录参加社会保险的个人缴费和用人单位为其缴费,以及享受社会保险待遇等个人权益记录,定期将个人权益记录单免费寄送本人。《社会保险业务档案管理规定(试行)》要求,社会保险业务档案由县级以上社会保险经办机构集中保存,妥善保管、有序存放,严防毁损、遗失和泄密。档案保管期限分为永久和定期两类,定期保管期限分为10年、30年、50年和100年。

管理公民社会保障权益记录是维护公民社会保障权益的基础工作。人力资源社会保障部颁布的《社会保险个人权益记录管理办法》第二条规定,本办法所称社会保险个人权益记录，是指以纸质材料和电子数据等载体记录的反映参保人员及其用人单位履行社会保险义务、享受社会保险权益状况的信息，包括下列内容：（1）参保人员及其用人单位社会保险登记信息；（2）参保人员及其用人单位缴纳社会保险费、获得相关补贴的信息；（3）参保人员享受社会保险待遇资格及领取待遇的信息；（4）参保人员缴费年限和个人账户信息；（5）其他反映社会保险个人权益的信息。

专栏 11-1　日本公共养老金管理危机及改革

　　日本公共养老金管理接连出现的危机事件对公共养老金制度的信任度和声誉产生巨大损害，也倒逼养老金管理体制从组织、业务、人事、信息共享和监督体系等方面进行改革。

　　2007 年 6 月初，日本厚生省社会保险厅曝出丑闻，社会保险厅管理的养老金中出现了 5 000 多万份只有年金缴费记录而没有缴纳人的记载，这意味着许多已经缴纳社会保险费的日本国民将无法按期领取养老金。为此引起了民众对执政的自民党的不满，最终导致统治了几十年的自民党在竞选中落败下台，付出了沉重的代价。表 11-1 为日本年金管理信息丢失事件相关信息。

表 11-1　日本年金管理信息丢失事件相关信息

年金管理危机事件	养老金管理体制改革
2007 年超 5 000 万份养老金保险记录遗漏	成立独立于政府的国民年金专门委员会，监督国民年金缴费记录活动；取消社会保险厅设立日本年金机构；制定新的《国民年金法》
2015 年厚生省年金与共济基金"并轨"业务衔接疏漏	厚生省加强对年金机构行政监督；日本年金机构组织、业务、人事变革
2015 年遭黑客攻击致信息泄露	厚生省加强信息安全建设；年金机构加强组织纪律和信息安全建立，与主管部门信息实时共享平台
2017 年外包数据公司业务错误导致 130 万人养老金少发	总部和站点一体化重构，成立现场管理部门和决策系统；加强外包审查，建立基于规范执行的个人信息保护系统

二、社会保障诉权

诉权即当事人的依法请求和索取权利，本节主要描述公民个人诉权。《中华人民共和国社会保险法》第四条规定，中华人民共和国境内的用人单位和个人依法缴纳社会保险费，有权查询缴费记录、个人权益记录，要求社会保险经办机构提供社会保险咨询等相关服务。个人依法享受社会保险待遇，有权监督本单位为其缴费情况。当事人可以依法向法院、仲裁机构和其他具有公断权力的机构提出请求，通过裁判以维护其合法权益。

诉包括3个要素，即诉的主体、诉的标的和诉的理由。一个完整的诉，必须同时具备上述3个要素。诉的主体即为诉的当事人。诉的标的是指当事人双方发生争议并要求法院作出裁判的法律关系，诉的标的物是指诉的标的所指向的事物。诉的理由是指提出诉讼请求的事实根据。由于诉的目的和要求内容不同，诉可以分为：请求裁判对方当事人履行一定义务的给付之诉；请求裁判确认自己和对方当事人某种法律关系存在或者不存在的确认之诉；请求变更或消灭自己与对方当事人的某种法律关系的变更之诉。

公民的诉权，即当公民无法实现社会保障权益时，向法院、仲裁机构和其他具有公断权力的机构提出请求，以维护合法权益的权利。通常表现为侵权之诉和违约之诉。侵权之诉可能涉及国家社会保障行政部门错误的、违宪的决策，国家社会保障经办机构的不作为。法律赋予公民权利之后还应当建立司法制度来保证公民实现权利，这是民主法治的基本要求。欧洲学者尼维斯对诉权的解释为："人们有权利获得社会保护和相应的利益，当他们这种权利和利益受到侵犯时，应当具有向国家提出保护这种权利和获得这种利益的请求权。这种请求权可能涉及对政府服务机构的选择、刑事责任的追究和其他。"因此，在一些欧洲国家皇家法院的社会法庭中有公诉人席位，其职责就是听取和判断导致公民无法享有社会保障权利的责任人是谁。《中华人民共和国社会保险法》第八十二条规定，任何组织或者个人有权对违反社会保险法律法规的行为进行举报、投诉。社会保险行政部门、卫生行政部门、社会保险经办机构、社会保险费征收机构和财政部门、审计部门对属于本部门、本机构职责范围的举报、投诉，应当依法处理；对不属于本部门、本机构职责范围的，应当书面通知并移交有权处理的部门、机构处理。有权处理的部门、机构应当及时处理，不得推诿。

诉的途径包括，向具有司法判决权力的法院起诉，即狭义诉权，也是公民基本诉权；向具有裁决权力的仲裁机构的申诉，即广义诉权，这是公民基本诉权的补充形式；向其他具有公断权力的机构，如政府行政监察、复议、调解部门和行业组织等提出申诉，这也是公民基本诉权的补充形式。

从保障公民诉权的基本原则出发，保护公民基本诉权的司法途径，即法院的大门应当向公民开放，并设立专门法庭和具有专业资质的法官；依法设置的基本诉权的补充形式应当坚持自愿原则和置于补充地位，不能因此而阻碍公民行使基本诉权。

第二节 社会保障监督体系

社会保障监督是维护公民社会保障权益的重要措施，包括立法监督、行政监督、业务监督、司法监督和社会监督等。

一、立法监督

《中华人民共和国宪法》第七十一条规定，全国人民代表大会和全国人民代表大会常务委员会认为必要的时候，可以组织关于特定问题的调查委员会，并且根据调查委员会的报告，作出相应的决议。调查委员会进行调查的时候，一切有关的国家机关、社会团体和公民都有义务向它提供必要的材料。

第七十三条规定，全国人民代表大会代表在全国人民代表大会开会期间，全国人民代表大会常务委员会组成人员在常务委员会开会期间，有权依照法律规定的程序提出对国务院或者国务院各部、各委员会的质询案。受质询的机关必须负责答复。社会保障通常是全国人民最关心的问题，经常成为质询案的主流声音。

二、行政监督

行政监督也称行政执法，包括行政检查、行政许可、行政调处、行政复议、行政奖励、行政处罚、行政处分、行政强制执行等。

行政检查是指社会保障行政部门，包括人力资源社会保障部、国家医疗保障局，根据《中华人民共和国社会保险法》有关规定，对行政执法相对人的社会保障法律法规、政策和合同执行情况进行检查的具体行政行为，包括社会保险行政部门内部纪律监察和社会保险行政部门以外的业务稽核。社会保障相对人包括缴费主体、受益人群以及征收机构、经办机构、基金管理机构、相关服务机构及其工作人员。《中华人民共和国社会保险法》第七十九条规定，社会保险行政部门对社会保险基金的收支、管理和投资运营情况进行监督检查，发现存在问题的，应当提出整改建议，依法作出处理决定或者向有关行政部门提出处理建议。社会保险基金检查结果应当定期向社会公布。第八十七条规定，社会保险经办机构以及医疗机构、药品经营单位等社会保险服务机构以欺诈、伪造证明材料或者其他手段骗取社会保险基金支出的，由社会保险行政部门责令退回骗取的社会保险金，处骗取金额 2 倍以上 5 倍以下的罚款；属于社会保险服务机构的，解除服务协议；直接负责的主管人员和其他直接责任人员有执业资格的，依法吊销其执业资格。

行政许可是指社会保障行政部门，对行政执法相对人开办特定经营申请的审查和决定的具体行政行为，包括许可和不许可。行政许可包括资格认定和行为许可，如医疗保险定点医疗机构和药店的申请和许可。行政许可程序包括申请与受理、审查与决定、变更与延续。

行政调处是指公民和法人或者其他组织认为社会保险经办机构不履行法定职责或者协议的，向行政部门提出调处申请，行政部门受理申请并提出调处意见。《医疗保障基金使用监督管理条例》第十三条规定，医疗保障经办机构违反服务协议的，定点医药机构有权要求纠正或者提请医疗保障行政部门协调处理、督促整改，也可以依法申请行政复议或者提起行政诉讼。

行政复议是指公民、法人或者其他组织认为社会保障行政部门具体行政行为侵犯其合法权益，向行政复议机关提出行政复议申请，行政复议机关受理行政复议申请、作出行政复议决定的具体行政行为。行政复议的参加人包括申请人、被申请人、第三人，其他参与人包括代理人、证人、鉴定人、翻译等。行政复议的主要特点包括：发生在行政机关内部；上级复议下级的行政决定；严格依法定程序进行。根据合法、公正、公开、及时、便民的原则，行政复议的法定程序为：受理复议申请，调查取证，审查具体行政行为的合法性，拟订复议决定，处理和转送审查申请，提出处理意见，办理应诉事宜等。

行政奖励是指社会保障行政部门对作出突出贡献的组织和个人给予物质奖励和精神奖励的具体行政行为。例如，对作出贡献的社会保险经办机构和人员的奖励。行政奖励的程序包括奖励提出、审查批准、公布评议、授予奖励等。

行政处罚是指社会保障行政部门，对违反法律法规且不构成犯罪的公民、法人和其他组织实施制裁的具体行政行为。行政处罚的法律要素和基本原则包括处罚法定、合理处罚、一事不再罚与重罚吸收轻罚、行政处罚的设定权与执行权相分离、行政处罚不得和解等。行政处罚的种类包括警告、处罚、没收违法所得、责令停产停业、暂扣和吊销许可证（执照）、行政拘留、其他处罚等。行政处罚程序有两种，分别为简易程序、一般程序（调查、裁决）。

行政处分包括社会保障行政部门对其工作人员违法违规行为的内部处分，以及社会保障行政部门依法对违法相对人的处分。行政处分的种类包括警告、记过和记大过、降级、撤职、开除。行政处分的程序依次为事由调查、作出处分决定、处分公布。

行政强制执行是指在公民、法人和其他组织不履行《中华人民共和国劳动法》义务的情况下,劳动行政执法主体依法采取必要的行政措施迫使其履行特定义务的具体行政行为。行政强制执行的基本原则包括强制与教育相结合、依法强制、执行适当。行政强制执行措施包括代执行(允许第三人代履行法定义务,劳动义务除外)和执行罚则(通知银行扣缴税款、滞纳金、罚款等)。行政强制执行包括人民法院执行和行政执法机构执行,具体程序依次为执行案的受理和审查、通知相对人限期执行、实行强制执行措施。

三、业务监督

《中华人民共和国社会保险法》第七十八条规定,财政部门、审计部门按照各自职责,对社会保险基金的收支、管理和投资运营情况实施监督。此外还有会计师事务所和律师事务所的介入。

其中,财政部门对社会保险基金的收支、管理和投资运营情况实施监督属于委任性规范,是财政部门的法定职责。其主要内容为:(1)对其财务、会计制度的执行情况进行监督检查。例如,执行收支两条线管理的情况,执行《社会保险基金财务制度》和《社会保险基金会计制度》的情况。(2)对其预算和决算进行审核。(3)负责社会保障基金财政专户的核算工作。(4)对其征收、支付、上解、下拨、调剂情况进行监督。(5)对其用款计划进行审核。(6)对其结余额的安排进行审核,如社会保险基金购买国债、存放国有商业银行及进行其他投资的情况。

审计部门对社会保险基金的收支、管理和投资运营情况实施监督,也属于委任性规范,是审计部门的法定职责。其主要内容包括:(1)对社会保险基金预算的执行情况和决算进行审计,如社会保险基金年度预算和用款计划的执行情况,预算调整的真实性、合法性以及决算的真实性、合法性。(2)对社会保险基金的收入、支出和储存的真实性、合法性、效益性进行审计。(3)对社会保险基金的运营及其保值、增值情况进行审计。例如,按规定购买国债和存放国有商业银行的情况,社会保险基金保值、增值的真实性、合法性和效益性。(4)对社会保险基金收入户、财政专户、支出户的管理情况进行审计。(5)对社会保险经办机构执行国家财经纪律和财务制度的情况进行监督。例如,执行社会保险基金收支两条线管理的情况,执行《社会保险基金财务制度》和《社会保险基金会计制度》的情况,有无截留、挤占、挪用社会保险基金的情况,执行国家其他财经纪律和财务制度的情况。

根据《医疗保障基金使用监督管理条例》第十一条规定，医疗保障经办机构应当与定点医药机构建立集体谈判协商机制，合理确定定点医药机构的医疗保障基金预算金额和拨付时限，并根据保障公众健康需求和管理服务的需要，与定点医药机构协商签订服务协议，规范医药服务行为，明确违反服务协议的行为及其责任。医疗保障经办机构应当及时向社会公布签订服务协议的定点医药机构名单。医疗保障行政部门应当加强对服务协议订立、履行等情况的监督。

四、司法监督

《中华人民共和国社会保险法》第八十三条规定，用人单位或者个人认为社会保险费征收机构的行为侵害自己合法权益的，可以依法申请行政复议或者提起行政诉讼。用人单位或者个人对社会保险经办机构不依法办理社会保险登记、核定社会保险费、支付社会保险待遇、办理社会保险转移接续手续或者侵害其他社会保险权益的行为，可以依法申请行政复议或者提起行政诉讼。个人与所在用人单位发生社会保险争议的，可以依法申请调解、仲裁，提起诉讼。用人单位侵害个人社会保险权益的，个人也可以要求社会保险行政部门或者社会保险费征收机构依法处理。

可诉性，即可司法（裁决）性，即指能够从法律上加以考虑，并运用法律原则与技术予以决定的属性；不可诉性，即指不能由司法机关运用法律原则与技术进行考虑并决定的属性。不具备可诉性的权利不能进入司法过程获得司法救济，在很大程度上无法被作为具有法律强制力的权利。因此可诉性是法律权利必不可少的属性。

《中华人民共和国宪法》等国家基本法律对公民社会保险权利的确认，并不意味着国家对公民的保障是充分和有效的。因此，公民常常需要求助法庭和法官代表国家维护其社会保障权益。

为此，人民法院应当建立社会法庭，在社会法庭内分设劳动关系法庭（一庭）和社会保险法庭（二庭），有效处理社会保险案件。这是因为：第一，这是执行《中华人民共和国社会保险法》的重要环节和保障措施；第二，避免公民为基本保障维权还要经历漫长的复议、申诉和起诉过程；第三，强化国家对社会保险法的行政执行机构的监督。

五、社会监督

《中华人民共和国社会保险法》第八十二条规定，任何组织或者个人有权对违反社会保险法律法规的行为进行举报、投诉。社会监督包括参保人监督、建立群众性的监督委员会、工会介入、媒体介入、网民介入和居民举报等多种途径。

《中华人民共和国社会保险法》第八十条规范了统筹地区社会保险监督委员会的组织和职责：第一，统筹地区人民政府成立由用人单位代表、参保人员代表，以及工会代表、专家等组成的社会保险监督委员会，掌握、分析社会保险基金的收支、管理和投资运营情况，对社会保险工作提出咨询意见和建议，实施社会监督。第二，社会保险经办机构应当定期向社会保险监督委员会汇报社会保险基金的收支、管理和投资运营情况。社会保险监督委员会可以聘请会计师事务所对社会保险基金的收支、管理和投资运营情况进行年度审计和专项审计。审计结果应当向社会公开。第三，社会保险监督委员会发现社会保险基金收支、管理和投资运营中存在问题的，有权提出改正建议；对社会保险经办机构及其工作人员的违法行为，有权向有关部门提出依法处理建议。

《中华人民共和国社会保险法》第九条规定，工会依法维护职工的合法权益，有权参与社会保险重大事项的研究，参加社会保险监督委员会，对与职工社会保险权益有关的事项进行监督。工会参与社会保险重大事项研究，是依法建立社会保险三方协商机制的重要基础。这样规定的目的：第一，依法明确工会参与的社会保险研究事项，包括社会保险缴费基数和费率的合理厘定、税收减免延的优惠政策、社会保险基金管理、用人单位和职工缴费情况、职工个人账户财产保护、职工社会保险权益记录安全保护、社会保险服务体系建设、争议处理以及社会保险立法方案等。第二，维护工会参与社会保险研究的权利，即代表职工利益提出独立的建议和意见，享有重大社会保险事项的对话权、协商权和质询权；依法参与职工社会保障诉讼过程。第三，工会应当具有参与社会保险研究和代表职工利益提出独立意见的表达能力。为此，工会应当拥有代表职工利益研究社会保险问题的专家和工作团队。例如，在《中华人民共和国劳动合同法（草案）》征求意见过程中，各级工会发动职工群众提出意见和建议，在全国人民代表大会常务委员会征集到的19万条意见和建议中，职工意见占到65%。

2021年实施的《医疗保障基金使用监督管理条例》第四条规定，医疗保障基金使用监督管理实行政府监管、社会监督、行业自律和个人守信相结合。后面三项均属于社会监督范畴。

第三节 社会保障法律责任

一、法律责任及其适用

法律责任，是指行为人违反了法律法规关于命令性（"应当""必须"）规范和禁止性（"不得"）规范，应当由行为人承担的不利后果和制裁性规范，社会保障行为人包括社会保障行政机构、经办机构、征缴机构、定点服务机构和责任人、用人单位、职工和居民。法律责任包括行政责任、民事责任、经济责任、社会责任和刑事责任。在民法、经济法和社会法范畴，实施惩罚之前均有矫正过程。《中华人民共和国社会保险法》第四条规定，中华人民共和国境内的用人单位和个人依法缴纳社会保险费。这项规定就是属于命令性的参保缴费的责任。

社会保障法律责任的主要特征包括：（1）法律责任承担，是由行为人违反了法律的强制性或禁止性规定而造成的；（2）法律责任属于惩罚性规范，是一种不利的法律后果，如罚款、缴纳滞纳金、延长等待期等；（3）法律责任属于强制性规范，即不由当事人选择愿意或者不愿意承担，而是由执行机构强制性施加于违法行为人；（4）社会保障法属于亦公亦私的社会法，涉及公众利益时，在实施惩罚之前可有矫正过程。

> **案例11-1 某市普查养老金领取者的资格**
>
> 某市利用更新养老金管理服务信息系统之机，进行养老金领取者资格审查。第一步，向全市居民发出通知，在100天内向社会保险经办机构申报个人生存状况，市内人员到现场报告；居住市外和海外的人员可以通过网上视频进行申报。第二步，限期结束后公布未申报人员名单，再限期申报。第三步，暂时停发未申报人员的养老金，核实情况后补发因可谅解原因而未申报人员的养老金。第四步，对冒领养老金人员限期自动退回，对限期内不退回冒领养老金的人员追究法律责任。结果该市共筛查出2 000多名受益人死亡而其亲属冒领养老金的事件，追回养老金几百万元，避免了社会保险基金继续遭受损失，维护了全体参保人的利益。

法律适用应遵循3个原则：（1）新法优于旧法，就同一事项先施行的法律与后施行的法律作出不同规定时，应适用后施行的法律；（2）法不溯及既往，即法律自生效之日起开始适用，在此之前已经依照当时的法律法规作出处理的，当时的处理决定仍然有效，相关人不得因新法与旧法的规定不一致而推翻之前的决定；(3) 上位法优于下位法，即法律的效力优先于国务院行政法规，国务院行政法规的效力优于部门规章和地方性法规、地方政府规章。根据《中华人民共和国立法法》规定，与上位法冲突的下位法条款无效。

二、社会保障法律责任的罚则

(一) 用人单位不办理社会保险登记的罚则

《中华人民共和国社会保险法》第八十四条规定，用人单位不办理社会保险登记的，由社会保险行政部门责令限期改正；逾期不改正的，对用人单位处应缴社会保险费数额1倍以上3倍以下的罚款，对其直接负责的主管人员和其他直接责任人员处500元以上3 000元以下的罚款。本法条规定的执行机构为社会保险行政部门，即人力资源社会保障行政部门，该部门内设立社会保险稽查机关，负责监督用人单位参加各项社会保险和缴纳社会保险费的情况，进行定期、现场的检查，或者根据举报进行检查，社会保险稽查机关具有对违法行为责令限期改正的通知权；对于限期不改的，人力资源社会保障行政部门具有作出惩罚的决定权。

相关法律法规：

《社会保险费征缴暂行条例》第七条　缴费单位必须向当地社会保险经办机构办理社会保险登记，参加社会保险。

登记事项包括：单位名称、住所、经营地点、单位类型、法定代表人或者负责人、开户银行账号以及国务院劳动保障行政部门规定的其他事项。

第九条　缴费单位的社会保险登记事项发生变更或者缴费单位依法终止的，应当自变更或者终止之日起30日内，到社会保险经办机构办理变更或者注销社会保险登记手续。

案例11-2　劳动保障信用等级促进雇主履行缴费义务

某市社会保险稽查大队在进行日常检查时发现，某公司无法提供部分用工的社会保险登记证，便当场下达了社会保险监察询问通知书，要求该公司法定代表人或其委托人，在规定期限内携带有关材料，至该社会保险稽查大队接受调查，但该公司对此置之不理。经查实，由于法定代表人的原因，造成该单位从注册成立之日起，直至接受检查时始终未按规定办理社会保险登记手续，并且不理会社会保险稽查大

> 队的社会保险监察询问通知书。该市人力资源社会保障局下达了社会保险稽查行政处罚告知书和社会保险监察行政处罚决定书，对该公司法定代表人处以1 000元罚款，并对公司下达社会保险监察指令书，要求该公司限期改正。该市实行社会保险信誉检查制度，社会保险稽查的惩罚通知对于公司上市和评选先进具有一票否决权。该公司总经理因此被取消评先进的资格。此后他积极配合并办理了社会保险登记，履行了社会保险缴费义务。

在法国，社会保险费征收联盟被授予执法权，对欠费人的资产享有处置特权，可启动强制征收程序，如对于拖延缴费的雇主提高缴费金额、加收滞纳金等。社会保险费征收联盟根据雇主申报的工资数额，计算出应收额度并予以征集、入库（及时将缴费汇票存入银行）后，可采取以下两项措施：(1) 实施监督，复核监督雇主的申报，防止申报不实和拖欠费用的情况发生；全国11.5万名社会保险费征收联盟成员中有1 500多名监察员，负责对150万家企业实施监督，每5年进行一次普查。(2) 严格处罚，对拖欠费用半个月以上者，法律授权社会保险费征收联盟主任可签发具有司法效力的警告通知；若警告不起作用，可以采取强制措施，如查封账户和资产、提高缴费比例、通过法庭强迫企业停止一切活动、没收或变卖企业财产等。其实，社会保险费征收联盟更多的是采取软处理，主动与企业协商并提出延期支付、延期罚款的建议，主动到企业走访和宣传社会保险法律，促使企业自觉地依法缴纳社会保险费，建立了比较融洽的合作关系（称为"友好征收"），使得全国社会保险基金征缴率约达98.5%，未能如数征收的基本上是即将倒闭的企业。

（二）用人单位不出具劳动关系证明的罚则

《中华人民共和国社会保险法》第八十五条规定，用人单位拒不出具终止或者解除劳动关系证明的，依照《中华人民共和国劳动合同法》的规定处理。劳动关系终止是指劳动合同期限届满和合同当事人不存在的情况下，劳动合同关系正常终止。劳动关系解除是指由于出现订立劳动合同时的意外情形，导致劳动合同提前终止，劳动合同关系非正常消灭。用人单位不出具终止和解除劳动关系的证明，将危及劳动关系双方，如劳动者无法转移接续社会保险关系、用人单位没有停止缴纳社会保险费的正当理由等。《中华人民共和国劳动合同法》第八十九条规定，用人单位违反本法规定未向劳动者出具解除或者终止劳动合同的书面证明，由劳动行政部门责令改正；给劳动者造成损害的，应当承担赔偿责任。

（三）用人单位未按时足额缴纳社会保险费的罚则

《中华人民共和国社会保险法》第八十六条规定，用人单位未按时足额缴纳社会保险费的由社会保险费征收机构责令限期缴纳或者补足，并自欠缴之日起，按日加收万分之五的滞纳金；逾期仍不缴纳的，由有关行政部门处欠缴数额1倍以上3倍以下的罚款。

何谓按时缴费由地方政府规定，如北京市申报时间统一定为每年2月18日至3月28日，届时将统一缴费工资信息录入基数采集系统。①《社会保险费征缴暂行条例》第二十六条规定，缴费单位逾期拒不缴纳社会保险费、滞纳金的，由劳动保障行政部门或者税务机关申请人民法院依法强制征缴。

案例 11-3　职工有权监督公司履行参保缴费义务

自2001年起，秦某所在公司便未为其缴纳社会保险费，协商未果后，秦某于2004年向当地社会保险稽查大队提出举报。社会保险稽查大队核查时发现，该公司欠缴多人的社会保险费，对秦某给予1 000元奖励。社会保险稽查大队向该公司发出了社会保险稽查行政处罚告知书，要求其在14天内补缴全部欠费，并依法征收万分之五滞纳金，该公司未补缴。该市人力资源社会保障局发出社会保险监察行政处罚决定书，对该公司处以相当于欠费两倍的罚款，该公司逾期仍未补缴社会保险费和罚款。根据《中华人民共和国行政处罚法》及《中华人民共和国社会保险法》第六十三条的规定，该市人力资源社会保障局向当地人民法院申请强制执行，人民法院依法冻结该公司账户资产，优先划拨补缴社会保险费，然后划拨相应罚款。执法后该公司进入了破产清算程序。

本案从另一个角度说明，企业欠费损害职工利益，企业倒闭也损害职工利益。

（四）经办机构及其工作人员违法的罚则

《中华人民共和国社会保险法》第八十七条规定，社会保险经办机构以及医疗机构、药品经营单位等社会保险服务机构以欺诈、伪造证明材料或者其他手段骗取社会保险基金支出的，由社会保险行政部门责令退回骗取的社会保险金，处骗取金额2倍以上5倍以下的罚款；属于社会保险服务机构的，解除服务协议；直接负责的主管人员和其他直接责任人员有执业资格的，依法吊销其执业资格。

---

① 北京市人力资源和社会保障局. 北京社会保险缴费工资首次统一申报时间［EB/OL］. http://rsj.beijing.gov.cn.

"欺诈、伪造证明材料或者其他手段骗取社会保险基金支出"是监守自盗的骗保行为，是直接侵吞社会保险基金的违法行为。例如，社会保险经办机构和定点医院的医疗保险办公室之间联手制造假病例等材料，骗取医疗保险基金的情形。再如，新型农村合作医疗机构盗用农村居民名单骗取中央政府和地方政府的医疗保险补助资金，有的甚至填写了死亡者的名字。本法条规定的直接责任人可能触犯刑法，受到相应的刑事处罚。

> **案例11-4　套取中央转移支付的农民养老补贴款遭处罚**
>
> 　　某县人力资源社会保障局委托当地农村信用合作社负责经办农村养老保险事宜。中央财政对中西部地区按中央确定的基础养老金标准给予全额补助，对东部地区给予50%的补助，地方政府补贴标准不低于每人每年30元。[①]该县农村信用合作社伪造了农村参保人员登记名单，提高了新农村社会养老保险参保率，骗取中央政府和地方政府的养老补贴款，将多出实际参保人数的部分用于提高工作人员福利和其他用途。县审计局在审计过程中发现了此问题，县人力资源社会保障局与当地农村信用合作社解除服务协议，追回了被骗取的新农村社会养老保险基金，并处以罚款。
>
> 　　本案说明，选择社会保障公共服务外包商时应当审慎选择合作伙伴，并提高操作级别，由省级有关部门统筹安排。

（五）参保人骗保行为的罚则

《中华人民共和国社会保险法》第八十八条规定，以欺诈、伪造证明材料或者其他手段骗取社会保险待遇的，由社会保险行政部门责令退回骗取的社会保险金，处骗取金额2倍以上5倍以下的罚款。

> **案例11-5　造假人事材料办理提前退休**
>
> 　　某市建筑公司由于经营不善而效益不好，为减轻公司负担，其人事部门与职工合谋，更改职工档案，为普通岗位职工伪造特殊工种材料以便办理提前退休。市社会保险经办机构在年度养老金受益人资格审查时发现了证明材料存在伪造痕迹，经调查发现该公司先后为10名不符合条件的职工办理了提前退休。该市人力资源社会保障局作出处罚决定，要求这些职工退还已经领取的养老金，并对该公司处罚相当于职工已经领取的养老金总额2倍的罚款。

[①]《国务院关于开展新型农村社会养老保险试点的指导意见》（国发〔2009〕32号）[EB/OL]．(2009-09-04)．https://www.gov.cn/zwgk/2009-09/04/content_1409216.htm．

> 国家亟待完善社会保障个人账户和权益记录，在此基础上建立居民档案，加强居民征信管理。

根据《医疗保障基金使用监督条例》的规定，2022年全国共检查定点医药机构76.7万家，处理违法违规机构39.8万家，其中，解除医疗保险服务协议3 189家，行政处罚12 029家，移交司法机关657家；处理参保人员39 253人，其中，暂停医保卡结算5 489人，移交司法机关2 025人。2022年，共追回医疗保障基金188.4亿元。组织开展飞行检查24组次，实际检查23个省份的定点医疗机构48家、医疗保障经办机构23家，查出涉嫌违法违规资金9.8亿元。[①]

为防范和控制社会保险欺诈行为，各国都在采取措施。澳大利亚中央联络中心采用"数据匹配"技术，通过税务机关、投资和证券委员会之间的协作，查询公司注册股东（包括所有董事及其前20名的股东）的相关记录，根据其收入、资产申报、交叉持股登记的情况进行检查，如果这些数据之间不匹配，则根据其税务申报情况做进一步的交叉检查。[②]可见，有效的社会保险监督，需要建立多主体、网络化、多层次、有效控制、及时反应的社会保险监督制度，开发能够有效降低和避免风险的操作管理系统。美国1986年的《联邦虚假陈述法》中规定，通过虚假记载或陈述、有意欺骗和隐瞒事实、串谋诈骗等欺诈手段获得雇员福利的，处以5 000~10 000美元罚款，赔偿金是欺诈金额的3倍。英国分别于2001年颁布了《社会保障欺诈法》和1998年颁布了《公共利益披露法》等。其中，《社会保障欺诈法》第四章第二条规定，如果受益人享受社会保障福利、津贴的资格发生变更，而他明知这种变更会影响其获得的福利待遇或补贴的资格，仍然未及时以法定方式向法定机构报告时，则被认定为存在欺诈行为。2010年5月，英国相关统计显示，欺诈和低效操作造成社会保障基金损失约达31亿英镑，占2009—2010年福利支出的2.1%。这个问题源自3个原因，即支付错误、用户差错和故意欺诈，包括海外客户欺诈和内地客户欺诈。英国社会保障机构建立了社会福利欺诈调查中心，由独立的专家小组对就业与养老金部的各项业务进行评估，专家包括会计师、社会保障专家等，每年产生5~7份报告，包括客户关系、欺诈福利资金的收回情况、工作失误

---

① 国家医疗保障局. 2022年医疗保障事业发展统计快报［R/OL］.（2023-03-09）. https://www.nhsa.gov.cn/art/2023/319/art_7_10250.html.

② 胡继晔. 社会保险反欺诈立法初探［R/OL］.（2019-06-10）. http://www.eucss.org.cn/fileadmin/research_papers/policy/found_manag/Anti_fraud_law_in_China_Final_cn.pdf.

和错误总结等内容。

（六）社会保险经办机构工作人员违法的罚则

《中华人民共和国社会保险法》第八十九条规定，社会保险经办机构及其工作人员有下列行为之一的，由社会保险行政部门责令改正；给社会保险基金、用人单位或者个人造成损失的，依法承担赔偿责任；对直接负责的主管人员和其他直接责任人员依法给予处分：（1）未履行社会保险法定职责的；（2）未将社会保险基金存入财政专户的；（3）克扣或者拒不按时支付社会保险待遇的；（4）丢失或者篡改缴费记录、享受社会保险待遇记录等社会保险数据、个人权益记录的；（5）有违反社会保险法律法规的其他行为的。《社会保险费征缴暂行条例》第二十七条规定，劳动保障行政部门、社会保险经办机构或者税务机关的工作人员滥用职权、徇私舞弊、玩忽职守，致使社会保险费流失的，由劳动保障行政部门或者税务机关追回流失的社会保险费；构成犯罪的，依法追究刑事责任。本规定涉及4个执行部门：一是对于社会保险经办机构及其工作人员的违法行为，社会保险行政部门有权加以制止；二是对社会保险经办机构内部工作人员的处理，则应视社会保险经办机构的性质而定，依据不同的部门法或者规章制度加以处理；三是损害赔偿适用民法的相关规定，受损失的单位和个人，可依法向人民法院提起民事诉讼；四是对于触犯刑法的，由司法机关处理。

> **案例 11-6　内外勾结骗取社会保险金**
>
> 　　某市社会保险经办机构发现某公司在短期内频繁办理多件参保职工退休、视同缴费和领取养老保险业务，便对该机构进行立案追查。经查发现，该公司是个专门吃社会保险费的皮包公司。该公司贿赂了市社会保险信息中心掌握密钥的核心技术人员，为榨取社会保险基金恶意捏造和篡改信息，致使在社会保险经办前台很难发现问题，时至案发已榨取了上百万元社会保险基金，主要责任人受到刑事处罚。
>
> 　　本案属于内外勾结欺诈案。在完善了社会保险信息系统后，社会保险操作相对安全，欺诈犯罪的成本也相对增加。本案的犯罪必要条件是行贿社会保险信息中心掌握密钥的核心技术人员。此案例告诫人们，这个岗位属于社会保险经办机构的核心技术和高度保密的部分，需要严格政审受聘人员的社会背景，加强密钥管理，签订保密协议和告知惩罚措施等。
>
> **案例 11-7　信息工作人员违规造成不可弥补的损失**
>
> 　　小张在某县人力资源社会保障局工作，负责社会保险信息归集与管理的信息系

> 统维护。某天上班时间，小张使用存储有大量社会保险个人数据的办公室电脑登录国外网站，由于对国外网站的情况不了解，该网页不小心被嵌入的木马病毒感染，导致计算机系统崩溃。为了恢复计算机系统，小张不得不对电脑进行技术处理，处理过程中造成大量社会保险数据丢失，包括用人单位和个人缴费信息、权益记录、待遇领取信息等。小张知道事态的严重性，立即向局领导汇报。局领导决定调用备份的书面文件进行数据补录，没有书面文件的则需要到每个用人单位和个人处进行重新登记、录入。为此，小张被辞退。
>
> 本案的责任者是小张，他违反了单位工作规则，在工作时间内使用办公电脑为个人服务，造成了严重后果，应当由其承担全部责任。

（七）侵蚀社会保障基金的罚则

《中华人民共和国社会保险法》第九十一条规定，违反本法规定，隐匿、转移、侵占、挪用社会保险基金或者违规投资运营的，由社会保险行政部门、财政部门、审计机关责令追回；有违法所得的，没收违法所得；对直接负责的主管人员和其他直接责任人员依法给予处分。

隐匿、转移、侵占、挪用、违规投资运营等行为的存在，说明社会保障（含社会保险）基金管理过程中存在内部风险和道德风险。首先，需要建立完善的内控制度，由社会保障基金管理部门和使用机构在内部进行自我监控，防止内部风险；其次，需要建立完善的管理操作系统，建立风险隔离墙，使社会保障基金免于操作风险；再次，需要建立受托人责任机制，明确社会保险经办机构和定点服务机构公益受托人的角色定位，强化受托人责任，以信托制度和文化来管理社会保障基金；最后，要坚持审慎人的监督原则，要求社会保障基金管理部门和使用机构符合审慎人标准和行为方式。

> **案例 11-8 人力资源社会保障局局长挪用社会保险基金被撤职**
>
> 某地级市人力资源社会保障局新建办公大楼。建筑施工开始几个月后，由于金融危机冲击和市场波动，建筑材料价格大幅上涨，预算资金出现缺口。该局领导班子决定从该市养老保险统筹基金中借款，本息均待下一年度行政经费拨款到位后归还。该市审计局在年度审计中发现了该局的挪用事实，并向省人力资源社会保障厅反映了情况。省厅查实后报有关机构批准，对该局长给予撤职处分。
>
> 本案属于结果导向，应当加强社会保障基金的安全托管，基金与社会保险经办

机构人权分离，即钱在银行走，即可保证社会保障基金安全，也可保证工作人员的安全。

（八）泄露参保人基本信息的罚则

《中华人民共和国社会保险法》第九十二条规定，社会保险行政部门和其他有关行政部门、社会保险经办机构、社会保险费征收机构及其工作人员泄露用人单位和个人信息的，对直接负责的主管人员和其他直接责任人员依法给予处分；给用人单位或者个人造成损失的，应当承担赔偿责任。参保人信息安全涉及个人利益，也涉及居民对政府社会保险经办机构的信任，要依法严禁泄露。

案例 11-9　社会保险查询系统泄露了个人信息

2008 年 2 月 24 日，中央广播电视总台全球资讯榜报道，××市社会保险信息公开查询系统存在泄露个人信息的隐患，只要查询者输入身份证号码，不用任何密码或者验证信息，就能对参保人的个人相关信息进行查询，姓名、工作单位、联系方式、工资状况等个人信息均会显示。记者调查中发现，一个查询者在一台自动查询机前输入不同的身份证号，反复查询了多个人的社会保险账户信息。这一事件曝出后，社会保险信息系统得以改进，改进后的社会保险信息自动查询系统设置了密码验证。

社会保险信息自动查询系统存在漏洞，所幸尚未有用人单位或个人报告遭受损害，否则该市社会保险基金管理中心将依法承担责任。

案例 11-10　医院管理不慎泄露个人信息

半年前范老先生曾在某医院做前列腺手术，主治医师姓陈。某日假冒陈医师的人来到范老先生家中，一阵寒暄掩盖了"生面孔"。在做过简单检查之后，"陈医师"说范老先生术后情况不太好，需要继续药物治疗，推荐了几种价格不菲的"特效药"。范老先生听到检查结果后有些紧张，便买下几种药按时服用。范老先生的子女了解此情形后，与真正的陈医师联系后发现此次家访是骗局，那些药品均为营养药。范老先生子女认为是医院泄露了范某病历和家庭信息导致了此骗局的发生，便起诉该医院泄露患者信息。经调查：该医院病历室有工作人员家属为营养药品销售人员，因此该工作人员故意盗取和泄露患者信息，以满足其家属非法牟利需求，严重侵犯了患者的信息安全和健康安全。该医院对直接责任者作出除名决定，并赔偿了范老先生的不当药费。

> 本案反映的问题应当引起注意：第一，医院应当加强病历室保密管理制度建设，并进行亲属职业备案；第二，发挥行业协会和消费者协会的作用，建立评价企业信誉的自律制度、社会档案和黑名单制度，淘汰缺乏社会公德和社会责任的企业，打造信息安全环境；第三，加强反营销欺诈的居民宣传教育，对具有行销欺诈劣迹的企业和个人进行记录。

美国社会保障总署考虑到，办理社会保障业务的人将会提供大量有关个人情况的隐私信息，如申请残障保险时需要提供医疗记录、申请退休金时需要提供工资和纳税信息等，因此有关法律规定，参保人信息管理不能外包。在美国，社会保障总署被称为"国家第二安全部"，因为社会保障号码是判断一个人是否参保的关键依据，因此个人社会保障信息必须受到极大保护。

在社会保障公共服务外包中，必须区分基本信息和指令信息，政府的社会保障行政部门和社会保险经办机构要管理好基本信息，对银行和基金公司等合作伙伴依法制定和发出指令信息，并与合作伙伴签订保密合同。

第四节 社会保障争议处理

一、社会保障争议及其种类

社会保障争议是指社会保障当事人之间的争议，包括参保企业和参保职工之间因参保登记和社会保险缴费发生的争议，如"五险一金"缴费争议等；社会保险参保人和受益人与经办机构之间因数据真实性、待遇准确性和及时性、相关服务质量等问题发生的争议；医疗保险定点服务机构与医疗保险经办机构之间的争议等。上述争议均属于权利争议。从广义讲，社会保障争议还包括人们为争取新的社会保障权益的利益争议。例如，人们与立法者和政府之间因立法和政策改革而产生分歧引发的争议，乃至发生罢工和抗议事件。2006年以来，英国公共部门职工（含公务员）因提高领取全额养老金的年龄而发生了两次大规模的罢工。

在德国、奥地利、丹麦和瑞典等国家，将劳动者争议划分为"权利争议"和"利益争议"，英国和爱尔兰等欧洲国家也接受这样的原则。权利争议又称法律争议、司法争议，涉及保障权利，通常是用人单位和经办机构有违反法律或者不执行法律的因素，导致职工或居民的保障权利受到侵犯而引起的争议。利益争议又称经济纠纷、谈判纠纷，是人们要求制定新法律或基准，以改善工作和生活条件引起的争议。

国际劳工组织《社会保障最低标准公约》（第102号）第七十条对于保护公民的社会保障权利提出两项原则：一是公民对拒绝支付劳动报酬和福利应享有申诉权，对质量和数量有申诉权，含对拒绝给予医疗或医疗质量问题的申诉权；二是已由社会保障特别法庭解决的诉求并有受保护人出席的，不再享有上诉权。

二、社会保障争议处理的制度安排

社会保障领域的争议多为权利争议，其处理方式多为司法程序、行政复议和具有行政色彩的仲裁，较少适用调解原则和程序。

20世纪，很多西方国家根据法院法建立专门法庭处理社会保障争议，或者授权普通法院适用特殊程序处理社会保障争议。处理社会保障争议的方式包括司法和非司法两种方式，其中，非司法方式包括调解和仲裁等。这些方式在不同的国家适用原则是不同的。

（一）司法方式

1. 行政诉讼

行政诉讼是指公民、法人或者其他组织认为社会保障行政部门和工作人员的具体行政行为侵犯其合法权益，有权依法向法院提起诉讼。在我国，行政诉讼的参加人包括原告、被告、第三人、诉讼代理人；其他参与人，包括证人、鉴定人、翻译等。行政诉讼的主要特点有：法院依照司法程序审查行政争议的司法行为；是行政相对人提起的诉讼；诉讼内容涉及已经作出的行政行为的合法性。社会保障行政诉讼除一般司法原则外，还有特定原则：法院对具体行政行为合法性依法进行审查，诉讼期间一般不停止执行、不调解。行政诉讼依照《中华人民共和国行政诉讼法》规定的两级审理程序进行，主要包括起诉（上诉）与受理、审理和判决、判决送达。社会保障行政诉讼的受案范围包括：申请行政机构应该履行保护就业权利和劳动报酬权利的法定职责没有依法履行的；社会保险经办机构没有依法发给抚恤金和其他社会保障待遇的等。

国家赔偿是由于行政执法主体的违法行为侵犯了公民、法人和其他组织的合法权益并造成损失，国家承担侵权损害赔偿责任，对受害人予以赔偿的制度。国家赔偿的方式包括返还财产、恢复原状、支付赔偿金等。国家赔偿的经济来源是财政支出。

2. 专业法院（法庭）

专业法院（法庭）包括劳动法院、社会法院、社会保障法庭等。一些经济合作与发展组织国家劳动法院一并处理劳动争议和社会保障争议，如比利时和芬兰等。除劳动法院以外，一些经济合作与发展组织国家还具有其他法院处理社会保障争议的丰富实践，如德国、葡萄牙和希腊的行政法院，西班牙的社会法院，英国的社会保障法庭等。英国为社会保障争议建立了两个诉讼渠道：一是社会保障法庭；二是社会保障专员。社会保障专员是专职法官，有权针对社会保障法庭适用法律的错误组建专门法庭纠正错案。上述法院（法庭）具有以下特色：一是组成人员不同于普通法院。专业法院（法庭）由职业人员组成，这些人员可以是职业法官，也可以是兼职法官。兼职法官常常是劳动法庭的重要组成人员，可以来自雇主组织和雇员组织（工会），甚至个体就业者协会，他们必须是社会保障领域的专家。他们的出现是为了保证法庭的有效性和公正性。二是适用简便程序。专业法院（法庭）适用便捷、经济的程序处理社会保障争议；当事人受律师的制约少于其他法庭，可以请求职业组织的代表、工会代表或者家庭成员参与诉讼。在比利时皇家最高劳动法院处理劳动和社会保障争议时，可以同庭按顺序审理多件同类案件。并且，国家公诉人出庭以保护公民的社会保障权益。在澳大利亚，劳工补偿机构和法院均可以处理社会保障争议，法官有权作出提高医疗保障费用的决定。

（二）非司法方式

非司法方式主要包括和解、调解、调处和仲裁。

1. 和解。和解是指双方当事人自我解决纠纷的方法。其过程可以随意，也可能需要按照约定的程序进行。

2. 调解。调解是指在争议双方主体自我协商失败的情况下，第三者或者中间人介入争议处理过程，并提出自己的建议，促使双方当事人达成和解协议。作为第三者介入，调解人的角色比斡旋人的角色更独立一些。在很多国家，调解的概念和制度包含了斡旋的功能。

3. 调处。调处是指主管行政部门介入的调解和处理。例如，印度尼西亚《社会保障法》第二十四条规定，因工伤事故津贴数额的计算发生的争议应由部长解决。丹麦设立了具有行政色彩的国家调解员办公室。新加坡的劳工准则处是政府设立的调解机构。菲律宾设立了国家调解斡旋委员会。有些国家将调解与仲裁合为一个机构，如澳大利亚的产业关系委员会。我国《医疗保障基金使用监督条例》第十三条规定了行政调处。

4. 仲裁。仲裁是指在争议双方主体自我协商失败的情况下，第三者或者中间人介入争议处理过程，并作出公断，通常一裁终局。国际贸易纠纷适用仲裁渠道解决纠纷，仲裁人更接近法官，具有作出仲裁决定的权力。

三、我国社会保障争议处理法律制度

根据《中华人民共和国社会保险法》第八十三条的规定，我国社会保障争议及其处理分以下3种情况。

（一）参保人与经办机构之间的争议处理

用人单位或者个人认为社会保险费征收机构的行为侵害自己合法权益的，可以依法申请行政复议或者提起行政诉讼。

用人单位或者个人对社会保险经办机构不依法办理社会保险登记、核定社会保险费、支付社会保险待遇、办理社会保险转移接续手续或者侵害其他社会保险权益的行为，可以依法申请行政复议或者提起行政诉讼。

> **案例 11-11　社会保险维权中的必要共同诉讼**
>
> 2004年12月，1 045名××铁路分局退休职工，状告××市社会保险局养老金给付案，12月14日，市一中院公开宣判，依法驳回原告诉讼请求。
>
> 1998年9月，××铁路分局根据国务院有关通知，将王某、皮某等1 045名铁路局退休职工的养老保险关系交给了××市社会保险局管理。王某、皮某等人认为，××市社会保险局在核定其养老保险待遇时，没按照国家的相关待遇标准核定，他们的养老金待遇比此前退休人员的待遇有所降低，侵犯了他们的合法权益，为此提出行政复议，得到"维持原决定"的结果，因此又向当地人民法院提起诉讼，请求法庭予以纠正。
>
> 1 045名退休职工提出的行政诉讼，符合法律规定的起诉条件。法院受理后，根据《中华人民共和国行政诉讼法》有关的规定，界定原告起诉属于必要共同诉讼。市一中院审理认为，按照国务院有关规定，铁路部门是11个行业统筹单位之一，归地方管理以后，××市社会保险局根据铁道部文件精神和养老保险基金统筹地区计发养老金的标准核定养老金待遇，本核定符合国家有关政策，没有侵犯原告的合法权益，故驳回了王某、皮某等人的共同诉讼。

> 行政诉讼只能解决行政机构的具体行政行为是否侵犯参保人权利的问题，不能解决参保人基本生活是否真正安全的问题，人民法院应当建立社会法庭，在社会法庭内分设劳动关系法庭和社会保障法庭，按照社会法的原则有效处理公民的社会保障诉讼。其主要原因为：第一，这是执行《中华人民共和国社会保险法》的重要环节和保障措施；第二，避免公民为基本保障维权，还要经历漫长的复议、申诉和起诉过程；第三，强化国家对社会保障行政部门的监督。

（二）个人与用人单位之间的争议处理

第一，个人与用人单位的社会保险争议主要是因社会保险登记、缴费和出具劳动关系文件发生的争议，属于劳动争议范畴。因此《中华人民共和国社会保险法》规定，个人与所在用人单位发生社会保险争议的，可以依法申请调解、仲裁，提起诉讼。

1986年，我国开始在国营企业推行劳动合同制的用工制度，劳动合同争议的处理问题也随之提出。1987年7月，国务院颁布了《国营企业劳动争议处理暂行规定》，我国劳动争议处理在中断了30年后重新被纳入法治化轨道。1993年，颁布实施了《中华人民共和国企业劳动争议处理条例》。1994年，《中华人民共和国劳动法》进一步规范了劳动争议处理的原则、机构和程序。2007年，颁布了《中华人民共和国劳动争议调解仲裁法》。

根据《中华人民共和国劳动法》和《中华人民共和国劳动争议调解仲裁法》的规定，劳动争议调解委员会（以下简称调解委员会）设立在用人单位的，由职工代表、用人单位代表和工会代表组成的，是依法调解本单位内部争议，预防劳动（社会保障）争议发生的群众性组织。它既不同于行政或司法机关，也不同于调解民事或其他纠纷的组织。调解委员会依法调解本单位劳动争议，不受任何个人、用人单位或国家机关的干预。调解委员会主任由工会代表担任，工作接受上级工会的指导和仲裁委员会的业务指导，与劳动争议仲裁委员会、人民法院之间不存在隶属关系。经调解委员会调解达成的协议，当事人应当履行，但不具有法律效力。

劳动争议仲裁委员会（以下简称仲裁委员会）在县、市、市辖区设立，是负责本行政区域内劳动争议处理工作的专门机构。受理案件范围由省、自治区人民政府规定，仲裁委员会由人力资源社会保障行政部门代表、同级工会代表、用人单位方面的代表组成（目前用人单位方面的代表由政府主管经济的综合部门经济贸易委员会担任），三方代表人数相等，是具有中国特色的行政性与群众性结合的劳动争议处理机构。仲裁委员会组成人员必须是单数，主任由人力资源社会保障行政部门的负责人担任。人力资源社会保障行政部门的劳动争议处理机构为仲裁委员会的办事机构，负责办理仲裁委员会的日常事务。仲裁委员会处理劳动争议，实行仲裁员和仲裁庭的组织形式，按照少数服从多数的原则作出裁决决定。仲裁委员会行使国家仲裁权，实行一裁终局制，不具有强制执行权。仲裁委员会在5日之内决定是否立案，一般情况下在45日内结案。裁决书送达后，双方当事人均可以在接到裁决书之日起15日内向当地人民法院提起诉讼；否则，裁决书自第16日生效。对于生效的裁决书，负有义务的一方当事人在法定期限内不履行裁决义务，另一方当事人可以向同级人民法院申请强制执行。

人民法院受理劳动争议当事人不服仲裁决定的和仲裁委员会不予受理的案件。至今，我国没有建立任何意义的社会法院。劳动争议当事人向人民法院的诉讼请求，由民事法庭依据民事诉讼法进行审理，诉讼程序为：（1）起诉与受理，接到裁决书的双方当事人均可在15日内向当地人民法院提起书面诉讼请求，诉讼请求的要求是在接到仲裁决定书的15日内，在起诉书内讲明对方当事人、请求事项和理由（举证说明）；人民法院在7日之内决定是否立案；对不符合立案条件的起诉作出裁定不予受理。人民法院一般情况下在60日内结案。（2）组成审判庭，审阅案卷、收集证据、查明事实。（3）开庭调解和裁决。法庭经过事实调查、双方当事人辩论，进行法庭调解或判决；当事人有提出证据和辩论的权利。

当事人不服一审判决的，有权在判决书送达之日起15日内向上一级人民法院提起上诉。二审人民法院接到上诉书后按照一审普通程序进行审理，组成合议庭，阅读卷宗，核实事实，检查法律适用是否正确。二审合议庭的判决结果分别是：（1）原判决认定事实清楚，适用法律正确的，驳回上诉；（2）原判决认定事实清楚，适用法律错误的，依法改判；（3）原判决认定事实不清楚，证据不足的，或者由于违反法定程序可能影响案件正确判决的，裁定撤销原判，发回原审人民法院重审（重审结果可以上诉），也可以查清事实后改判。

第二，用人单位侵害个人社会保险权益的，个人也可以要求社会保险行政部门或者社会保险费征收机构依法处理，进入行政复议和行政检查的程序。

（三）定点医药机构与医疗保障经办机构之间的争议处理

《医疗保障基金使用监督管理条例》第十三条规定，定点医药机构违反服务协议的，医疗保险经办机构可以督促其履行服务协议，按照服务协议约定暂停或者不予拨付费用、追回违规费用、中止相关责任人员或者所在部门涉及医疗保险基金使用的医药服务，直至解除服务协议；定点医药机构及其相关责任人员有权进行陈述、申辩。

医疗保险经办机构违反服务协议的，定点医药机构有权要求纠正或者提请医疗保障行政部门协调处理、督促整改。对调处意见不服的，可以依法申请行政复议或者提起行政诉讼。

深度阅读

1. 张姝. 对我国社会保障争议解决机制的理论反思——基于权利救济的考察［J］. 当代法学，2009，23（6）：102-108.

社会保障争议主体多元、内容复杂，不同于民事争议和行政争议，也有别于劳动争议。西方各国普遍将社会保障争议作为一种独立的争议形式，通过立法建立专门法院或法庭，或授权普通法院通过特殊程序处理社会保障争议。我国初建医疗保障协议管理纠纷处理办法，存在诸多不足。因此。我国应借鉴国外经验，完善非诉讼解决机制，设立社会法庭，专门处理劳动就业和社会保障纠纷，加强公民的社会保障权益保护。

2. 戴卫东. 德国社会保险纠纷的司法审理体制及其启示［J］. 现代经济探讨，2011（1）：52-55.

德国社会保险领域的纠纷由原来的行政机构干预过渡到由地区社会法院、州社会法院和联邦社会法院的三级司法审理体制。50多年的实践证明了德国社会法院在解决社会保险纠纷上取得了很大成功。其成功的多方面经验，对健全和完善中国目前社会保险领域的行政纠纷和劳动纠纷的二分法解决机制具有重要的借鉴意义。

本章小结

1. 从1689年英国《权利法案》开始，20世纪的人权内容已经与就业和社会保障关联起来。中国共产党将社会保障作为政治承诺，自中华人民共和国成立时起，社会保障即写进宪法和党的历次决议中。

2. 公民的社会保障诉权，即当公民无法实现社会保障权益时，向法院、仲裁机构和其他具有公断权力的机构提出请求，以维护合法权益的权利。社会保障监督是维护公民社会保障权益的重要措施，包括立法监督、行政监督、业务监督、司法监督和社会监督。

3.《中华人民共和国社会保险法》第四条规定，中华人民共和国境内的用人单位和个人依法缴纳社会保险费。这一规定指明在法律适用范围内承担命令性的参保缴费的责任。伴随我国社会保障制度的全覆盖和社会保障法治的不断完善，用人单位、职工和居民个人依法参保和缴纳社会保障费的法律责任和监督机制将逐渐完善。

4.社会保障争议是指社会保障当事人之间的争议，包括参保企业和参保职工之间因参保登记和社会保险缴费发生的争议；社会保险参保人和受益人与经办机构之间的争议；医疗保险定点服务机构与医疗保险经办机构之间的争议等。此外还有为争取新的社会保障权益的利益争议。我国处理社会保障争议的主要措施包括调解、调处、仲裁和诉讼等。

重要概念

社会保障权益　社会保障争议处理　社会法庭

思考题

1. 在深刻理解社会保障定义的基础上，理解和描述社会保障权益及其诉权。
2. 基于公民社会保障权益保护的视角，学习和研究社会保障监督体系。
3. 为什么我国现行法律法规一般不对居民适用"应当"参保缴费的法律责任？
4. 如何理解社会保障争议处理是维护公民社会保障权益的最后防线，用好这个制度需要哪些条件？

参 考 文 献

［1］［法］埃斯特·迪弗洛，［印］阿比吉特·班纳吉.贫穷的本质［M］.景芳，译.北京：中信出版社，2013.

［2］邓大松，杨燕绥.社会保障概论［M］.北京：高等教育出版社，2019.

［3］杜文.发达国家住房保障制度建设的基本经验［J］.经济体制改革，2005（3）：140-143.

［4］恩格斯.家庭、私有制和国家的起源［G］.北京：人民出版社，1972.

［5］F.D.沃林斯基.健康社会学［M］.孙牧虹，等，译.北京：社会科学文献出版社，1992.

［6］郝春鹏，谭中和.中国医疗保障基金监督管理发展报告（2021）［M］.北京：社会科学文献出版社，2021.

［7］胡晓义.社会保险经办管理［M］.北京：中国劳动社会保障出版社，2011.

［8］黄丁全.医事法［M］.北京：中国政法大学出版社，2003.

［9］黄军锋.健康权及其民法保护［J］.西藏民族学院学报（哲学社会科学版），2010，31（2）：92-95，115.

［10］黄顺英.对房价与收入衡量指标的探析［J］.建筑经济，2009（7）：81-84.

［11］劳动部社会保险研究所.防止老龄危机（世界银行报告）［R］.北京：中国财政经济出版社，1996.

［12］劳动社会保障部社会保险研究所.贝弗里奇报告：社会保险和相关服务［M］.北京：中国劳动社会保障出版社，2004.

［13］黎建飞.劳动与社会保障法教程［M］.5版.北京：中国人民大学出版社，2019.

［14］李晓安.经济法价值取向与基本原则的内在逻辑探讨［J］.法学杂志，2002（2）：49-51.

［15］林翌.美国企业养老金的监督与管理［M］.北京：中国财政经济出版社，

2006.

[16][英]琳达·格拉顿,安德鲁·斯科特.百岁人生[M].吴奕俊,译.北京:中信出版社,2018.

[17]罗伯特·伊斯特.社会保障法[M].周长征,等,译.北京:中国劳动社会保障出版社,2003.

[18]吕学静.社会保障基金管理[M].5版.北京:高等教育出版社,2020.

[19]马克·施赖纳,迈克尔·谢若登.穷人能攒钱吗:个人发展账户中的储蓄与资产建设[M].孙艳艳,译.北京:商务印书馆,2017.

[20]穆怀中.社会保障国际比较[M].北京:中国劳动社会保障出版社,2007.

[21][美]彼得·德鲁克.养老金革命[M].刘伟,译.北京:东方出版社,2009.

[22]孙令军.德国住房保障和住房金融的借鉴与启示[J].中国房地产,2006(9):78-80.

[23]田思路.外国劳动法[M].北京:北京大学出版社,2019.

[24]汪玉凯.公共服务[M].北京:中国人事出版社,2006.

[25][德]沃尔夫冈·多伊普勒.德国劳动法[M].11版.王倩,译.上海:上海人民出版社,2016.

[26]杨莲秀.社会保障法学[M].北京:北京大学出版社,2011.

[27]杨燕绥.社会保险经办机构能力建设研究[M].北京:中国劳动社会保障出版社,2010.

[28]杨燕绥.银色经济与嵌入式养老服务[M].北京:清华大学出版社,2017.

[29]杨燕绥.劳动法新论[M].北京:中国劳动社会保障出版社,2002.

[30]张文显.法理学[M].北京:法律出版社,1997.

[31]周怡萍.论法律原则[D].长春:吉林大学,2007.

[32]郑功成.社会保障概论[M].大连:东北财经大学出版社,2005.

[33]EWING K D. Democratic socialism and labour law[J]. Industrial Law Journal, 1995(2):112-113.

[34]International Labor Organization, Annual report[R].[S.L.:s.n.],1950.

[35]NUSCHELER R, ROEDER K. The political economy of long-term care[J]. European Economic Review, 2013, 62:154-173.

［36］RENAUD B. Housing reform in socialist economies［R］. No. 125，World Bank，1991.

［37］YUEN B. Squatters no more：singapore social housing［J］. Global Urban Development，2007（5）.